Stefano Liberti

Landraub

Reisen ins Reich des
neuen Kolonialismus

Aus dem Italienischen von Alex Knaak

Rotbuch Verlag

ISBN 978-3-86789-155-4

Deutsche Erstausgabe, 1. Auflage
© 2012 by Rotbuch Verlag, Berlin
Titel der Originalausgabe: »Land grabbing«
© Stefano Liberti 2011 / Editioni minimum fax 2011,
published by arrangement with Literary Agency Michael Gaeb
Umschlaggestaltung: Katharina Fuchs, Rotbuch Verlag
Druck und Bindung: GGP Media GmbH, Pößneck

Ein Verlagsverzeichnis schicken wir Ihnen gern:
Rotbuch Verlag GmbH
Alexanderstraße 1
10178 Berlin
Tel. 01805 / 30 99 99
(0,14 Euro/Min., Mobil max. 0,42 Euro/Min.)

www.rotbuch.de

Inhalt

Ich bin Optimist: Eines Tages
wird die Erde dazu dienen,
einen fernen Planeten zu düngen.
Francesco Tullio Altan

Einleitung

Vor einigen Wochen saß ich in einer Strandbar auf Sansibar, der halbautonomen Insel im Indischen Ozean vor der Küste Tansanias. Während ich eine Limonade trank und auf meinem Laptop schrieb, fiel mein Blick auf eine Meldung der Lokalzeitung, die FAO zeige sich alarmiert über den erneuten Anstieg der Lebensmittelpreise.[1] »Wenn es so weitergeht, sind neunhundertfünfundzwanzig Millionen Menschen von Unterernährung bedroht.« Während ich den Artikel las, näherten sich vier Weiße um die vierzig der Terrasse. Sie trugen Badehosen und Badelatschen.

»Wenn diese Geschichte mit dem Weizen in Tansania klappt, haben wir's geschafft«, sagte einer. »Hängt davon ab, was uns die Pacht der Ackerflächen kostet«, antwortete ein Zweiter. »Keine Sorge. Unsere Vertreter vor Ort sagen, dass der Preis sehr günstig sein wird«, beruhigte der Erste. Dann gingen die vier in Richtung Meer.

Das, worüber sie sprachen, ist Gegenstand des Buches, das Sie gerade in den Händen halten: der große Wettlauf um Anbauflächen, der vor drei Jahren vor allem in Ländern der südlichen Hemisphäre begonnen hat. Millionen Hektar Land, verpachtet an ausländische Unternehmer, multinationale Konzerne und Investmentfonds, um Lebensmittel oder Biotreibstoffe für die nördliche Erdhalbkugel zu produzieren. Dieses *land grabbing* – Landraub, wenn Sie so wollen – ist das neue Betätigungsfeld von Abenteurern und Geschäftsleuten, von Staaten, die die Versorgung ihrer Bürger mit Nahrungsmitteln sicherstellen wollen, und von Finanziers, die nach Möglichkeiten suchen, ihre Profite zu vervielfachen.

Der Run auf die Anbauflächen ist die direkte Konsequenz der Lebensmittelkrise der Jahre 2007 und 2008, als die Preise für Grundnahrungsmittel wie Reis, Weizen und Mais in die Höhe schossen. Dieser Preisanstieg hing hauptsächlich mit dem Finanzcrash zusammen, der zuvor die Wall Street überrollt und die Börsen rund um die Welt in einen Abwärtsstrudel gerissen hatte. Verunsichert vom Zusammenbruch des Aktienmarktes, begannen viele Anleger, in alternative Finanzmarktbereiche wie Grundnahrungsmittel zu investieren, trieben mit ihren Milliarden deren Preise in die Höhe und verursachten damit Hungeraufstände rund um den Globus, von Ägypten bis Haiti, von der Elfenbeinküste bis Indonesien.

Heute stehen wir vor einem ähnlichen Szenario: Die Preise für Grundnahrungsmittel steigen – parallel zum Ölpreis – erneut steil an. Es gibt erste Unruhen. Auch die Aufstände in Nordafrika – vor allem in Tunesien und Ägypten – wurden nicht zuletzt durch den Anstieg der Lebensmittelpreise verursacht. So schwangen während der ersten Protestmärsche in Tunesien die Demonstranten Baguettes anstelle von Transparenten. Mit hoher Wahrscheinlichkeit wird bald ein neuer *perfect storm* losbrechen. Die Alarmmeldungen der FAO lassen vermuten, dass die Länder der Südhalbkugel Gefahr laufen, von diesem Sturm heimgesucht zu werden. Unterdessen scheinen sich andere schon auf diese Situation vorbereitet zu haben: Staaten, reich an verfügbarem Kapital, aber arm an Anbauflächen für Nahrungsmittel – wie die arabischen Golfstaaten –, wollen verhindern, noch einmal in eine Lage wie 2008 zu kommen, als sie von Ländern, aus denen sie Lebensmittel importierten, mit Exportstopps konfrontiert wurden. Sie haben daher in einer konzertierten Aktion Anbauflächen im Ausland aufgekauft und unter ihre direkte Kontrolle gebracht. Sie erzeugen jetzt weitgehend dort, was sie an Lebensmitteln benötigen. Gleichzeitig haben Finanzgesellschaften aller Art diese neuen Renditequellen für sich entdeckt. Wenn Nahrung das Gut ist, auf das man setzt, ist es von Vorteil, die Produktionsmittel zu kontrollieren, und dabei natürlich an erster Stelle die Anbauflächen.

Der »perfekte Sturm« wird in vielen Ländern Zerstörungen hinterlassen, andere überhaupt nicht tangieren und in einigen sogar freudig begrüßt werden. Ziel dieses Buches ist es, das Gesamtsystem zu betrachten, herauszufinden, wer weltweit Anbauflächen erwirbt, die Gründe dafür zu verstehen, die Ziele und die Kalküle, die mit dem Nutzerwechsel bei Millionen Hektar fruchtbaren Landes verbunden sind. An die Regierungen wird die Frage gerichtet, warum sie große Teile ihres Territoriums verschleudern, die Bauern kommen zu Wort, die gegen Enteignungen kämpfen, und die Investoren, die diese Anbauflächen pachten.

Stationen dieser Reise sind die prachtvollen Büros der FAO genauso wie die Baracken von Einheimischen im Landesinneren Brasiliens, denen man ihr Land weggenommen hat, Stationen sind die unfruchtbaren Wüsten Saudi-Arabiens und die endlosen Mais-Monokulturen im Mittleren Westen der USA, die zu Äthanol verarbeitet werden. Stationen sind schließlich auch die fruchtbaren Hochebenen Äthiopiens und das Parkett der Nahrungsmittelbörse von Chicago.

Das vorliegende Buch erhebt jedoch keinen Anspruch auf Vollständigkeit, geht es doch vielmehr um ein globales Phänomen, das Dutzende von Ländern betrifft. Ausgehend von den vor Ort gesammelten Informationen sollen aber einige Interpretationsansätze angeboten werden. Rückblickend auf Begegnungen, Interviews und Gespräche mit Hunderten von Männern und Frauen, die mir ihre Häuser, ihre Büros, oft sogar ihre Herzen geöffnet haben, mir einen Teil ihrer Zeit geschenkt und meine bohrenden Fragen beantwortet haben, versuche ich, die Bedeutung eines Phänomens greifbar zu machen, welches das ökologische und soziale Gleichgewicht weiter Teile der südlichen Halbkugel verändern wird, und damit die einzelnen Aspekte dieses globalen Aufruhrs einzuordnen, der Hunderttausende von Menschen unmittelbar betrifft, und mittelbar letztlich jeden Bewohner dieses Planeten.

Mein Ziel war es, die Ursachen dieser Vorgänge zu rekonstruieren, ihre wichtigsten Grundzüge zu verstehen, künftige Entwicklungen abzuschätzen. Dabei kam es mir darauf an, die Komplexität des Phänomens nicht zu simplifizieren und über das einfache Gegensatzpaar »böse Landräuber – arme, enteignete Bauern« hinauszugelangen. Auch wenn das sichtbare Ergebnis vor allem darin besteht, dass Tausende von Kleinbauern ihre Äcker verlieren, so kann man den Landraub dennoch nicht auf einen neokolonialistischen Raubzug reduzieren, von einigen Staaten oder Konzernen in Ländern begangen, deren Zukunft unsicher ist.

Denn obgleich diese Lesart teilweise stimmt, ist sie nur von eingeschränkter Aussagekraft, weil sie andere fundamentale Aspekte des Gesamtbildes ausblendet. So etwa, dass in den letzten zwanzig Jahren Investitionen in die Landwirtschaft auf der Südhalbkugel weitgehend ausblieben oder dass für Länder mit ungünstigen geografischen Bedingungen eine schiere Notwendigkeit besteht, sich sichere Lebensmittelressourcen zu verschaffen, wie dies bei den Golfstaaten der Fall ist.

Der Wettlauf um die Anbauflächen löst zu Recht Beklemmungen und Emotionen aus, da es hierbei um ein elementares, überlebenswichtiges Gut geht: die Nahrung. Seine Auswirkungen stellen ein Entwicklungsmodell infrage, das auf einer Erhöhung der Produktivität um jeden Preis basiert, das gleichzeitig aber auch ein (westliches) kulturelles Modell ist. Jenseits der Finanzspekulation, der schnellen Profite und der Unredlichkeit einiger korrupter Regimes, die die eigenen Ressourcen verschleudern, wird ein Problem sichtbar, das in Zukunft immer schwerer lösbar werden dürfte: das zunehmende Wachstum der Weltbevölkerung und die daraus resultierende Verknappung der zur Verfügung stehenden Nahrungsmittel. Bei meiner Analyse des Phänomens, das diesem Buch seinen Titel gab, habe ich versucht, all diese Aspekte auf jener langen Reise, die mich beruflich, aber vor allem persönlich bereichert hat, nicht aus dem Blick zu verlieren. Mein Wunsch ist, dass es denjenigen, der es liest, ebenfalls bereichern möge.

Stone Town, Sansibar, März 2011

LANDRAUB

1. ÄTHIOPIEN
Eldorado der Investoren

Das Erste, was beeindruckt, ist die Weite. Blühende Landschaften, die sich bis an den Horizont erstrecken. Grüne Hügel, die einen See mit kristallklarem Wasser rahmen. Etwas tiefer gelegen als die schroffe Hochebene rund um Addis Abeba, ist die Landschaft lieblicher und gleicht dem verlorenen Garten Eden. Die Sonne scheint. Die Luft ist mild und klar. Kein Vergleich mit der dünnen Luft der Hauptstadt, wo sich Abgase mit dem wenigen, auf zweitausenddreihundert Metern Höhe vorhandenen Sauerstoff mischen.

Wir sind in Awassa, im Herzen des äthiopischen Rift Valley, dreihundert Kilometer südlich von Addis Abeba. Die landschaftliche Umgebung ist von atemberaubender Schönheit. Von der Straße, die zu dieser Kleinstadt führt, zweigen Feldwege ab, an denen jeweils Namensschilder von Agrarbetrieben stehen. Auf ihnen sind Logos zu sehen, Namen, manchmal die Telefonnummer eines weit entfernten Büros. Jenseits der Zufahrtsgatter sieht man nichts. Nur die unendliche Weite zahlloser, scheinbar unbestellter Äcker.

Aber eben dort, weit hinter den Gattern, in einer Entfernung, die vor neugierigen Blicken schützt, stehen High-Tech-Gewächshäuser, in denen Hülsenfrüchte, Obst und Gemüse oder Pflanzenkulturen für sogenannte Bio-Kraftstoffe wachsen. Es ist die aktuelle Frontlinie der landwirtschaftlichen Entwicklung Äthiopiens, die das Land ausländischen Investoren anvertraut hat, und dies im Rahmen eines gigantischen, langfristigen Verpachtungsplans, der Äthiopien zum bevorzugten Reiseziel von Geschäftsleuten und Abenteurern aus aller Welt gemacht hat.

Ich bin hierher gekommen in die Gegend von Awassa, um einen dieser neuen Agrarbetriebe, die 2006 gegründete *Jittu Horticulture Plc*, zu besichtigen. »Der fortschrittlichste landwirtschaftliche Betrieb in ganz Afrika«, wie Manager Gelata Bijiga voller Stolz und mit einem Hauch Übertreibung verkündet, als er mir entgegenkommt, während ich das Auto abstelle, nach drei Kilometern Feldweg, die es vom Gatter an der Hauptstraße bis zu den Gewächshäusern zurückzulegen gilt.

Gelata hält sich nicht weiter mit Begrüßungsfloskeln auf. Er gibt mir die Hand und nimmt mich auf einen Rundgang mit. Sein Chef, der niederländische Agraringenieur Jan Prins, mit dem ich kurz zuvor telefonierte, hat ihn beauftragt, mir den Betrieb zu zeigen, und Gelata geht engagiert zur Sache. Wir betreten das erste Gewächshaus. Ein langer Glastunnel voller roter Tomaten, reif und saftig. Angeordnet in Fünferbüscheln hängen sie in einer fast schon unnatürlichen Symmetrie an üppigen Sträuchern.

Der Manager beugt sich über die Pflanzen, betrachtet sie eingehend und wiegt sie dann in der Hand, als wollte er ihren Reifegrad abschätzen. Während er die Früchte mit derselben Zärtlichkeit streichelt, mit der er vermutlich ein neugeborenes Kind streicheln würde, rattert er die Kennziffern seines Betriebes runter. Tausend Hektar Ackerfläche, acht Gewächshäuser, zu denen bald acht weitere kommen sollen, tausend Mitarbeiter. Die acht aktuellen Gewächshäuser sind die erste Phase eines schnell wachsenden Projekts. In ihnen gedeiht alles, von Tomaten bis Auberginen, von Zucchini bis Paprika. Die Produkte sind perfekt, weisen immer dieselbe Standardgröße auf und verfügen über eine brillante Farbigkeit, wie man sie in den Auslagen der Supermärkte erwartet.

In jedem Gewächshaus wachsen unterschiedliche Sorten. Hier die roten Paprika, da die grünen. Hier die langen Auberginen, da die rundlichen. Es gibt herkömmliche Gemüsesorten, wie man sie in der westlichen Hemisphäre kennt. Aber auch exotischere

Arten, die einer außerirdischen Mutation entsprungen scheinen. In einem Teil des Gewächshauses wachsen Tomaten mit gelber Schale und weißem Inneren. Sie sehen seltsam aus, aber eine Kostprobe ergibt, dass sie den traditionellen Sorten an Schmackhaftigkeit in nichts nachstehen.

Gelata bewegt sich ganz unbefangen zwischen den Gemüsepflanzen. Er weist auf Experimente hin. Hebt die Qualität der Produkte hervor. Beschreibt detailreich die letzten Erkenntnisse zur Technologie des hier betriebenen Intensivanbaus. »Zwischen den Pflanzenreihen verlaufen Bewässerungsrohre. Sie werden von einem Zentralrechner aus reguliert und versorgen die Pflanzen jederzeit mit der richtigen Menge Wasser und Düngemittel«, betont er. Das Projekt läuft bestens und wirft bereits Profite ab.

In den nächsten zwei Jahren, versichert der Manager, werde sich die Produktion mindestens verdreifachen. Zum Verkauf kommt sie in einigen Tausend Kilometern Entfernung. Denn diese fleischigen Tomaten, diese roten, grünen und gelben Paprika, diese prallen Auberginen mit der Haut eines Babys sind nicht für Äthiopier bestimmt, sondern für die wesentlich reicheren Konsumenten in den Golfstaaten. »Das, was wir hier produzieren, geht in den Export. Innerhalb von vierundzwanzig Stunden können wir unsere Produkte vom Acker zum Verbraucher schaffen, zum Beispiel ein Restaurant in Dubai.«

Das geerntete Gemüse wird in Kisten verpackt, in einem Kühlcontainer verstaut und mit dem Lkw nach Addis Abeba gebracht. Dort verlädt man die Container in Flugzeuge, die den Mittleren Osten anfliegen, die Vereinigten Arabischen Emirate oder Saudi-Arabien. Die Produktion ist also für den Export bestimmt, und aus dem Ausland kommen sowohl die Investoren als auch die Infrastruktur. Das Saatgut stammt wie das computergesteuerte Bewässerungssystem aus den Niederlanden, die Konstruktion der Gewächshäuser wurde von spanischen Ingenieuren optimiert, und die Düngemittel kommen ebenfalls aus Europa.

Das von Prins geleitete Unternehmen erscheint wie eine Art

exterritorialer Enklave. Das Bewässerungssystem, die High Tech-Gewächshäuser, sogar die Endprodukte – so makellos, weil gentechnisch optimiert –, das alles steht in scharfem Kontrast zur umgebenden Landschaft, die aus Feldern besteht, die mit Ochsen gepflügt und mit der Hacke von Bauern bearbeitet werden, die sich auf einem kleinen Stück Land, das sie per Hand bestellen, krumm arbeiten. Hier bei Prins findet man die mit Computern voll gestopften Steuerungszentralen, in denen die Temperatur in den Gewächshäusern, der pH-Wert der Erde und der Wasserverbrauch genau überwacht werden. Jenseits der Gatter stehen die kleinen *tukul* (Hütten) aus Lehm und Stroh, die ganze Bauernfamilien beherbergen und häufig auch noch die wenigen Tiere, die sie besitzen.

Man hat den Eindruck, auf einer Strecke von wenigen Kilometern vom Mittelalter bis in die fortschrittlichste Neuzeit zu gelangen. Die Funktionsweise und die Produktionsleistung der *Jittu*-Gewächshäuser sind wirklich beeindruckend. Allerdings sollte man sich von dem schönen Schein nicht täuschen lassen. Es gibt einen wesentlichen Aspekt, ohne den diese Darstellung unvollständig wäre. Dieses Unternehmen, das einem auf den Feldern von Awassa gelandeten UFO gleicht, funktioniert nur dank der unbegrenzten Nutzung zweier einheimischer Ressourcen: dem Ackerboden und der billigen Arbeitskraft. Beides Dinge, die *Jittu* unschlagbar machen – höchste Produktivität bei niedrigsten Kosten.

Hunderte einheimischer Frauen und Männer ernten das Gemüse in den Gewächshäusern. Viele weitere sind mit ihrer Verpackung beschäftigt. Sie arbeiten schweigend, mit Bewegungen, die an Maschinen erinnern. Eine Frau legt die Tomaten – immer vierzig Stück – in eine Schachtel; eine andere verpackt sie; ein junger Mann bringt die Kiste zum Kühlcontainer, der wenig später von einem Lkw abgeholt wird. Die Halle ist groß und gut strukturiert. Das Gemüse wird nach Sorten geordnet, in Kisten verpackt, akkurat gestapelt und in regelmäßigen Abständen in den Kühlraum gebracht. Der Tageslohn der Arbeiter in der Halle beträgt neun Birr, ungefähr vierzig Cent.

Gelata, mit Diplom in Agrarwissenschaften der Elite-Universität Jimma, arbeitet seit drei Jahren für *Jittu Horticulture*. Sein Gehalt, das er nicht genau beziffern will, liegt offensichtlich über dem seiner Landsleute, die auf den Feldern und in der Halle arbeiten. Aber er scheint daran nichts Schlimmes zu finden: »Das ist Äthiopien. Wir können keine höheren Löhne als die üblichen zahlen. Außerdem bilden wir diese Bauern aus. Wir bringen ihnen einen Beruf bei.«

Die *Jittu* ist keine Sklaventreiber-Firma. Sie hält sich einfach an die Regeln des Marktes. Das bedeutet in diesem Teil der Welt: Arbeitskraft und Grundstücke sind für einen lächerlichen Preis zu haben. Was in der Konsequenz zu hohen Profiten führt. Im Übrigen hebt die *Ethiopian Investment Agency*, die ausländische Investitionen im Lande fördert, diesen Aspekt auf ihrer Website besonders hervor: »Die Arbeitskosten in Äthiopien liegen unter dem afrikanischen Durchschnitt.«[2]

Das Unternehmen von Jan Prins hat einfach das Angebot genutzt, das die äthiopische Regierung seit dreieinhalb Jahren Geschäftsleuten mit überschüssigem Investitionskapital und entsprechendem Know-how offeriert. Ende 2007 begann Addis Abeba langfristige Verpachtungspläne für einen Teil seiner Anbauflächen zu entwickeln. Das Angebot richtete sich an interessierte Investoren, die beabsichtigten, solche Flächen zu nutzen. Es wurde von Investorengruppen rund um den Globus begeistert aufgenommen, die seitdem ans Horn von Afrika kommen, um Areale für großflächigen Anbau zu erwerben. Einige Betriebe sind noch im Planungsstadium, andere produzieren schon. Sie bauen so unterschiedliche Dinge an wie Reis, Tee, Gemüse, Getreide oder Zuckerrohr; darüber hinaus Kulturen für die Produktion von Biotreibstoffen, von der Purgiernuss bis zur Ölpalme.

Es handelt sich dabei hauptsächlich um saudi-arabische und indische Investorengruppen, von einigen europäischen abgesehen.

Bis heute sind ungefähr eine Million Hektar verpachtet worden. Der Plan sieht vor, in den nächsten Jahren insgesamt drei Millionen Hektar zu vergeben, eine Fläche von der Größe Belgiens. Der Pachtzins ist lächerlich niedrig. Er reicht von hundert bis vierhundert Birr pro Hektar und Jahr (vier bis siebzehn Euro), je nach Güte und Lage des Bodens.

In Gambella, einer abgelegenen Gegend an der Grenze zum Südsudan, wo schon ein Großteil der Anbauflächen auf den Markt gebracht worden ist, liegt der Pachtzins für einen Hektar bei nicht einmal fünfzehn Birr (sechzig Cent) pro Jahr. Dieser günstige Zins macht Äthiopien, zusammen mit den niedrigen Arbeitskosten und diversen anderen Vergünstigungen seitens der Regierung, zu einer jener Weltgegenden, in denen die Profite aus Investitionen in die Landwirtschaft am höchsten sind. »Das hier ist ein Eldorado für Agrar-Investoren«, bekräftigt Gelata mit zufriedenem Lächeln, während er mir eine lange Reihe völlig identischer Zucchini zeigt, alle vom selben hellgrünen Farbton und in der richtigen Größe, um in eine der Kisten zu passen, die schon bereitstehen, um verschlossen und an den Persischen Golf gebracht zu werden.

Der Scheich von Addis Abeba

Das große *land leasing* in Äthiopien – wie auch das gleichzeitig in vielen anderen afrikanischen Ländern in Gang gesetzte – ist das Resultat eines typischen Marktmechanismus: des Aufeinandertreffens eines verlockenden Angebots und einer schnell wachsenden Nachfrage. Einer Nachfrage, aus der aufgrund eines Ereignisses weltweiter Dimension plötzlich eine dringende Notwendigkeit wurde. Dieses Ereignis war die Lebensmittelkrise der Jahre 2007 und 2008, mit der ein drastischer Anstieg der Preise für Grundnahrungsmittel wie Reis, Weizen, Mais und Zucker einherging.

Die Medien berichteten ausführlich über die Hungeraufstände in vielen afrikanischen, asiatischen und mittelamerikanischen Staaten. Nachhaltige Auswirkungen hatte die Krise aber auch auf normalerweise ruhigere Weltgegenden. Die Golfstaaten mussten damals befürchten, ohne Lebensmittel dazustehen, trotz ihrer geradezu unermesslichen Liquiditätsreserven.

Denn die Mechanismen des Marktes führten damals zu unerwarteten Folgen. Der Anstieg der Preise sorgte nicht nur für steigende Beschaffungskosten, sondern zeitigte einen für die Golfstaaten mittelfristig weitaus gefährlicheren Effekt. In vielen Anbauländern, vor allem den reisproduzierenden, begann man, über protektionistische Maßnahmen und ein generelles Exportverbot zu sprechen. Dies hätte bei den Importländern zu einer potenziell verheerenden Verknappung führen können. In Riad, aber auch in Dubai und Abu Dhabi schrillten die Alarmglocken. Umgehend wurde eine neue Strategie entwickelt, der die führenden Köpfe dieser Länder absolute Priorität einräumten. Koste es, was es wolle, sollte nun möglichst schnell Autarkie im Bereich der Nahrungsmittelproduktion hergestellt werden, um bei künftigen Krisen des Welthandels mit Lebensmitteln auf der sicheren Seite zu sein.

Da es schwierig ist, Reis in der Wüste anzubauen, haben die Herrscher von Saudi-Arabien und ihre Amtskollegen in den Emiraten einer schnelleren Lösung den Vorzug gegeben. Die von ihnen benötigten Lebensmittel sollen jetzt jenseits der Landesgrenzen angebaut werden. Den perfekten Ort dafür fanden sie in Äthiopien. Geografisch nicht allzu weit entfernt, reich an äußerst fruchtbarem Ackerland und gesegnet mit einem Klima, das außerordentliche Ernten zulässt, hat sich das afrikanische Land schnell zum aussichtsreichsten Kandidaten dafür entwickelt, »Kornspeicher des Persischen Golfs« zu werden.

Zu diesem Zeitpunkt wurde ohnehin die Öffnung des äthiopischen Anbauflächenhandels für Ausländer vorbereitet – dank eines Mannes, der über ausgezeichnete Verbindungen und fähige

Vertreter vor Ort verfügte, und somit der am meisten geeignete Vermittler für eine Intensivierung der äthiopisch-saudi-arabischen Beziehungen war: der Milliardär Mohammed Hussein Al Amoudi. Sohn einer äthiopischen Mutter und eines jemenitischen Vaters, ist dieser mittlerweile naturalisierte saudi-arabische Scheich einer der fünfzig reichsten Männer der Welt, schenkt man der Zeitschrift *Forbes* Glauben.

Al Amoudi gehört nicht nur zum unmittelbaren Umfeld des saudischen Königs Abdullah, sondern auch zum engen Kreis der Anführer der »Revolutionären Demokratischen Front der Äthiopischen Völker« (*Ethiopian Peoples Revolutionary Democratic Front* / EPRDF), der Partei von Premierminister Meles Zenawi, die das Land seit 1991 regiert. Scheich Al Amoudi hat mit dem ihm gehörenden Konsortium namens *Muwakaba for Industrial Development Research & Overseas Commerce* (MIDROC) ein wahres Imperium in Äthiopien aufgebaut, das Industriekonzerne, Hotels, Krankenhäuser, Einkaufszentren und weitere Institutionen umfasst. Seine Investitionen in dem afrikanischen Land wie in anderen Weltgegenden erstrecken sich auf sämtliche Sektoren, die Profit versprechen, von Treibstoff bis Infrastruktur, vom Finanzbereich bis zur Telekommunikation.[3]

Während des weltweiten Konjunkturaufschwungs, der der Lebensmittelkrise folgte, konnte der Scheich gar nicht anders, als in den neuen Goldesel zu investieren: die intensive Landwirtschaft. Man erzählt sich, dass Al Amoudi die anfänglichen Vorbehalte des saudischen Herrscherhauses dadurch überwunden habe, dass er König Abdullah einen Sack Reis aus äthiopischem Anbau überreicht habe. Der Herrscher sei von der Qualität derart begeistert gewesen, dass er Al Amoudi sofort zum örtlichen Bevollmächtigten des königlichen Investitionsvorhabens für den Agrarbereich in Äthiopien machte.

Ob diese Geschichte nun wahr ist oder nicht, seit Ende 2008 unternahm Al Amoudi alle Anstrengungen, Delegationen zusammenzustellen, Begegnungen zu organisieren, das vorhandene

Netzwerk auszubauen. Diese PR-Maßnahmen wurden 2009 gekrönt vom »Saudisch-Ostafrikanischen Forum«, das in Addis Abeba stattfand. Es handelte sich dabei um ein Treffen von saudischen Ministern und Unternehmern auf der einen und führenden Politikern sieben ostafrikanischer Länder auf der anderen Seite. Zu den Teilnehmern zählten die Vertreter von fünfzig großen saudischen Unternehmen und vier Minister des Königreichs, die alle gekommen waren, um »eine einzigartige Partnerschaft zwischen den umfangreichen technologischen und finanziellen Ressourcen des größten Erdölexporteurs der Welt und den unbegrenzten menschlichen und natürlichen Ressourcen der Tigerstaaten Ostafrikas« zu begründen.[4]

Kurz vor Beginn des Treffens hatte Al Amoudi eine neue Gesellschaft gegründet, die *Saudi Star Agricultural Development Plc*, deren Geschäftszweck der Ankauf von Anbauflächen als Voraussetzung für Investitionen in den Agrarbereich ist. »Scheich Mohammed beabsichtigt, seinen Investitionsschwerpunkt zunehmend vom städtischen Umfeld auf den Agrarbereich und die Agrarproduktion zu verlagern«, betonte sein Berater und Sprecher, gleichzeitig der Macher der *Saudi Star*, am Vorabend des Gipfeltreffens in Addis Abeba.[5]

Unmittelbar im Anschluss an dieses Treffen begannen sich die Investitionen in den Agrarbereich Äthiopiens zu vervielfachen. Drei landwirtschaftliche Betriebe im Land unterstehen heute Al Amoudis direkter Kontrolle. Dazu verwaltet er zehntausend Hektar in der Region Gambella, wo er Reis zum Export nach Saudi-Arabien anbaut, über weitere dreihunderttausend Hektar verhandelt er gerade mit der Regierung. Die schon genannte *Jittu Horticulture* in Awassa ist ein Tochterunternehmen aus dem Imperium des Scheichs. Formal unabhängig, erhielt sie die Anbauflächen in Konzession von Al Amoudi, der sie seinerseits von der Regierung pachtete.

Das Land gehört dem Volk
(und denen, die das Volk regieren)

In Äthiopien ist der Staat alleiniger Grundbesitzer. Auch die EPRDF, an die Macht gekommen 1991 durch den Sturz des »roten Diktators« Mengistu Haile Mariam, beschloss, das Kontrollsystem hinsichtlich des Landbesitzes so beizubehalten, wie es während der vorangegangenen Diktatur des *Derg* (Koordinationskomitee der Streitkräfte, der Polizei und der Territorialarmee) bestand. Damals hatte eine verheerende Dürre und in der Folge eine Hungersnot Äthiopien heimgesucht, von der sich der Öffentlichkeit die Bilder der unter Hungerödemen leidenden Kinder mit aufgeblähten Bäuchen eingeprägten, die 1985 zur Organisation des *Live Aid*-Events durch Bob Geldof und Midge Ure führten. Viele sahen damals, auf dem Höhepunkt der Emotionen, die das »Konzert für Äthiopien« hervorrief, die Verantwortung für die Hungersnot und die schlechte Bewirtschaftung der Anbauflächen des Landes beim *Derg*. Dessen »Agrarsozialismus« verbot Privateigentum und versuchte, alle Bauern in von der Partei kontrollierten Kooperativen zu zwingen.

Als die Rebellen unter der Führung von Meles Zenawi an die Macht kamen, erwarteten viele eine sofortige Agrarreform. Aber zur großen Enttäuschung der internationalen Gebergemeinschaft, zu der an erster Stelle die Weltbank und der Weltwährungsfonds gehörten, die eine umfassende Privatisierung des Eigentums an Grund und Boden erhofft hatten, bekräftigte die neue Regierung 1991 die Bodenpolitik des *Derg* und verankerte 1995 das Prinzip der »staatlichen Eigentümerschaft von Grund und Boden« sogar in der Verfassung. Deren Artikel 40 bekräftigt, dass »das Land Gemeinschaftseigentum der Nationen, Nationalitäten und Völker Äthiopiens ist«[6].

Demzufolge ist es also der Staat, vertreten durch Regional- und Distriktbüros (*woreda* und *kebele* genannt), der Anbauflächen vergibt, deren Empfänger kein Eigentumsrecht an diesen Flächen erwerben, sondern sie nur nutzen dürfen. Inspiriert vom Prinzip der ausgleichenden Gerechtigkeit, stieß diese Politik auf die Zustimmung der Landbevölkerung, die sich noch an die großen Ungerechtigkeiten während der Kaiserzeit Äthiopiens erinnerte, als sich Anbau- und sonstige Flächen in der Hand weniger Großgrundbesitzer befanden.

Gleichzeitig stellt dieses Prinzip jedoch eine mächtige Waffe in der Hand der Regierung dar, denn in einem Land, in dem fünfundachtzig Prozent der Bevölkerung außerhalb der Städte und vom Ackerbau leben, kontrolliert der Eigentümer von Grund und Boden auch das Volk. Der Staat verteilt also die Anbauflächen, und zwar sowohl an die Bauern, die für den eigenen Bedarf arbeiten, als auch an heimische und internationale Großinvestoren.

Aber auf welche Weise – und an wen – wird das vergeben, was heute eine sehr profitable Investition zu sein scheint? Um das zu verstehen, fahre ich hinaus in die Vororte der Hauptstadt Addis Abeba, in ein neu erbautes Wohnviertel, in dem auch einige öffentliche Einrichtungen untergebracht sind. In dem Gebiet wird unablässig gebaut, Beleg für den gigantischen Immobilienboom, der die Stadtlandschaft der äthiopischen Kapitale nachhaltig verändert. Seit einigen Jahren schon gleicht Addis Abeba einer einzigen Großbaustelle. An jeder Ecke der Stadt werden Gebäude errichtet, Fundamente ausgehoben und Zement gegossen, auch wenn es schwerfällt, in dieser fieberhaften Bautätigkeit eine Gesamtplanung zu erkennen.

Das Landwirtschafts- und Regionalentwicklungsministerium befindet sich in einem unscheinbaren Gebäude an einer holprigen Straße noch ohne Asphalt – weiterer Beleg der unzureichend geplanten Stadtentwicklung. Hier bin ich mit Esayas Kebede verabredet, dem Leiter der 2009 gegründeten Investitionsagentur des Ministeriums, die Kontakte zwischen der Regierung und potenziellen Investoren fördern soll. Kebede ist *der* Ansprechpartner. Zu ihm kommen Investoren, die am Landerwerb in Äthio-

pien interessiert sind. Über seinen Schreibtisch gehen die An-
fragen nach Anbauflächen und die Businesspläne jener Gruppen,
die in diesen Sektor investieren wollen. Zumindest formal ist er
es, der entscheidet, ob die Investitionspläne in Ordnung sind
und die dahinterstehenden Gesellschaften vertrauenswürdig genug, um Teile der Anbauflächen zu erhalten.

Während ich Kebede suche und mangels eines Portiers, den
man fragen könnte, zwischen verschiedenen Zimmern des Ministeriums herumirre, habe ich Gelegenheit, die Hierarchien in
einer staatlichen Behörde Äthiopiens zu studieren. Es handelt
sich durchweg um Großraumbüros mit ungefähr zehn Schreib-
tischen an den Wänden und einem Freiraum in der Mitte. Die
Schreibtische sind alle gleich groß, unterschiedlich ist nur die
Ausstattung. Einige sind völlig leer, die Menschen dahinter haben nur ein Stück Papier und einen Stift zur Verfügung, Zeichen
der niedrigsten Rangstufe in der Ministerialhierarchie. Andere
sind mit Papierstapeln bedeckt, gleichbedeutend damit, dass die
Person dahinter zur mittleren Beamtenschaft gehört, damit beauftragt, die Akten zu studieren. Nur die wenigsten sind mit dem
Emblem wahrer Macht ausgestattet: einem Computer.

Nach rund zehn Minuten ziellosen Herumirrens zwischen
schläfrigen Beamten, die nur unwillig Auskünfte in Englisch er-
teilen, gelingt es mir schließlich, Esayas Kebede zu finden. Er
sitzt hinter seinem Schreibtisch, hat einen etwas abwesenden
Blick, um seine Schultern schlackert eine blaue Jacke, die wenigstens eine Nummer zu groß für ihn ist. Der Computer, der auf
seinem Schreibtisch thront, verschafft mir Sicherheit: Hier sitzt
ein *big man*. Ich habe die richtige Person kontaktiert.

Während ich auf ihn zugehe, kommt er mir entgegen und
drückt mir die Hand, ohne mir dabei in die Augen zu schauen.
Dann lädt er mich ein, ihm in einen abgetrennten Bereich neben
seinem Büro zu folgen. Es handelt sich um eine Art Erweiterung,
die durch eine hölzerne Trennwand vom eigentlichen Büro sepa-
riert ist und ein Minimum an Diskretion garantieren soll.

Der Raum ist von ausgesuchter Schlichtheit. Seine einzige Zierde sind zwei abgenutzte Ledersofas und ein paar Landkarten an der Wand, die wohl jene Gebiete zeigen, die die Regierung verpachten will. Kebede ist zurückhaltend und vorsichtig. Er hat in den letzten Monaten viele Journalisten empfangen, die vermutlich alle mit der gleichen Frage in sein Büro kamen: »Warum verpachtet Äthiopien, das von internationalen Hilfslieferungen zur Ernährung seiner Bevölkerung abhängt, seine Anbauflächen zu lächerlichen Preisen an ausländische Investoren, die nicht für den lokalen Markt produzieren?«

Ihm liegt daran, möglicher Kritik im Vorfeld den Wind aus den Segeln zu nehmen. Nach dem üblichen Vorstellungsritual beginnt er einen langen Vortrag mit dem Ziel, zu zeigen, dass die zentralen Punkte der Landvergabe-Politik dazu dienen, »einen Agrarsektor zu modernisieren, der völlig antiquiert ist«. Von den vierundsiebzig Millionen Hektar fruchtbaren Landes in Äthiopien seien im Übrigen gerade einmal vier Prozent an Investoren verpachtet worden. Er argumentiert, dass Äthiopien zwar über das Land und die Arbeitskräfte verfügt, aber nicht über das nötige Kapital, um beide Faktoren selbst gewinnbringend einzusetzen.

Sein Vortragsstil gleicht dem eines Beamten, der mechanisch eine vorbereitete Geschichte wiedergibt, die er schon so oft wiederholt hat, dass er fast selbst daran glaubt. Während er spricht, ohne das, was er sagt, mit Gesten zu unterstützen und ohne dass geringste Engagement zu vermitteln, mit seiner zu großen Jacke und den Schuhen mit Profilsohle, denke ich, dass Kebede vermutlich zwei oder drei vorbereitete Statements zur Auswahl parat hat, je nach Zuhörerschaft. Spricht er mit Investoren, benutzt er vermutlich das Programm: »Hier könnt ihr euch ohne große Unkosten bereichern.« Bei internationalen Geberorganisationen vermutlich eher das Programm: »Wir öffnen uns dem Weltmarkt.« Bei einem Journalisten wird er vermutlich defensiver vorgehen. Leitmotiv ist immer: »Wir machen das zum Besten unseres Landes.« Aber die Argumente sind schwächer. Kebede weist zwar darauf hin, dass die Verpachtungen zur Modernisierung der Landwirtschaft dienen, aber er kann nicht überzeugend erklären, welche Vorteile die einheimische Bevölkerung von ausländischen Investitionen in Exportstrukturen für die Belieferung ausländischer Märkte hat.

Er beschränkt sich darauf, die Schaffung von Arbeitsplätzen zu erwähnen und den Umstand, dass »diese Anbauflächen brachlagen, nicht genutzt wurden und unterentwickelt waren«. Kebede spricht in ruhigem Ton, fast monoton, auch wenn er salbungsvolle Dinge von sich gibt. Wie etwa: »Wir sind zu einem großen Abenteuer aufgebrochen, das zur umfassenden Modernisierung des Agrarsektors führen wird.« Aber nach und nach bröckelt seine eingeübte Haltung. Während die Minuten verstreichen, lässt er immer deutlicher das eigentliche Anliegen dieser Bodenpolitik durchschimmern.

»Was hat das Land unmittelbar davon?«, frage ich ihn mit Nachdruck. Nachdem er die bekannte Leier von der Öffnung des Marktes abgespult hat, benutzt er plötzlich ein neues Argument: »Und dann benötigen wir ja auch dringend Devisen.« Das ist genau der Punkt: die ewige Jagd nach harten Währungen. Äthiopien will sich mit Hilfe von Dollars (oder Petrodollars) modernisieren, und um Devisen einzunehmen, ist es bereit, die eigenen Ressourcen zu verschleudern. In Äthiopien regiert der Dollar mittlerweile unumschränkt. Ausländern ist es nahezu unmöglich, Dinge wie beispielsweise ein Flugticket in einheimischer Währung zu bezahlen. Das Einreisevisum kostet am Flughafen folgerichtig zwanzig Dollar (respektive siebzehn Euro). »Es geht nicht, in Birr zu bezahlen«, sagte der Beamte am Einreiseschalter ganz selbstverständlich, als ich versuchte, ihm ein Bündel brauner Geldscheine in die Hand zu drücken.

Die Verpachtung von Anbauflächen folgt demselben Ziel: Devisen ins Land holen, oder genauer: sich Dollarkredite sichern, um sie zu reinvestieren. Während er mir den komplizierten Mechanismus der Kreditbriefe erläutert und die Tauschgeschäfte, die zwischen äthiopischen Banken und den Banken der Heimatländer der Investoren bei Vertragsunterzeichnung in Gang gesetzt werden, bestätigt Kebede indirekt, dass das Hauptziel des großen Verpachtungsplanes tatsächlich nur darin besteht, die Kassen des Staates mit Devisen zu füllen, um diese zu reinvestieren.

Ohne es offen zu sagen, gibt er zu verstehen, dass einer der Beweggründe zur Öffnung des Landes für Investoren darin bestand, in den internationalen Bankenmarkt einzudringen, auch wenn dies bedeutete, es aus einer Position großer Schwäche heraus und mit minimalen ökonomischen Vorteilen zu tun. Als ich darauf hinweise, dass die Pachtzinsen sehr niedrig seien im Vergleich zu den marktüblichen Preisen, sagt er, dass Profite aus den Verpachtungen keine Priorität hätten. Die Regierung sei grundsätzlich daran interessiert, das Land in die Weltwirtschaft zu integrieren, und dass man sich daher vor allem das Ziel gesetzt habe, Investitionen anzuziehen.

Aber es gelingt ihm nicht, mir – trotz seiner nachdrücklichen Bekenntnisse zur unaufhaltsamen Globalisierung und Standardphrasen über die (geringen) lokalen Vorteile in Form von Arbeitsplätzen und der Schaffung von Know-how – zu erklären, welches die tatsächlichen Vorteile eines so umfassenden Investitionsplans für das Land und seine Bevölkerung sein könnten.

Geheimverträge, ausgehandelt hinter verschlossenen Türen

Der von Kebede gepriesene große Sprung nach vorn wurde am grünen Tisch von Regierungsbeamten entschieden, die das Land mittlerweile wie ein kommerzielles Unternehmen führen. Es gab keine öffentlichen Diskussionen, der Leasingplan wurde einfach bekanntgegeben. Und zwar hauptsächlich, um Investoren zu informieren, weniger die Bevölkerung, die dabei nichts mitzureden hatte. Denn im Laufe der letzten Jahre ist es der EPRDF von Meles Zenawi gelungen, schrittweise alle Knotenpunkte der Macht zu besetzen und abweichende Meinungen entweder zum Verstummen zu bringen oder zur völligen Bedeutungslosigkeit zu reduzieren.

Der im Gange befindliche äthiopische Wahlkampf demonstriert das auf eindringliche Weise. Wir schreiben Mai 2010. Das Land bereitet sich darauf vor, an die Urnen zu gehen, um das Parlament zu wählen und damit die Regierung. Obwohl er vorher wiederholt seinen Rückzug aus der Politik ankündigte, hat sich Zenawi schließlich doch »überreden« lassen, den »bitteren Kelch noch einmal zu leeren« und für die fünfte aufeinanderfolgende Amtszeit zu kandidieren.

Addis Abeba ist zu diesem Zeitpunkt ein einziges Meer aus Wahlplakaten, riesigen Schriftzügen und T-Shirts mit dem Foto des Premiers. Die Biene, Parteisymbol der EPRDF, sieht man überall, auf Mauern, auf den Türen der Taxis, und sogar an einer großen Uhr mitten auf dem zentralen Meskel-Platz. Die wenigen kleinen Plakate des *Medrek* (Forum für den demokratischen Dialog in Äthiopien), dem Bündnis der Oppositionsparteien, erscheinen wie störende Flecken in einem Meer geschäftiger Bienen. Man hat den Eindruck, der Wahl einer Staatspartei beizuwohnen.

Und so ist es auch tatsächlich. Die Wahlen von 2010 sind nichts anderes als ein weiterer Schritt der EPRDF auf dem Weg zu einem Machtsystem, das weitere Parteien nicht mehr vorsieht. Die fünfte Regierung Zenawi ist das Ergebnis einer wunderlichen Mischung aus List, Gewalt und Opportunismus. Sowohl die Uneinigkeit der Opposition als auch die Stellung Äthiopiens innerhalb der globalen Konfrontation der Supermächte wurden dabei von der EPRDF genutzt, um ihre Kontrolle über das Land weiter zu verstärken. Zenawi regiert das Land nunmehr ununterbrochen seit 1991, obwohl seine Regierung fast nur aus Angehörigen der Volksgruppe der Tigray besteht, die unter den ethnischen Gruppierungen der Äthiopischen Föderation gerade sechs Prozent der Bevölkerung ausmachen.

Bei den Wahlen von 2005, als Zenawi sich erstmals entschlossen hatte, die Abstimmung nach demokratischen Regeln ablaufen zu lassen, musste er zur Kenntnis nehmen, dass die Anhängerschaft der eigenen Partei deutlich kleiner war als angenommen. Die Opposition fuhr einen Erdrutschsieg ein, Menschenmassen gingen auf die Straße, um das Wahlergebnis zu verteidigen, das die Regierungspartei nicht anerkennen wollte. Um die Proteste zu beenden, erteilte die Regierung den Sicherheitskräften den Befehl, auf die Demonstranten zu schießen. Die Bilanz war erschreckend: mindestens zweihundert Tote und dreißigtausend Verhaftete. Damals entschied Zenawi, dass er den Machtverlust künftig nicht mehr riskieren wolle, und setzte nun alles daran, sich und seiner Partei die absolute Macht zu sichern. Kritik wurde nun mit einer Reihe von Maßnahmen zum Schweigen gebracht, die dazu führten, dass die leitenden Vertreter der Opposition entweder im Gefängnis oder im Exil landeten.

Zenawi ließ alle nicht linientreuen Zeitungen schließen und verpasste den im Land aktiven NGOs (*Non-governmental organizations*/ Nicht-Regierungsorganisationen bzw. Interessenverbände) einen Maulkorb mit einem zu diesem Zweck erlassenen Gesetz, das allen ausländischen NGOs sowie denen, die mehr als zehn Prozent ihres Budgets aus dem Ausland beziehen (also allen), verbot, sich mit »Menschen- und Bürgerrechten, den Rechten der Frau, der Kinder und der Behinderten, mit ethnischen Problemen und Konfliktlösung« zu beschäftigen. Er erstickte den Widerstand und zerstörte die Zivilgesellschaft. Zenawi errichtete faktisch ein totalitäres, alles durchdringendes Regime, bei dem es, wie ein Bericht von *Human Rights Watch* erläutert, »schwerfällt, zwischen Partei und Staat oder umgekehrt zu unterscheiden«.[7]

Die Ergebnisse dieser Politik der verbrannten Erde habe ich direkt vor Augen. Die einzigen übrig gebliebenen Vertreter jener

Opposition, für die 2005 Tausende von Menschen auf die Straßen von Addis Abeba gingen, sind einige in die Jahre gekommene Herren, die ihre Wahlkampagne in ihrer Freizeit betreiben und aus eigenen Mitteln bestreiten. Der einflussreichste unter ihnen ist sicherlich Bulcha Demeksa, ein älterer Ex-Bankier und Ex-Beamter der Vereinten Nationen, der mittlerweile als Präsident dem *Oromo Federalist Democratic Movement* (OFDM – Föderalistische demokratische Oromo-Bewegung), eine der Parteien des *Medrek*, vorsteht.

Ich treffe Demeksa an einem Nachmittag vor der Wahl am Sitz seiner Bewegung, einer heruntergekommenen kleinen Villa am Ende einer unbefestigten Straße. Er empfängt mich in einem kahlen, spartanisch eingerichteten Zimmer, in dem ein Holztisch und drei Stühle stehen. Obwohl wir mitten im Wahlkampf sind, ist der Parteisitz verwaist. Kein hektisches Treiben, kein Parteifunktionär bei der Arbeit, keine Unterstützer, die die letzten Aktionen vor den Wahlen koordinieren, nicht einmal ein Bediensteter, um Gäste in Empfang zu nehmen. Nur ein winziger Zettel an der Haustür signalisiert, dass wir uns hier vor dem Hauptquartier einer der wichtigsten Oppositionsparteien befinden. »Als ich für die UNO in Nigeria gearbeitet habe, hatte ich ein hundert Quadratmeter großes Büro und drei Sekretärinnen in einem wunderschönen Gebäude. Heute sind wir hier, im Exil in unserem eigenen Haus, nicht mal Strom haben wir«, sagt Demeksa mit einem Lächeln.

Der Mann ist perfekt gekleidet, mit grauem Dreiteiler und roter Krawatte, ein deutlicher Kontrast zum in Äthiopien üblichen einfachen Kleidungsstil. Sein faltiges Gesicht zeugt von Erfahrung. Sein lebhafter, aber dennoch fester Blick ist der eines Mannes, der sich nicht gern langweilt, aber der die Zeit der Illusionen längst hinter sich gelassen hat. Demeksa weiß, dass er einer bedrohten Gattung angehört, er ist einer der wenigen Vertreter der Opposition, die sich noch frei bewegen können. Entweder macht ihn sein fortgeschrittenes Alter unangreifbar oder sein Alter lässt ihn den Führern der Staatspartei möglicherweise als »harmloser Feind« erscheinen.

Während wir uns über den laufenden Wahlkampf unterhalten, bringe ich das Gespräch darauf, dass von seinen Anhängern auf den Straßen nichts zu sehen ist, während die Unterstützer der EPRDF allgegenwärtig sind. »Die Regierung hat allen Kandidaten eine grundsätzliche Wahlkampfkostenerstattung von zweihundertachtundfünfzig Birr zur Verfügung gestellt, etwas mehr als zehn Euro. Die EPRDF hat dagegen unbeschränkten Zugriff auf öffentliche Mittel, um ihre Wahlkampagne zu finanzieren. Angesichts dieser Unverhältnismäßigkeit können wir nicht viel machen.«

Einige Stunden zuvor konnte ich mich selbst von der enormen Mobilisierungsmaschinerie der Regierungspartei überzeugen, als ich an der letzten Versammlung vor der Wahl im städtischen Stadion teilnahm, in dem sich Zehntausende Anhänger versammelt hatten, die man mit einer Flotte von Bussen aus allen Landesteilen herbeigekarrt hatte.

Unter diesen Umständen erscheint die Opposition quasi als Karikatur ihrer selbst; ihre Existenz erzeugt den unangenehmen Nebeneffekt, die demokratischen Vorspiegelungen der Regierungspartei zu legitimieren. Ich frage Demeksa daher, warum seine Partei darauf beharrt, überhaupt an den Wahlen teilzunehmen, angesichts der – milde ausgedrückt – hinderlichen Konditionen. Der Ex-Bankier, der in die Politik ging, antwortet mit einem Verweis auf die Theorie des »demokratischen Fortschritts«:

»Wir leben heute in einem autoritären Staat. Die Wahlen sind eine Farce. Es wird Wahlbetrug geben, und die Regierungspartei wird ein triumphales Wahlergebnis einfahren. Wir werden dagegen Berufung einlegen. Unsere Einsprüche werden abgelehnt. Aber wenigstens die Jüngeren sehen, dass wir trotz der staatlichen Repression, trotz der Gefängnisstrafen für einen Großteil unserer Parteimitglieder, nicht aufgehört haben, an den Rechtsstaat zu glauben. Es wird mit Sicherheit nicht morgen passieren, aber wir sind zuversichtlich, dass Äthiopien eines Tages eine wahre Demokratie sein wird. Daran müssen wir glauben, für unsere Kinder.«

Die Vorhersagen von Demeksa trafen wortwörtlich ein, zumindest was ihren ersten Teil anbelangt. Die EPRDF erhielt 99,6 Prozent der Stimmen und überließ der Opposition einen einzigen von fünfhundertsiebenundvierzig Parlamentssitzen. Die Opposition zog vor Gericht. Ihre Einsprüche hatten keinen Erfolg. Über den zweiten Teil seiner Prognose, seine Hoffnungen für die Zukunft, zu befinden, muss künftigen Generationen überlassen bleiben.

Die Tage und Wochen nach der Wahl mit ihrem märchenhaften Ausgang verdeutlichten die Stärke des in den vergangenen Jahren von der EPRDF geknüpften internationalen Netzwerks. Trotz offenkundiger Rechtsbrüche und skandalösen Wahlbetrugs, vor allem in ländlichen Gebieten, wagte es keiner der Verbündeten Äthiopiens, die Stimme zu erheben. Der Aufschrei vieler Menschenrechtsgruppen verhallte ungehört. Selbst der verhalten kritische Bericht der europäischen Wahlbeobachter, in dem von »ungleichen Voraussetzungen im Wahlkampf« die Rede war, wurde von den anschließenden Äußerungen der EU-Außenbeauftragten Catherine Ashton in sein Gegenteil verkehrt. Sie bezeichnete die Wahl als »wichtigen Augenblick im demokratischen Prozess« und gratulierte den Wählern »zur friedlichen Stimmabgabe und der hohen Wahlbeteiligung«.[8]

Alle beeilten sich, diese Wahlfarce mehr oder weniger diskret zu sanktionieren. Denn Zenawi ist praktisch unantastbar. Äthiopien ist zu wichtig für die Stabilität am Horn von Afrika, bedroht von dem unkontrollierbaren Regime in Eritrea und dem endlosen Bürgerkrieg in Somalia. Der Führer der EPRDF ist, zumindest in westlicher Wahrnehmung, der Einzige, der die Einheit dieses Vielvölkerstaates Äthiopien sichern kann, mit vierundachtzig Millionen Einwohnern nach Nigeria das bevölkerungsreichste Land Afrikas.

Seit 2005, als die äthiopische Regierung in skrupelloser Weise ihre repressive Politik gegenüber abweichenden Meinungen begann, haben die internationalen Geberländer – die 2008 drei Milliarden Dollar für »humanitäre Hilfe« in die Kassen des äthiopischen Staates spülten, die höchste Summe aller Länder Afrikas südlich der Sahara[9] – kein einziges Mal protestiert. Das Schweigen der internationalen Verbündeten Äthiopiens hat seitdem einen Grad beispielloser Heuchelei erreicht, wie etwa im Falle der sechsunddreißigjährigen Rechtsanwältin Birtukan Mideksa, Mutter eines Fünfjährigen und Führerin einer der Oppositionsparteien. Sie wurde 2005 erstmals verhaftet und 2008 wegen »Hochverrats« zu lebenslänglich verurteilt, weil sie es gewagt hatte, Unregelmäßigkeiten bei den Wahlen zur Anzeige zu bringen.[10]

Obwohl die Opposition und die Gesellschaft insgesamt immer stärkeren Restriktionen unterworfen wurden, fuhren die Vereinigten Staaten und die Europäische Union fort, Äthiopien zu hofieren, Hilfsgelder fließen zu lassen und Meles Zenawi als leuchtendes Vorbild eines modernen, außergewöhnlichen Politikers zu preisen. Um nur ein Beispiel zu nennen: Im Zusammenhang mit der Wahlkampagne 2005 berief der damalige britische Premier Tony Blair den äthiopischen Premier in den Beirat der britischen Initiative *Commission for Africa* (Kommission für Afrika). Diese Expertengruppe – inspiriert vom *Live Aid*-Vorbild und den anschließenden Lobby-Aktionen Bob Geldofs und anderen Musikstars – übte auf die internationalen Geberländer Druck aus, die eigenen Versprechungen hinsichtlich humanitärer Hilfsleistungen, die man als Motor der Entwicklung und des Wachstums ansah, einzuhalten.[11] Mitherausgeber des Abschlussberichts der Kommission – sinnigerweise *Our common interest* (Unser gemeinsames Interesse) betitelt – war Zenawi, den man für den wichtigsten Repräsentanten »der neuen Generation moderner führender afrikanischer Politiker nach dem Ende des Kalten Krieges« halte, wie der ehemalige US-Präsident Bill Clinton unterstrich.

Im Laufe der Jahre zeigte sich der starke Mann aus Addis Abeba sehr geschickt darin, diese Janusköpfigkeit beizubehalten: Einerseits Dr. Jekyll, beschäftigt mit dem Kampf gegen Armut und Klimawandel (und in dieser Rolle zu allen internationalen Gipfeltreffen eingeladen), und andererseits Mr. Hyde, der die Opposition unterdrückt, jede abweichende Meinung zum Verstummen bringt und jeden, der nicht so denkt wie er, ins Gefängnis wirft oder ins Exil treibt.

Das wissen die Journalisten von *Addis Neger*, einer kämpferischen unabhängigen Zeitung, nur zu gut. Sämtliche Mitarbeiter sahen sich gezwungen, ins Ausland zu fliehen, angesichts der Drohung, sie absurderweise wegen »Terrorismus« anzuklagen. Seitdem vagabundieren sie als verlorenes Häuflein durch verschiedene afrikanische Länder und die Vereinigten Staaten.[12] Das weiß auch Berhanu Nega, der 2005 gewählte Bürgermeister Addis Abebas, der nach den Protesten im Oktober desselben Jahres verhaftet und nach zwanzig Monaten Haft wegen »Völkermords und Verrats« nach Pennsylvania abgeschoben wurde.

Zenawi stützt sich auf die eigene Unersetzlichkeit und eine durchdachte Politik der Allianzen, die ihn in seiner Rolle als »unser Mann am Horn von Afrika« stärkten. Er hat ein beinahe felsenfestes System der Machterhaltung installiert, das sich heute trotz seiner autoritären Züge und den unübersehbaren Menschenrechtsverletzungen großen Respekts erfreut. Umso mehr, seit in den letzten Jahren ein neuer Faktor ins Spiel gekommen ist: Das äthiopische Regime hat sich China angenähert. Wie viele andere afrikanische Länder hat es seine Wirtschaft chinesischen Unternehmen geöffnet, die nun in großem Stil Straßen und Gebäude sowie Staudämme und Infrastruktureinrichtungen jeglicher Art errichten.

Diese Öffnung ermöglicht es Zenawi, mehrgleisig vorzugehen und verschafft ihm auch gegenüber seinen traditionellen Partnern eine bessere Verhandlungsposition. Der Kampf zwischen China und den westlichen Ländern um Einflussnahme und Marktkon-

trolle wird auf dem gesamten afrikanischen Kontinent ausgetragen, hauptsächlich aber in den Ländern, die über Rohstoffe
verfügen. Er verschafft jenen Regierungen einen unbestreitbaren
Vorteil, die früher sehr viel stärker den Erpressungen und dem
Druck ihrer bisherigen Verhandlungspartner ausgesetzt waren.
»Wir akzeptieren keine Kritik, von niemandem. Wenn die westlichen Geberländer sich entschließen sollten, wegzugehen, dann
danken wir ihnen für das, was sie bisher geleistet haben. Aber wir
werden uns niemals von angeblichen Freunden die Richtung
diktieren lassen«, erklärte Zenawi vorbeugend in einer Pressekonferenz nach den Wahlen.[13]

Aus der Perspektive eines Teils der Opposition passt das Verramschen der Anbauflächen in den übergeordneten Plan: sich
zusätzliche solide internationale Verbindungen verschaffen, um
auf ewig im Sattel zu bleiben. So erklärt es mir Bulcha Demeksa:
»Die Ziele des *land leasing* sind hauptsächlich politischer Art. Die
Verpachtung der Anbauflächen ist Teil einer Gesamtstrategie, mit
welcher der Premier der internationalen Gemeinschaft vermitteln will: Ich bin unersetzlich. Und plötzlich hat niemand mehr
etwas gegen die Unterdrückung der Opposition, den Wahlbetrug und die Einschränkungen der Meinungsfreiheit.«

Demeksa ist ein Angehöriger der Volksgruppe der Oromo. Er
kommt aus einer jener Gegenden, die von der Landverpachtung
stark betroffen sind. Die Region ist für Investoren sehr attraktiv,
da sie über gute Verkehrsanbindungen zur Hauptstadt verfügt
und die Anbauflächen extrem fruchtbar sind. Daher liegt ihm
dieses Thema besonders am Herzen. Während er davon spricht,
legt er die Gelassenheit ab, die er die ganze Zeit gezeigt hat. Er
gerät in Rage und schreit: »Sie verramschen unser Land. Und sie
fragen uns nicht einmal. Es ist ein Skandal!«

Seiner Analyse zufolge wird Äthiopien mit den Verträgen zur
Landverpachtung zunehmend zum Teil eines übergeordneten Systems und die Regierungspartei immer mehr zum Vermittler, den
es zu hofieren gilt, will man Teil dieses Systems werden. Wenn

dann einmal Länder mit einer gewissen Bedeutung dank der undurchsichtigen Verträge, die hinter verschlossenen Türen mit der Regierung ausgehandelt wurden, massiv in Äthiopien investiert haben, dann werden diese Länder den nötigen Druck ausüben, damit die Partei, mit der sie diese Verträge abgeschlossen haben, an der Regierung bleibt und nicht in Schwierigkeiten gerät.

Auch wenn dies teilweise ein vorgeschobenes Argument sein mag, um die Untätigkeit der Opposition und ihren geringen Einfluss auf eine Bevölkerung zu rechtfertigen, die keineswegs mit der amtierenden Regierung zufrieden ist, so gibt es doch Aspekte, die unzweifelhaft richtig sind in der Darstellung des alten Bankiers. Die Abkommen über die Landvergabe – wie auch die Aufträge für die Errichtung wichtiger Infrastrukturanlagen – werden tatsächlich immer hinter verschlossenen Türen ausgehandelt, ohne öffentliche Ausschreibung oder unabhängige Machbarkeitsstudien zu den Projekten.

»Nur die Regierung entscheidet, an wen solche Aufträge vergeben werden. Die Regierung entscheidet, welche Anbauflächen an wen vergeben werden. Wir erfahren oft nur aus den internationalen Zeitungen, ob ein bestimmter Auftrag an diese oder an jene ausländische Firma erteilt wurde«, klagt Demeksa, um mit einer Frage zu enden, die leicht rhetorisch klingt: »Und auf welche Kriterien stützt sich Ihrer Meinung nach das Ministerium für Landwirtschaft bei der Vergabe der Anbauflächen?«

Eine rote Linie, die nicht überschritten werden darf

Ich reiche diese Frage direkt an Esayas Kebede weiter. »Die Vergabe entscheiden wir aufgrund der Erfahrung, die jemand auf einem bestimmten Gebiet hat«, antwortet mir der Beamte in offiziösem Tonfall. »Wir analysieren die bisherige Geschäftstätigkeit der Firma, den Businessplan, die Perspektiven, die sie hat, und die Pflanzensorte, die sie anzubauen plant. Dann treffen wir unsere Entscheidung und übergeben alles Weitere an die Regionalbüros.«

Er unterstreicht, dass seine Agentur eigentlich nur die Funktion hat, zu koordinieren und die Verbindung herzustellen. Theoretisch entscheidet also letztlich nicht der Landwirtschaftsminister über die endgültige Vergabe der Anbauflächen. Jeder Acker wird mit Zustimmung der Regionalregierungen verpachtet, die ausschließlich ungenutzte Flächen zur Verfügung stellen. »Wir leben in einer Föderation. Der Einfluss der Zentralregierung auf Belange regionalen Charakters ist begrenzt.« Kebede verschweigt dabei, dass alle Regionalregierungen der Kontrolle der EPRDF unterstehen und dass die betroffenen Gemeinden wenig oder überhaupt keinen Einfluss auf diese Entscheidungen haben.

Bei den Kommunalwahlen vom April 2008, an denen die Opposition auf eigenen Entschluss nicht teilnahm, erhielten die Regierungspartei und ihre Verbündeten 99,99 Prozent der Stimmen und die absolute Kontrolle über alle Ebenen der öffentlichen Verwaltung. Die Regional- und Distriktbüros kamen auf diese Weise in die Hände von Frauen und Männern mit engen Verbindungen zu den Machthabern. Diese Frauen und Männer trugen nun dazu bei, eine gigantische, weit verzweigte Kontrollstruktur zu schaffen. Es sind nämlich die Verwalter in den Stadtvierteln und Dörfern, die den Zugang zu den internationalen Hilfslieferungen regeln, die vorhandenen Arbeitsplätze verteilen, die Häuser, die Äcker, bis hin zu Mikrokrediten.

Indem sie die Schlüsselbereiche kontrollieren, die vor allem in ländlichen Gebieten über das Wohlergehen der Bevölkerung entscheiden, sind diese Personen zu einer Reinkarnation örtlicher Gutsherren geworden. Mit einem wesentlichen Unterschied: Da sie jederzeit von der Regierung abgesetzt werden können, müssen sie unablässig beweisen, dass sie (im Sinne der Regierung) die ihnen zugewiesene Funktion bestmöglich ausüben. Sie geben sich daher größte Mühe, regierungstreue Anführer ihrer Gemeinde zu sein, und richten ihre eigenen, örtlichen Überwachungssysteme ein, deren Chefs sie sind. In diesem Orwellschen Überwachungsstaat, geschaffen aus Klientelismus, Vergünstigungen und gegenseitiger Denunziation, hat niemand den Mut, seine Stimme zu erheben. So fällt es der Regierung leicht, den Anschein der Transparenz aufrechtzuerhalten und die regionalen Instanzen in die Zuweisungsmechanismen einzubeziehen.

Das erklärt auch, warum der Landraub, der in anderen afrikanischen Ländern zu Aufständen führte, hier scheinbar friedlich vonstatten geht, ohne Tumulte zu provozieren und ohne Debatten in der Presse auszulösen. Das erläutert mir auf unmissverständliche Weise der örtliche Repräsentant einer der wenigen NGOs, die noch im Lande tätig sind, aber nur, nachdem ich ihm hoch und heilig versichert habe, dass ich seinen Namen niemals nennen und seine Aussage auch nur anonymisiert wiedergeben werde.

Wir sind vor einem Theater im Zentrum von Addis Abeba verabredet. Kaum haben wir uns getroffen, schlägt er mir ein frühes Mittagessen vor. Obwohl es erst elf ist und ich nicht den geringsten Hunger verspüre, folge ich ihm in ein nahe gelegenes Restaurant. Er wählt einen einzeln stehenden Tisch in der Ecke eines ohnehin verwaisten Innenhofs, bestellt zweimal Fisch mit Salat und erklärt, warum es dieses vormittäglichen Zusatzessens bedarf: »Hier sind wir ganz unter uns, niemand wird uns stören.«

Während wir uns im Schnelldurchgang über dieses und jenes unterhalten, über die politische Situation in Äthiopien, über die kürzlich abgehaltenen Wahlen, mustert mich der Mann, während er mit mir spricht. Er ist liebenswürdig, aber auch ein bisschen misstrauisch. Er hat eine hohe, dünne, Stimme, die nicht so recht zu seiner robusten Statur passen will, die schon Anzeichen beginnender Korpulenz aufweist. Seine schlauen Augen blitzen, wenn sein Temperament auf sympathische Weise plötzlich mit ihm durchgeht, sein Redefluss wird von Zeit zu Zeit von einem Lachen unterbrochen, das weniger von guter Laune als vielmehr von einem nervösen Tick zu künden scheint.

Er antwortet auf meine Fragen mit Umschreibungen, ohne viel von sich preiszugeben. Als ich wissen möchte, wie es möglich sei, dass er hier noch aktiv ist, während die meisten anderen Organisationen gezwungen worden seien, ihre Arbeit einzustellen, antwortet er, es sei ihm gelungen, eine »Beziehung von kontinuierlicher Dialektik« zur Regierung aufzubauen. Eine Umschreibung, die ich so interpretiere: »Wir stehen unter ständiger Kontrolle.« Als ich ihn frage, was er von den Wahlergebnissen hält, sagt er mit leiser Stimme, dass die EPRDF das Land nun mal in der Hand habe, ohne zu den Wahlfälschungs-Vorwürfen Stellung zu nehmen, die von mehreren Seiten erhoben worden waren.

Als ich die Unterhaltung auf das *land leasing* bringe – was gar nicht das Thema war, für das ich ihn am Telefon um ein Interview gebeten hatte – verstärkt sich seine Ängstlichkeit drastisch. Er beginnt sich besorgt umzuschauen. Er richtet den Blick auf den vor ihm stehenden Teller. Er blickt wieder auf, mustert die wenigen Gäste des Restaurants. Schließlich rückt er näher heran und gibt mir mit kaum hörbarer Stimme zu verstehen, dass dieses Thema tabu ist. »Das ist ein heikles Thema, das man eigentlich gar nicht erwähnen darf. Es liegt jenseits der roten Linie, die man nicht überschreiten sollte.«

Weil das Thema so heikel sei, beschäftige sich niemand damit. Niemand wage, dazu Fragen zu stellen. Niemand in Äthiopien denke auch nur daran, die erwähnte rote Linie zu überschreiten. »Letztlich weiß niemand, wie viele und welche Flächen verpachtet worden sind, denn weder gibt es unabhängige Studien zu diesem Thema, noch kann es unter diesen Umständen welche geben«, seufzt mein Gesprächspartner mit brüchiger Stimme und gibt mir zu verstehen, dass er das zwar skandalös findet, dass er aber – will er nicht riskieren, dass sein Büro innerhalb von vierundzwanzig Stunden geschlossen wird – besser daran tut, sich jeglicher Kritik zu enthalten.

So erklärt sich, warum nur wenig über die tatsächlichen Ausmaße des Phänomens bekannt ist. Die einzigen vorhandenen

Daten stammen von der Regierung, die von einer Million Hektar spricht, die verpachtet worden seien, und rund zwei Millionen, die demnächst verpachtet werden sollen. Die Pachtverträge werden jedoch nicht veröffentlicht, sondern hinter verschlossenen Türen ausgehandelt, nach Modalitäten, die Kebede als Standard bezeichnete, die aber keiner Prüfung unterliegen. Die wenigen bekannten Informationen stammen aus Artikeln, die in ausländischen Zeitungen erschienen, aus durchgesickerten Informationen von den beteiligten Firmen und aus Strafanzeigen, die Mitglieder der äthiopischen Diaspora stellten, die sich aber nur selten auf eigene Daten stützen können und stattdessen ihrerseits auf Informationen ausländischer Zeitungen zurückgreifen.

»Äthiopien existiert nicht«

Das wird mir so richtig klar bei einer Konferenz, die von den Oppositionellen des Oromo-Stammes organisiert wird und an der ich teilnehme, weil sie ausschließlich dem Landraub gewidmet ist. Die Veranstaltung führt bezeichnenderweise den Titel *The Scramble for Land – Investment and Environmental Degradation in Oromia / Consequences for the Future* (Die Jagd nach Land – Investitionen und Umweltverschmutzung in Oromia / Konsequenzen für die Zukunft). Aus naheliegenden Gründen findet diese Veranstaltung nicht in Äthiopien statt, sondern in einem Universitätsgebäude im Zentrum Londons.

Die Umgebung wäre eher einem Mafiosi-Treffen angemessen. Die Tagung findet an einem Samstag im Juli im Souterrain der City University of London statt. Die britische Hauptstadt liegt unter einem strahlendblauen Himmel, die öffentlichen Parks werden von Scharen halbnackter junger Leute bevölkert, die einen der wenigen warmen Tage im klimatisch nicht gerade begünstigten London genießen wollen. Die Hochschule dagegen ist verwaist, wie die gesamte Umgebung, die normalerweise vom

Uni-Betrieb belebt wird. Im Gebäude ist nur das Hauspersonal unterwegs, etwas genervt angesichts der Wochenendarbeit, zu der es gezwungen wurde. An der Tagung nehmen rund dreißig Personen teil. Die Vortragenden kennen sich alle untereinander. Sie gehören zu einer Gruppe, die sich jeden Sommer trifft, um über ein vorher festgelegtes Thema zu diskutieren.

»Dieses Jahr«, erklärt mir einer der Organisatoren, »haben wir den Komplex rund um die Anbauflächen gewählt, weil es die jüngste Attacke auf unsere Kultur darstellt. Es ist der Kolonialismus des 21. Jahrhunderts, mit dem die Regierung Zenawi die Oromo-Tradition endgültig begraben will.« Die Tonlage der Vorträge ist hart und endgültig: Sogar die Definition von Äthiopien selbst wird infrage gestellt, da es sich bei dem Land, den Worten eines Vortragenden zufolge, um »eine willkürliche Schöpfung, das Ergebnis der Besetzung der südlichen Landesteile durch die Völker der Hochebene« handle. Die Verpachtung der Anbauflächen, die man hier anklagend als *land grabbing* bezeichnet, wird als das letzte Verbrechen einer diktatorischen Regierung angesehen, »die keine Unterschiede anerkennt, Widerspruch unterdrückt und seit rund zwanzig Jahren eine Politik verfolgt, deren Ziel die Auslöschung der lokalen Kulturen aus dem sozialen Spektrum des Landes ist«. Die Vorwürfe der Oromo – der stärksten ethnischen Gruppe Äthiopiens – sind nicht neu. Alle Beiträge stellen den Begriff des »ethnischen Föderalismus« zur Diskussion, die findige Strategie, mittels derer es die Tigray seit zwanzig Jahren schaffen, sich an der Macht zu halten, indem sie einer Dezentralisierung das Wort reden, die in Wirklichkeit nur ein ausgeklügeltes System der Hinzuwahl gefälliger Eliten ist.[14]

Die Vorträge ähneln sich alle. Die Redner, überwiegend äthiopischer Herkunft, sind aus den Vereinigten Staaten und aus verschiedenen europäischen Ländern angereist. Es sind Anthropologen, Soziologen, Wirtschaftswissenschaftler. Sie alle tragen bedeutsam erscheinende Titel und sind, wenigstens theoretisch, die führenden Forscher zum Gegenstand der Debatte. Aber der

Inhalt der Vorträge ist diffus und gelegentlich ideologisch. Das Thema wird manchmal nur kurz gestreift, ohne präzise Daten zu nennen – das Wissen darüber wird vorausgesetzt. Die Tagung gleicht statt einem Informationsaustausch oder einem Brainstorming über eine äußerst aktuelle Frage mehr einer allgemeinen politischen Diskussion, die dazu noch von Personen geführt wird, die weder jetzt noch in absehbarer Zukunft Einfluss auf die politischen Entwicklungen in ihrem Heimatland haben werden. Die Erklärung für diese etwas oberflächliche Herangehensweise ist einfach. Die Mehrzahl der Redner sind Exilanten, Menschen, die aus Angst vor Verfolgung aus Äthiopien geflohen sind und die mit ihrem Geburtsland nur noch sporadisch Kontakt haben. Die Informationen, über die sie verfügen, sind aus zweiter, wenn nicht gar aus dritter Hand, sicher auch, weil natürlich niemand in Äthiopien am Telefon über ein so sensibles Thema spricht.

Das Kommunikationssystem unterliegt der Kontrolle des monopolartigen Betreibers, der staatlichen *Ethiopian Telecommunications Corporation* (Äthiopische Telekommunikationsgesellschaft).[15] Und selbst wenn das nicht so wäre, allein die Angst, dass es so sein könnte, wirkt als effizientes Abschreckungsmittel. Seit den Wahlen von 2005, als die Aufrufe zu Demonstrationen der Opposition per SMS verschickt wurden, hat die Regierung Zenawi mit Vorrang den Aufbau einer umfassenden Kommunikationskontrolle betrieben. Damals sperrte sie für ungefähr zwei Jahre einfach die Möglichkeit, SMS-Botschaften zu verschicken. Dann verfeinerte sie ihre Technik. Sie beschaffte sich eine Software chinesischer Herkunft, die es ihr erlaubt, jegliche Form von Informationsaustausch, sowohl schriftlicher als auch mündlicher Art, zu kontrollieren. Eine Entwicklung, die die britische Wochenzeitschrift *The Economist* dazu brachte, am Vorabend der Neuwahlen von 2010 zu schreiben: »Während man in anderen afrikanischen Ländern über die jeweiligen Vorteile des Blackberrys oder des iPhones diskutiert, konzentriert sich die Debatte in Äthiopien auf die Möglichkeit, überhaupt ein Telefon zu haben.«[16]

Die Vorträge, die ich mir in einem Hörsaal der Universität von London anhöre, zeigen deutlich, dass die umfassende Kommunikationskontrolle – zusammen mit anderen von der Regierung eingeführten Unterdrückungsmaßnahmen – den Informationsaustausch unmöglich gemacht hat. So stellt ein Professor in einer längeren, interessanten Abhandlung die Machtergreifung der EPRDF und die Politik der Bodenverwaltung dar, streift aber nur nebenbei und wie in einem Schulaufsatz die aktuelle Situation. Ein Anthropologe spricht über die Räumung einer Siedlung von Einheimischen in der Oromia, die aber schon vor zwanzig Jahren geschehen ist.

Nyikaw Ochalla, ein Aktivist der Anuak – einer ethnischen Gruppe, die in der Grenzregion von Gambella beheimatet ist –, spricht von der »abschließenden Phase jenes Völkermords, der seit Jahren im Gange« sei. Er hebt hervor, dass der Großteil, wenn nicht gar alle Ackerflächen, die die Anuak als Weide nutzten, jetzt internationalen Investoren überlassen wurden. Er berichtet, dass die Äcker rund um sein Heimatdorf komplett privatisiert wurden und dass die Einheimischen jetzt nur noch als Tagelöhner ihren Lebensunterhalt verdienen können. Aber auch sein Beitrag, obwohl noch einer der aussagekräftigsten, hat den Beigeschmack des schon oft Gehörten.

Als ich Ochalla frage, welche Gesellschaften Anbauflächen in Gambella bekommen haben, nennt er die *Karuturi*, eine große indische Gruppe, über deren Ankauf von dreihunderttausend Hektar in der internationalen Presse ausführlich berichtet wurde. Als ich von ihm Fakten zum genauen Ausmaß des Phänomens in seiner Region wissen will, kann er mir keine genauen Zahlen nennen. Ochalla lebt als politischer Flüchtling in Großbritannien und gilt als einer der ausgewiesensten Experten weltweit in Angelegenheiten der Anuak, einer jener ethnischen Gruppen Äthiopiens, die am meisten unter dem Ausverkauf der kollektiven Ressourcen durch die Führungsschicht in Addis Abeba gelitten haben.

Da er selbst vor den Verfolgungen fliehen musste, ist ihm das Schicksal der Anuak sehr vertraut. Er kennt die Geschichte seines Volkes in- und auswendig, von den Verfolgungen unter dem Mengistu-Regime bis zu den Hoffnungen, die anfänglich auf der EPRDF ruhten und die von der neuen Politik der Ausbeutung, die jetzt im aktuellen Landraub gipfelte, enttäuscht wurden. Seine Familie und Freunde leben in der Gegend von Gambella. Er versucht, auf dem Laufenden zu bleiben. Aber auch er gibt seine Machtlosigkeit zu. Schon seit zehn Jahren hat er seine Heimat nicht mehr gesehen, und es ist auch für ihn schwierig, aktuelle Informationen zu bekommen. »Selbst wenn sie wissen, dass es möglicherweise verheerend ist, haben die Leute Angst, von dieser Sache, dem Landraub, zu reden«, gibt er etwas bekümmert zu. »So hat die Regierung leichtes Spiel.«

Die Tagung geht mit einem Pressekommuniqué zu Ende, das nur auf den Internetseiten der äthiopischen Diaspora zur Kenntnis genommen wird und das mit geschraubten Worten, aber wenig schlagkräftig den Landraub anprangert. Das Kommuniqué schließt mit dem Vorschlag, »durch koordinierte weltweite Anstrengungen die öffentliche Meinung für diese unverantwortlichen Praktiken seitens der Multis zu sensibilisieren«.

Die Großgrundbesitzer aus Bangalore

Aber wer sind diese Firmen, die sich auf die Eroberung äthiopischer Anbauflächen verlegt haben? »Es gibt alle möglichen«, meint Kebede, »wir bewerten hauptsächlich die Vertrauenswürdigkeit der Gesellschaften, bevor wir ihnen Land zuweisen.« Tatsächlich ging der Löwenanteil – überwiegend in der ersten Phase, in der das Land schon zugewiesen wurde, seine Nutzung allerdings noch ganz am Anfang stand – an Personen oder Gruppen, die bereits in Äthiopien aktiv sind und sich guter Verbindungen zur Regierung rühmen können. Das sind etwa die bereits erwähnten Firmen des Scheichs Al Amoudi (und solche, die mit ihm in Verbindung stehen), auf deren Plantagen im Augenblick Obst und Gemüse gezogen werden, aber auch und vor allem Reis, den man vor Ort verarbeitet, bevor er nach Saudi-Arabien exportiert wird.

Der Scheich träumt jedoch schon davon, seine Unternehmungen auszuweiten, indem er von Fall zu Fall Allianzen mit Gruppen eingeht, die sich auf das Agrarbusiness spezialisiert haben. So will er in Zusammenarbeit mit dem Schweizer Saatgut-Konzern *Syngenta* eine dreißigtausend Hektar große Zuckerrohrplantage im Nordosten Äthiopiens anlegen sowie eine weitere Plantage von hunderttausend Hektar für Biodiesel in der Provinz Benishangul Gumuz, diesmal gemeinsam mit der malaysischen Firma *Agri Nexus*. Die Projekte befinden sich noch im Verhandlungsstadium, aber angesichts des vertrauten Umgangs Al Amoudis mit der äthiopischen Regierung scheint ein positiver Ausgang dieser Gespräche mehr als sicher. Ihren Freunden im Ausland lässt die äthiopische Regierung gleichzeitig kleine Aufmerksamkeiten zukommen, vom nigerianischen Ex-Präsidenten Olusegun Obasanjo bis zum gegenwärtigen Präsidenten von Djibouti, Ismail Omar Guelleh, die jeweils zweitausend bzw. viertausend Hektar in der Provinz Oromia erhalten haben.[17]

Aber der größte Agrar-Investor des Landes ist eine indische Gruppe mit Sitz in Bangalore, jene Firma *Karuturi*, von der der Anuak-Aktivist auf dem Londoner Treffen sprach. Als führendes Unternehmen der Schnittrosenproduktion in Kenia und Äthiopien hat sich die *Karuturi* in den letzten beiden Jahren entschlossen, das Angebot der äthiopischen Regierung anzunehmen und ihre geschäftlichen Aktivitäten auszuweiten. Und die Firma ist nicht die einzige. Auch kleinere Schnittrosenproduzenten, die von der Weltwirtschaftskrise gebeutelt wurden – die sich speziell im Bereich der Konsumgüter wie Schnittblumen auswirkte –, haben zumindest Teile ihres Anbaus auf die Produktion von Nahrungsmitteln umgestellt.

Die Firma *Karuturi* hingegen setzt auf das Prinzip: Klotzen, nicht kleckern! Sie hat zehntausend Hektar zweihundertfünfzig Kilometer südlich von Addis Abeba gepachtet, sowie weitere dreihunderttausend Hektar (eine Fläche so groß wie Luxemburg) in der Region Gambella. Die Produktion hier in der Grenzregion zum Sudan bietet einen unschätzbaren Vorteil: Der Boden ist hier sogar gratis. Der indische Konzern hat einen Knebelvertrag mit der äthiopischen Regierung geschlossen. Während der ersten sechs Jahre bezahlt er als Nutzer überhaupt keine Pacht. Danach werden dann fünfzehn Birr (sechzig Cent) pro Hektar für die nächsten vierundachtzig Jahre an den äthiopischen Fiskus fließen.

Nach dem zu urteilen, was der Konzern selbst bekanntgab, würden Anbauflächen von vergleichbarer Qualität in Malaysia oder Indonesien dreihundert Euro pro Hektar und Jahr kosten. Im Gegensatz zu den Saudis, die für den Export in ihr Heimatland produzieren, verfolgt *Karuturi* einen globaleren Ansatz: Das Unternehmen züchtet Rosen für Europa und Ölpalmen für den indischen und afrikanischen Markt, dort vor allem für die Länder des COMESA (*Common Market for Eastern and Southern Africa*/Wirtschaftsverbund ost- und südafrikanischer Staaten). Da Äthiopien gerade erwägt, sich dieser Freihandelszone anzuschließen, erhebt es auf Export dorthin keine Zollgebühren.[18] Es ist geplant, Getreide für den Export ins restliche Afrika anzubauen. Die indische Gesellschaft hat sich also unterschiedliche Ziele gesetzt, um auf alle Eventualitäten des Marktes reagieren zu können. Der Generaldirektor Sai Ramakrishna Karuturi hat dazu klare Vorstellungen: »Alle investieren in China für die Industrie, in Indien für den Service. Für Nahrungsmittel muss man nach Afrika gehen.«[19]

Esayas Kebede stimmt zu. Er findet, dass sein Land hierfür die attraktivste Adresse in der gesamten Region sei. »In Äthiopien wächst alles. Man muss es nur pflanzen. Wir bieten Konditionen, mit denen nur wenige andere mithalten können«, fügt er hinzu und bezieht sich hierbei vermutlich nicht nur auf die Qualität der Böden und das optimale Klima, sondern auf die unglaublichen Vergünstigungen, die seine Behörde Investoren einräumt.

Tatsächlich vermittelt die Regierung nicht den Eindruck, besonders interessiert daran zu sein, welche Produkte angebaut werden, noch scheint sie eine wirkliche Strategie bei der Entwicklung der heimischen Landwirtschaft zu verfolgen. Sie teilt die Anbauflächen zu und fertig. »Anfangs haben wir daran gedacht, hauptsächlich den Anbau von Biotreibstoffen zu fördern, aber im Augenblick treten wir ein bisschen auf der Stelle«, räumt Kebede ein. Die Worte des Chefs der Agrarinvestitionsbehörde sind mindestens eine Untertreibung: Über die Absicht hinaus, »prinzipiell auf Biotreibstoffe zu setzen«, hatte Äthiopien an einem bestimmten Punkt den ebenso grandiosen wie kurzlebigen Traum, das Brasilien Afrikas zu werden, der größte Produzent von Biotreibstoffen des ganzen Kontinents. Im September 2007, kurz bevor die *land leasing*-Politik offiziell gemacht wurde, veröffentlichte die Regierung den *Strategischen Plan für die Entwicklung und den Einsatz von Biotreibstoffen.*[20]

Überzeugt davon, dass das Land zu sehr von fossilen Brennstoffen abhängig sei, hatte Addis Abeba verkündet, über dreiundzwanzig Millionen Hektar für die Produktion von Biotreibstoffen zur Verfügung zu stellen. Der Zeitpunkt erschien günstig. Der Preis für das Barrel Erdöl näherte sich der Hundertfünfzig-Dollar-Marke, und sowohl die Vereinigten Staaten als auch die Europäische Union erklärten, den Anteil der Biotreibstoffe erhöhen zu wollen, um so die Abhängigkeit von den Erdölproduzenten zu verringern.

Addis Abeba hatte sich damals vom grassierenden Biotreibstoff-Fieber anstecken lassen. Allerdings geschah dies auf einem ziemlich größenwahnsinnigen Niveau. Die vorgesehenen Anbauzonen entsprachen einem Viertel der gesamten Ackerfläche des Landes. Der große Plan sah intensiv bewirtschaftete Monokulturen vor, die »lokalen oder internationalen Investoren« anvertraut werden sollten, die »die Böden ohne Pachtzins oder gegen langfristige Pachtverträge« erhalten sollten. Das Angebot wurde anfangs nur von einer Handvoll Pioniere wahrgenommen. Einige fingen an, in kleinem Maßstab Ölpalmen zu pflanzen, andere bauten Purgiernüsse oder Rizinus für Biodiesel an.

Aber das Ganze kam nie richtig ins Rollen. Die wenigen, die sich auf dieses Abenteuer einließen, wurden am Ende enttäuscht. Eine deutsche Firma, die *Flora Eco Power*, die achttausend mit Rizinus bepflanzte Hektar in der Provinz Oromia erhielt, wurde zahlungsunfähig, nachdem sie lediglich drei Samenproben nach Deutschland exportiert hatte und bevor sie überhaupt mit der eigentlichen Produktion begonnen hatte. Ein amerikanisches Unternehmen namens *Ardent Energy Group* gab den örtlichen Bauern die fünfzehntausend Hektar wieder zurück, die sie erhalten hatte, um Purgiernüsse anzubauen. Die britische *Sun Biofuels*, die namhafte Projekte in Mosambik und Tansania verfolgt, behielt in Äthiopien eine Pachtkonzession, die sie als »eine Art Versuchslabor benutzt, um Anbautechniken und Zuchtartenmodelle von Pflanzen zu erproben«.[21] Die Firma *Fri-El Green Power* aus Bozen (Italien), die einen landwirtschaftlichen Staatsbetrieb in der Region *Southern Nations, Nationalities and Peoples' Regional State* (Land der südlichen Nationen, Nationalitäten und Völker / SNNPRS) übernahm, hat die Produktion noch gar nicht aufgenommen.

Von den sechzig Firmen, die eine Anbaulizenz für Biotreibstoffe erhielten, haben lediglich zehn tatsächlich mit den Anpflanzungen begonnen, die sich mehrheitlich noch im Entwicklungsstadium befinden.[22] Diese Situation ist vor allem den für diesen Bereich besonders ausschlaggebenden morphologischen Eigenheiten Äthiopiens geschuldet. Das Land verfügt über keinen direkten Zugang zum Meer, und angesichts der schlechten Beziehungen zu Eritrea kann es auch den dortigen Hafen von Massaua nicht nutzen. Man muss die Erzeugnisse also nach Djibouti transportieren, über Hunderte von Kilometern und kurvenreiche Straßen.

Da dem so ist, stellt die Entfernung zu den nächsten Häfen einen Vorteil für jene Länder dar, die in dieser Hinsicht weniger benachteiligt sind, wie die Küstenanrainer Tansania und Mosambik, wo der Zweig der Biotreibstoffe im zweistelligen Prozentbereich wächst. Trotz aller Erklärungen der äthiopischen Regierung, die bekräftigten, dass das Land die »Energie-Autarkie« anstrebe, waren auch diese Erzeugnisse hauptsächlich für den Export bestimmt. »Der Sektor steht im Augenblick still«, gibt Kebede zu, aber ergänzt: »Wir haben unser Projekt der Energie-Autarkie nicht aufgegeben. Sie ist und bleibt ein notwendiger Schritt, um ein modernes Land zu werden.«

Nahrung oder Staudämme, das gleiche Modell

Die Energiefrage ist die andere große Obsession der Regierung Zenawi. In den letzten zehn Jahren hat Addis Abeba ein großes Programm zur Errichtung enormer Staudämme aufgelegt, um Strom aus Wasserkraftwerken zu produzieren, der sowohl im Land genutzt als auch exportiert werden soll. Dieser Plan wurde mit Hilfe ausländischer Geldgeber, der Weltbank und der Europäischen Investitionsbank sowie mit Geldern der Entwicklungshilfeabteilung des italienischen Außenministeriums vorangetrieben, aber auch dank äußerst günstiger Kredite seitens chinesischer Unternehmen, die sich im Gegenzug die Aufträge für den Bau der dazu nötigen Infrastruktur sicherten.

Die Arbeiten wurden begonnen, ohne dass ihre Auswirkungen auf die Umwelt überprüft und ohne dass die einheimische Bevölkerung vorab über die geplanten Baumaßnahmen informiert worden wäre. Natürlich lagen dem ganzen Projekt auch in diesem Fall undurchsichtige Finanzierungsverträge zugrunde. Damit ist auch die Geschichte der Staudämme eine typisch äthiopische Geschichte, die im Übrigen enge Bezüge zum Landraub aufweist.

Um die Funktionsweise dieses Mechanismus zu verstehen, genügt es, sich das Beispiel des Gilgel-Gibe-II-Staudamms am Omo-Fluss anzusehen, der von der italienischen Firma *Salini* errichtet wurde. Finanziert wurde er mittels eines bedeutenden »Hilfskredits« über zweihundertzwanzig Millionen Euro seitens der Entwicklungshilfeabteilung des italienischen Außenministeriums, und dies trotz eines negativen Gutachtens sowohl des italienischen Finanzministeriums wie auch der Generaldirektion der Entwicklungshilfeabteilung.

In einem propagandistischen Schachzug hat Italien unmittelbar nach der Zusage des Kredits Äthiopien seine Altschulden erlassen – damals etwas mehr als dreihundertdreißig Millionen Euro. Indem also die Schulden in eine Schenkung umgewandelt wurden, hat die italienische Regierung dafür gesorgt, dass ein italienisches Unternehmen mit Hilfe von Geldern italienischer Steuerzahler einen Staudamm in Äthiopien bauen kann, wobei die Auftragsvergabe an *Salini* unter ungeklärten Umständen zustande kam und die Arbeiten ohne Gutachten über deren Auswirkungen auf die Umwelt begonnen wurden.

Wie konnte dies geschehen? Ausschlaggebend dafür waren die ausgezeichneten Kontakte der Firma *Salini* zu bestimmten Abteilungen des italienischen Außenministeriums, die für die Freigabe des Kredits sorgten und die auf diese Weise die Regierung Zenawi davon überzeugen konnten, den millionenschweren Bauauftrag ohne Ausschreibung an das italienische Unternehmen zu vergeben. Nach einigem Hin und Her wurde der Staudamm im Januar 2010 fertiggestellt. Zwei Wochen vor der offiziellen Eröffnung stürzte jedoch ein Tunnel im Bauwerk ein und machte seine Nutzung vorerst unmöglich.[23]

Trotz alledem hat eben jene Firma *Salini* den Auftrag für einen weiteren Staudamm (Gilgel Gibe III) bekommen, für dessen Ausführung die äthiopische Regierung erneut einen italienischen Kredit über zweihundertfünfzig Millionen Euro beantragt hat. Dieser neue Damm (der unterhalb des bereits erwähnten liegt) wird ein Mega-Staudamm von zweihundertvierzig Metern Höhe, der – nach dem Urteil von Wissenschaftlern und Umweltschützern – verheerende Auswirkungen für Hunderttausende Menschen haben wird, sowohl in Äthiopien als auch im benachbarten Kenia, wo der Wasserspiegel des Turkana-Sees deutlich absinken wird.[24]

Abgesehen von den Staudämmen am Omo-Fluss (die Arbeiten an Gibe IV und Gibe V haben auf der Grundlage von Machbarkeitsstudien chinesischer Unternehmen bereits begonnen), wurden weitere Dämme in vielen anderen Landesteilen bereits in Betrieb genommen oder sind in Planung. Im Speziellen sind der Blaue Nil und seine Zuflüsse betroffen, zur großen Verärgerung Ägyptens, das Vergeltungsmaßnahmen für diesen Bruch bestehender Vereinbarungen über die Wasseraufteilung am längsten Fluss Afrikas angekündigt hat.

Das Thema der Staudämme ist aus diversen Gründen mit dem des Landraubs verbunden. Zunächst einmal weil es die intensive Nutzung jener anderen Ressource betrifft, über die Äthiopien in reichem Maße verfügt: Wasser. Zweitens weil es sich um ein weiteres Tabuthema handelt, das man besser nicht anspricht. Es ist praktisch unmöglich, in Äthiopien Informationen über den Fortgang der Arbeiten zu erhalten, über deren eventuelle negative Auswirkungen oder die Räumung von Dörfern in diesem Zusammenhang. Am südlichen Omo-Fluss hat die Regierung präventiv dreiundsechzig örtliche Kooperativen aufgelöst, den lokalen Radiostationen die Lizenz entzogen und einen Mann wegen »Verrats« verhaften lassen, der als Übersetzer für eine Gruppe ausländischer Wissenschaftler tätig war, die sich mit Gibe III beschäftigten.[25] Drittens erzeugen die Arbeiten an den Staudämmen eben jenen aus dem Landraub bekannten Nebeneffekt, von dem der alte Demeksa sprach: Indem die Arbeiten an ausländische Firmen vergeben werden, vergrößert sich der Kreis der Mitwirkenden, intensiviert sich die Zusammenarbeit innerhalb der Netzwerke, die die beteiligten Länder dann dazu bringt, sich so zu verhalten, dass sich die Konstellation an der Regierungsspitze Äthiopiens möglichst nicht ändert.

Aber es gibt noch einen vierten Aspekt, der die Verflechtungen noch verstärkt. Die Staudämme dienen nicht nur dazu, elektrische Energie zu erzeugen. Sie sind darüber hinaus auch Regelsysteme für die Verteilung der Wasserressourcen. Diese können für große Bewässerungsvorhaben eingesetzt werden. Was anfangs nur der Verdacht von wenigen Aktivisten war, ist später durch eine Studie des Ministeriums für Landwirtschaft und Regionalentwicklung in vollem Umfang bestätigt worden und betrifft die SNNPRS, also jene Region, durch die der Fluss Omo verläuft. In dieser Studie ist zu lesen, dass hundertachtzigtausend Hektar Land genau in jener Region zur Vergabe an Investoren vorgesehen sind, in der der Staudamm Gibe III errichtet wird. Diese Anbauflächen, so steht es dort, »sind optimal geeignet für den Anbau von Baumwolle, Sesam, Ölpalmen und Erdnüssen« und könnten »mit dem Wasser des Omo bewässert werden«.[26]

Die Wassernutzung zur Bewässerung der Plantagen ist integraler Bestandteil der äthiopischen Politik des *land leasing*. Und in einem Land, in dem es nicht an Wasser mangelt, war es eine kluge Entscheidung der Regierung, es Investoren gratis zur Verfügung zu stellen. Aber in vielen Fällen entziehen diese es damit anderen Nutzungen. Die an die *Karuturi* und die Gruppe *Al Amoudi* verpachteten Anbauflächen in der Region Gambella liegen an den wichtigsten Wasserläufen der Region, also an lebenswichtigen Wasserquellen für die einheimische Bevölkerung. »Das Projekt *Saudi Star* nutzt die Wasserressourcen des Flusses Aloworo, von denen zwanzigtausend Menschen abhängig sind, die dort fischen, Ackerbau betreiben und daraus ihr Trinkwasser beziehen. In diesem Fluss und in der Region leben bestimmte Tierarten, Fische und Wildvögel, die durch die intensive Landwirtschaft von Ausrottung bedroht sind«, klagt Ochalla.

In Awassa hat der »modernste Landwirtschaftsbetrieb Afrikas«, aufgebaut von der schon erwähnten *Jittu Horticulture*, ein zeitgemäßeres System ausgetüftelt. Das Wasser für die Bewässerung seiner bislang acht ultramodernen Gewächshaussysteme wird direkt aus einem Tiefbrunnen gespeist, den das Unternehmen selbst bohren ließ. Gelata Bijiga zeigt mir stolz die Leitungssysteme, die, von einem großen Wasserspeicher ausgehend, die Bewässerung und die sonstige Versorgung der Gewächshäuser sicherstellen.

Der Betrieb profitiert von der üppigen Natur, die ihn umgibt. An Wasser herrscht kein Mangel, die Böden sind fruchtbar. Aber wenn man sich umblickt, stellt sich unweigerlich die Frage: Bevor sie an die *Jittu* verpachtet wurden, wer bewirtschaftete diese Anbauflächen? Ich frage Gelata. Der Manager weicht aus. Sagt, dass sie brachgelegen hätten. Nur um dann halbherzig zuzugeben, ja, anfangs, als die Umzäunung um das *Jittu*-Gelände gezogen wurde, »hatten wir Schwierigkeiten mit einigen Viehzüchtern, die die Drähte zerschneiden wollten, um ihre Herden auf unserem Land weiden zu lassen. Aber dann griff die Polizei ein und alles kam wieder in Ordnung.« Von weiteren Episoden dieser Art, die sich in weiter entfernten Regionen abspielten, flüstert man in Addis Abeba. Aber sie lassen sich nicht überprüfen. Die rote Linie darf nicht überschritten werden, das Tabu nicht berührt werden. Die Anbauflächen, die Investoren angeboten werden, lagen gemäß der offiziellen Version der Regierung bis zu ihrer Verpachtung brach. Und wer sich erdreistet, das Gegenteil zu behaupten, ist ein Feind des Fortschritts und muss als solcher bestraft werden.

2. SAUDI-ARABIEN
Die Scheichs und die Eroberung der Ackerflächen

Wir fahren auf einer langen Asphaltgeraden, die sich durch eine völlig reizlose Landschaft zieht. Ab und zu kleine Betonkonstruktionen, die störend zwischen den Sanddünen hervorlugen, Wegweiser zu den heiligen Städten Mekka und Medina, vereinzelte Palmen, die sich im Wind wiegen wie Bojen in einem Meer aus Nichts. Hier und da ein Kamel, das sich in einiger Entfernung dahinschleppt und so die Monotonie des ockerfarbenen Horizonts aus Dunst und Felsrücken durchbricht. Ansonsten nur Lastwagen, die langsam vorwärtsschwanken und einige Busse voll mit Männern und Frauen (Letztere, wie es das Gesetz vorschreibt, niemals am Steuer). Ich wechsle abgehackte Sätze mit Amal, dem bengalischen Chauffeur, der seit zehn Jahren in Riad lebt und seine Tage in einer Formel zusammenfasst, die Müdigkeit und Überdruss erkennen lässt: »Arbeiten, schlafen, schlafen, arbeiten.«

Während wir uns langsam von der Hauptstadt Saudi-Arabiens aus dem Städtchen Kharj nähern, etwa hundert Kilometer in Richtung Südosten, ändert sich die Szenerie. Das Grün, das man zunächst nur ahnt, erweist sich nun als dichte Folge landwirtschaftlicher Nutzflächen kleinerer und mittlerer Größe. Man sieht große Gewächshäuser, die mit langen weißen Plastikbahnen abgedeckt sind und wie Iglus erscheinen, die – wer weiß, auf welche Weise – mitten in der Wüste gelandet sind. Dazu Holzställe voller Hühner, wie der scharfe Gestank verrät, der nur von Geflügelzuchtanlagen ausgeht. Entlang der Straße stehen endlose Reihen von Dattelpalmen. Saudi-Arabien ist einer der weltgrößten Produzenten von Datteln, um die ein wahrer Kult betrieben wird, wie sich auf den entsprechenden Straßenmärkten zeigt, wo an Ständen Datteln jeder Sorte und Größe angeboten werden.

Auf diesen Märkten bekommst du zur Begrüßung immer einen Zettel in die Hand gedrückt, auf dem die verschiedenen Dattel-Typen aufgeführt sind, samt Herkunftsort, Reifegrad und vermutlichem Zuckergehalt. Und sagst du gedankenlos: »Ein halbes Kilo Datteln, Sorte egal, entscheiden Sie«, erntest du missbilligende Blicke, es folgen zusätzliche Erklärungen über die verschiedenen Sorten, bis es dir zu viel wird und du ohne Datteln wieder gehst. Während wir noch auf Kharj zurollen, kommen wir an Feldern mit klassischen Gemüsesorten vorbei: Zucchini, Tomaten, Auberginen und Broccoli. Über den Ackerfurchen hängen Plastikbahnen als Mini-Bewässerungsanlagen, die jeden Tropfen Verdunstungsfeuchtigkeit auffangen sollen. Was hier in diesem Erdteil mit einiger Geschwindigkeit vor sich geht.

Alles, was hier überraschenderweise grünt, ist Ergebnis eines umfassenden staatlichen Subventionsprogramms, das in den 1970er Jahren von der saudischen Regierung mit dem Ziel aufgelegt wurde, die Ernährungssicherheit zu garantieren und nicht mehr völlig von Lebensmittelimporten abzuhängen. Eine extrem kostspielige Produktionsweise, die mit den eingenommenen Petrodollars finanziert wird. Die notwendige Bewässerung erfolgt, indem man in unglaublicher Tiefe nach Wasser bohrt. Das Ganze geht zurück auf die Nachwirkungen des Ölboykotts von 1973, als der Westen auf den Stopp der Ölexporte seitens der Förderländer mit der »Nahrungswaffe« drohte, also mit der Blockade der Lebensmittellieferungen.

Die Scheichs von Riad entschieden damals, sich künftig gegen diesen Fall abzusichern. Der Plan war anscheinend sehr einfach: Besser, man gibt die reichlich fließenden Petrodollars dafür aus, die Nahrungsmittel-Autarkie herzustellen, als zu riskieren, mit den Taschen voller Geld vor leeren Speisekammern zu stehen. Während die Länder der OPEC den Ölhahn zudrehen konnten, war der Westen in der Lage, sich mit »Hunger« zu revanchieren.

Und Saudi-Arabien befand sich in der unangenehmen Situation, in dieser Hinsicht das verletzlichste Land des Ölkartells zu sein. Zahlreiche Initiativen seitens der Regierung wurden deshalb in dieser Zeit in Gang gesetzt.

So wurde 1978 ein Förderprogramm für den Weizenanbau gestartet. In der offiziellen Darstellung präsentiert als »Geschichte der positiven Reaktion der Privatwirtschaft auf eine öffentliche Maßnahme«,[27] handelte es sich in Wahrheit um ein gigantisches Subventionssystem, das staatlicherseits aus dem Ankauf der gesamten Ernte zu Preisen bestand, die deutlich über dem Marktpreis lagen. So sah das Programm in der Initialphase den Ankauf von Weizen zu einem Preis von neunhundertdreiunddreißig Dollar pro Tonne vor, obwohl der Marktpreis zu diesem Zeitpunkt bei hundertfünfundsechzig Dollar, also bei rund einem Sechstel des Preises lag.[28] Diese Summe war so unverhältnismäßig überhöht, dass die Agrarunternehmer sofort zugriffen. 1984 konnte Saudi-Arabien bereits seinen Eigenverbrauch decken. 1992 war das Land unter den weltgrößten Weizenexporteuren auf den sechsten Platz vorgerückt.

Heute hat sich die Lage verändert. Die saudischen Verantwortlichen haben eingesehen, dass das Wasser, über das sie verfügen, eine endliche Ressource ist, genau wie das Öl. Ohne natürliche Flüsse und Seen, bohrt das Königreich immer tiefere Brunnen, um wasserführende Schichten zu erschließen, die jedoch bald erschöpft sind. Die Regierung hat daher entschieden, dass sich der Einsatz nicht mehr lohnt, und plant nun, die Subventionen für den Weizenanbau schrittweise zurückzufahren und 2016 komplett einzustellen. 2008 hat das Königreich zum ersten Mal seit dreißig Jahren wieder knapp neunhunderttausend Tonnen Getreide importiert.

Aber das Grundproblem ist geblieben. Ja, es ist sogar noch drängender geworden: Saudi-Arabien hat heute sechsundzwanzig Millionen Einwohner, aus denen laut Prognose bis 2035 neununddreißig Millionen werden. Wie kann ein Land wie das »Königreich der Wüste«, mit exponentiell wachsender Bevölkerung und sehr ungünstigen geografischen Bedingungen, seinen Bewohnern und Millionen von Immigranten Ernährungssicherheit garantieren? Nach den empörten Drohungen des Westens von 1973, die jedoch nicht in die Tat umgesetzt worden waren, schrillte die Alarmglocke erstmals wieder während der Lebensmittelkrise von 2007 und 2008. Als es auf den Straßen und Plätzen der südlichen Erdhalbkugel Hungeraufstände gab, ausgelöst durch den Anstieg der Nahrungsmittelpreise, rollte ein lautloser Tsunami über die wichtigen Paläste der arabischen Halbinsel hinweg. Die Männer an der Macht in Saudi-Arabien, aber auch in Katar, Kuwait und in den Vereinigten Arabischen Emiraten waren entsetzt über die Exportmoratorien und die zahlreichen anderen Einschränkungen, die von vielen Ländern verhängt wurden – so von Indien, Argentinien, der Ukraine und Vietnam.

2008 war es den arabischen Regierungen nicht gelungen, die notwendige Reismenge für den Eigenverbrauch zu beschaffen. Die Entscheidungsträger in Riad sahen ein, dass selbst wenn sie über unbeschränkte finanzielle Mittel verfügten, es den Kräften des Marktes immer möglich sein würde, sie auszuhebeln. In der schwierigen Position, zweitgrößter Reisimporteur, größter Gerstenimporteur (hauptsächlich als Tiernahrung verwendet) und – aufgrund des Endes der Subventionen – künftiger Großimporteur von Weizen zu sein, fühlten die Saudis die Erde unter ihren Füßen beben. Ohne Aussichten, den Eigenbedarf selbst decken zu können, verständigten sie sich auf eine neue Strategie, um den Schwankungen des internationalen Marktes nicht länger schutzlos ausgesetzt zu sein.

Diese neue Strategie, die kontrollierte Verlagerung der Nahrungsmittelproduktion ins Ausland, stieß binnen kurzer Zeit auf die begeisterte Zustimmung König Abdullahs. Saudische Investoren sollten für die notwendige Produktion an Nahrungsmitteln sorgen, aber nicht auf saudischen Böden, sondern im Ausland, in fruchtbareren Gegenden, wo zu diesem Zweck Land gepachtet werden sollte. Die Anbauflächen sollten von saudischen Gruppen bewirtschaftet werden, auch wenn sie ihren Sitz formal nicht im Königreich hatten. Dazu gab es staatliche Unterstützung. Die *König Abdullah Initiative für saudi-arabische Agrarinvestitionen im Ausland* (KAISAIA) wurde im Januar 2009 mit einem großen Festakt ins Leben gerufen und mit einem Kapital von drei Milliarden Rial (über sechshundert Millionen Euro) ausgestattet. Mittels Vergabe günstiger Kredite und anderer Fördermaßnahmen sollten die saudischen Investoren dazu angeregt werden, sich auf den internationalen Märkten umzusehen.[29]

Wissenschaftliche Delegationen, Regierungsvertreter und Investoren aus dem Wüstenstaat besichtigten die für ihren Zweck interessantesten Gebiete, sowohl unter dem Aspekt der geografischen Nähe als auch bezüglich der Fruchtbarkeit der Böden. Sie reisten in den Sudan, nach Äthiopien und Ägypten, in die Türkei, aber auch auf die Philippinen, nach Vietnam und in die Ukraine. Inzwischen wurden bereits die ersten Verträge unterschrieben, die ersten Projekte eingeweiht, die ersten Saaten ausgebracht. Wie im letzten Kapitel beschrieben, hat beispielsweise die *Saudi Star* von Scheich Mohammed Hussein Al Amoudi begonnen, in Äthiopien verschiedene Gemüsesorten und Reis anzubauen. Die *Foras International* – eine Gruppe mit Sitz in Dschidda, die über Gelder der Islamischen Entwicklungsbank, der saudischen Regierung und Privatinvestoren verfügt – hat Anbauflächen im Senegal, in Mali und in Mauretanien erworben, um dort Reis anzupflanzen, der für den saudischen Markt bestimmt ist.[30] Die *Hail Agricultural Development*, spezialisiert auf den Anbau von Weizen, hat Zehntausende Hektar im Sudan gepachtet, um dort das Getreide anzubauen und nach Saudi-Arabien zu exportieren. Geplant ist die Pacht weiterer Flächen in der Türkei und in Kasachstan.[31]

Der Wettlauf um die besten Ackerflächen, der Anfang 2008 begonnen hat, vollzieht sich auf der Basis eines Systems von mehr oder weniger hinter verschlossenen Türen ausgehandelter Abkommen seitens der interessierten Regierungen, die teilweise direkte Zuschüsse oder häufiger staatliche Anreize jenen Unternehmen zur Verfügung stellen, die daran interessiert sind, sich auf dieses Abenteuer einzulassen. In diesem Prozess blieb überraschenderweise ein Protagonist im Hintergrund, der ansonsten immer in der ersten Reihe steht, wenn es um Investitionen auf der Südhalbkugel geht: die Volksrepublik China. Traditionell in Afrika vor allem in Sachen Rohstoffgewinnung und dem Bau von Infrastruktur sehr präsent, sind die Vertreter aus dem Reich der Mitte in diesem Fall in der Deckung geblieben. Trotz verschiedener Zeitungsberichte, die das Gegenteil behaupten, sind chinesische Unternehmen nirgends in landwirtschaftlichen Projekten größeren Umfangs engagiert, sei es in Afrika oder anderswo.[32] Es gab vereinzelte Initiativen von chinesischen Unternehmen, etwa in Sierra Leone, in Sambia und Liberia, aber nichts, was auf eine umfassende Strategie mit dem Ziel einer »kontrollierten Verlagerung der Nahrungsmittelproduktion ins Ausland« schließen ließe, wie sie die Saudis verfolgen.

Tatsache ist, dass die angebliche chinesische Invasion inzwischen so stereotyp wiederholt wird, dass sie schon fast zur allgemein geglaubten Realität geworden ist. So assoziiert man vor allem in der westlichen Vorstellungswelt beim Thema Landraub in Afrika gerne Massen von Chinesen, die in diese Länder einfallen, die einheimischen Bauern verdrängen und die Kontrolle der Anbauflächen übernehmen. Tatsächlich ist nichts von alledem eingetreten. Weder gab es nennenswerte Investitionen aus dem Reich der Mitte, noch eine massenhafte Besetzung jungfräulicher Ackerböden des schwarzen Kontinents durch chinesische

Bauern. Die real existierenden Projekte mit Beteiligung chinesischer Unternehmen sind relativ klein und produzieren vornehmlich für den lokalen Markt. Sie begannen schon lange vor dem Ausbruch der Lebensmittelkrise 2007 und 2008 und sind häufig Ausläufer von Programmen zur wirtschaftlichen Zusammenarbeit aus den 1970er Jahren, die später von chinesischen Privatunternehmen übernommen und auf Profitabilität ausgerichtet wurden.[33]

Falls es unter den Entscheidungsträgern der Volksrepublik tatsächlich eine Diskussion über das Outsourcing der landwirtschaftlichen Produktion gegeben haben sollte, auch aufgrund der stetigen Verringerung der zur Verfügung stehenden Anbauflächen in China, so ist daraus keine offizielle Politik geworden. Wie ein Beamter des chinesischen Landwirtschaftsministeriums betonte, sei es »nicht realistisch, im Ausland Getreide anzubauen, speziell in Afrika und Südamerika. Angesichts der Tatsache, dass viele Menschen in Afrika Hunger leiden, kann man von dort einfach keine Nahrungsmittel nach China exportieren. Die Kosten wie auch die Risiken wären zu hoch.«[34]

Gegenwärtig investieren hauptsächlich kleine und mittelständische chinesische Privatunternehmen in die afrikanische Landwirtschaft, allerdings in einer Größenordnung, die im Vergleich zu den arabischen und südkoreanischen Projekten nicht zu Buche schlägt. Auch das *land leasing*-Projekt, das Peking in der Demokratischen Republik Kongo derzeit verhandeln soll, um dort eine Ölpalmen-Plantage aufzubauen, gehört in die Kategorie der Biotreibstoffe und nicht in die der Lebensmittelproduktion.[35]

Natürlich kann man nicht kategorisch ausschließen, dass sich diese Politik künftig ändert. Das Problem Chinas besteht darin, dass es Heimat von über zwanzig Prozent der Weltbevölkerung ist, aber nur über sieben Prozent der fruchtbaren Ackerflächen verfügt. Der Verlust von Ackerland durch die forcierte Urbanisierungspolitik und die stürmische wirtschaftliche Entwicklung haben das Land sehr nah an die kritische Schwelle jener hundertundzwanzig Millionen Hektar fruchtbaren Landes gebracht, die von der Führung in Peking 2008 als notwendiges Minimum nutzbaren Ackerlandes zur Ernährung der Bevölkerung festgelegt wurden.

Wie die *Financial Times* berichtete, war das chinesische Landwirtschaftsministerium angeblich seinerzeit dabei, ein Projekt zur Förderung des Erwerbs von Anbauflächen im Ausland zu genehmigen, das dann im letzten Augenblick gestoppt wurde.[36] Einige konkrete Projekte, wie die Finanzierung verschiedener Staudämme in Mosambik und in Äthiopien, die den Aufbau von Bewässerungssystemen und damit die Steigerung der landwirtschaftlichen Erträge ermöglichen, lassen einen künftigen Schritt in Richtung landwirtschaftliche Produktion im Ausland denkbar erscheinen. Die Diskussion darüber scheint unter den chinesischen Regierungsmitgliedern eröffnet, im Augenblick ist jedoch noch kein Projekt dieser Art seitens der chinesischen Politik erkennbar, keine massiven Investitionen in diesen Bereich, keine Beteiligung an der Jagd nach den besten Anbauflächen. Eine der wichtigsten Studien, die sich mit dem Landraub befassen, befindet, dass »bis jetzt keine Beispiele für Landerwerb in Afrika von Chinesen bekannt geworden sind, abgesehen von jenen fünfzigtausend Hektar, zu denen bereits Abkommen geschlossen und Projekte entwickelt wurden«.[37]

Wie kommt es, dass China, das mit Sicherheit über die notwendigen guten Verbindungen zu afrikanischen Regierungen sowie über das nötige Know-how verfügt, um die extensive Produktion von Nahrungsmitteln für den Export in die Wege zu leiten, hier nicht aktiv ist? Eine mögliche Erklärung besteht darin, dass dazu – im Gegensatz zu den Golfstaaten – keine existenzielle Notwendigkeit besteht. Auch wenn es sich bereits dem kritischen Punkt nähert, verfügt China noch über Reserven an nutzbarem Ackerland und hat es nach dem Tod Mao Tse-tungs immer geschafft, ausreichend Nahrung für seine zahlreichen Einwohner zur Verfügung zu stellen. Hinzu kommt, dass das Reich der Mitte sehr viel weiter von den infrage kommenden Ländern entfernt ist als Saudi-Arabien oder Katar.

Der letzte und vielleicht nicht der unwichtigste Grund wurde von dem Beamten des chinesischen Landwirtschaftsministeriums genannt. Um die existierenden Pachtverträge sind viele Kontroversen entstanden. Sie schaffen Ressentiments in den Zivilgesellschaften der betroffenen Länder und verstärken Anti-Landraub-Kampagnen in Ländern der nördlichen Erdhalbkugel. Außerdem legen sie den Vorwurf des Neokolonialismus nahe, dem sich China schon wegen seiner anderen Investitionen in Afrika ausgesetzt sieht. Das ist ein Punkt, der in Peking sehr ernst genommen wird. Parallel zu seiner Politik der Öffnung zum Weltmarkt wollte China sich immer schon als Modellstaat präsentieren, welcher – ausgehend von der eigenen Geschichte – seine Partnerländer bei ihrer Entwicklung unterstützt. Dabei war Peking immer sehr darauf bedacht, sich keine jener Antipathien einzuhandeln, wie sie häufig Ex-Kolonialmächte treffen. Die im Westen weit verbreitete Vorstellung, dass China bereits dabei sei, sich in Afrika breitzumachen, findet jedenfalls auf dem betroffenen Kontinent, von wenigen Ausnahmen abgesehen, keine große Zustimmung.[38]

Eines der Hauptanliegen der chinesischen Spitzenpolitiker war es bisher, den Eindruck zu vermitteln, dass sie anders als die anderen Investoren sind. Dass sie zum gegenseitigen Nutzen investieren und dass sie ihren afrikanischen Partnern ihre Erfahrungen mit einem rasanten Wirtschaftswachstum zur Verfügung stellen möchten. Und bis jetzt ist es ihnen mehr oder weniger gelungen, ein recht gutes Einvernehmen nicht nur mit den Regierungen herzustellen, mit denen sie Geschäfte machen, sondern auch mit weiten Teilen der dortigen öffentlichen Meinung. »Wenn die Chinesen drei Maschinen zu einem Preis verkaufen, zu dem die Europäer nur eine anbieten, ist unsere Entscheidung rational vorgegeben. Dazu erweitert China unseren Verhandlungsspielraum«, unterstrich der senegalesische Präsident Abdoulaye Wade auf dem Gipfeltreffen der Afrikanischen und der Europäischen Union in Lissabon im Dezember 2007.[39] Brüssel wollte damals um jeden Preis mit den afrikanischen Ländern einen Freihandelsvertrag abschließen, der für die Afrikaner nur von geringem Vorteil gewesen wäre.

Tatsache ist, dass die Chinesen in Afrika gern gesehen sind, weil sie den eigenen Standpunkt nicht um jeden Preis durchsetzen wollen. Abgesehen von der Klausel »Ein China«, das heißt dem Verbot, Taiwan diplomatisch anzuerkennen, stellen sie den Staaten, in denen sie investieren, keinerlei Bedingungen. Wie mir der Beamte eines westafrikanischen Landes am Rande des Lissabonner Gipfels anvertraute: »Die Chinesen hören uns zu, sie machen Vorschläge, aber lassen uns entscheiden. Die Europäer wollen dagegen immer alles vorschreiben.«

»Eine menschenfreundliche Initiative«

Während die Chinesen also sehr zurückhaltend auftreten, bemühen sich die arabischen Länder – und speziell die Golfstaaten – bereits seit längerer Zeit intensiv um Anbauflächen. Um die reale Tragweite des Phänomens zu verstehen und aus erster Hand zu hören, welche Gründe letztlich für diese Entscheidung ausschlaggebend waren, fahre ich im Dezember 2010 nach Riad. Es ist eine einmalige Gelegenheit: Das *Gulf Research Center* (Golf Forschungszentrum, Dubai) hat in der saudischen Hauptstadt eine Konferenz zum Thema »Investitionen der Golfstaaten in Afrika« auf höchster Ebene organisiert. Damit bietet sich nicht nur eine Gelegenheit, zahlreiche Personen zu treffen, die an diesen Vorgängen aktiv beteiligt sind, sondern auch eine Möglichkeit, ein Visum für Saudi-Arabien zu bekommen, ein Land, das ansonsten nur ein geringes Interesse daran hat, Journalisten einreisen zu lassen.

Ausgestattet mit einem Business-Visum, komme ich nach einem angenehmen Flug mit einer Maschine der *Saudi Arabian*

Airlines in der Hauptstadt an. Das Flugzeug war so leer, dass die Stewardessen, um sich nicht zu langweilen, das vorgesehene Menü gleich dreimal anboten. Der Flughafen liegt still und verlassen. Hohe Decken, in der Mitte der Halle ein Brunnen mit Fontäne, ein großes Mekka-Bild. Außer mir ist niemand hier. Ich folge den Hinweistafeln zur Ausweiskontrolle. Ich biege um eine Ecke, zuversichtlich, die Einreiseformalitäten schnell hinter mich zu bringen, und stoße auf eine alptraumhafte Szene. Vor dem Schalter für Ausländer steht eine menschliche Wand aus unzähligen indischen und pakistanischen Wanderarbeitern, eine endlose Reihe, die sich in Schlangenlinien fortsetzt. Es geht kaum voran. Alle fünf Minuten darf eine neue Person vortreten. Ich bereite mich darauf vor, hier im Einreisebereich die Nacht zu verbringen, und verfluche die zehnminütige Verspätung meines Fluges, die mich ans Ende dieser Schlange gebracht hat – obgleich ich ehrlich gesagt gar nicht weiß, wie lange die Inder und Pakistani schon hier warten. Während ich also eine Ecke suche, wo ich mich ausstrecken kann, um die Wartezeit zu überbrücken, die wohl ewig dauern wird, nähert sich ein bärtiger Beamter mit unsicherem Blick. Er fragt: »Kommen Sie aus Indien?« »Nein«, antworte ich ihm. »Bitte folgen Sie mir, hier entlang«, sagt er und bringt mich zu einem leeren Schalter, wo mein Pass von einem lächelnden Angestellten entgegengenommen und gestempelt wird, um ihn mir anschließend mit der Bemerkung zurückzugeben: »Willkommen in Saudi-Arabien.«

Ich verlasse den Flughafen. Es ist Nacht. Die Temperaturen sind angenehm. Ich nehme ein Taxi zu dem Hotel, in dem ich ein Zimmer gebucht habe. Während der Fahrt schaue ich aus dem Fenster. Riad scheint eine Stadt der Kontraste. Gleißende Lichter wechseln sich ab mit dunklen Straßen ohne ein einziges Gebäude. Die beiden Extreme berühren sich: die absolute Fülle und das absolute Nichts. Auf den Straßen sind keine Fußgänger unterwegs. Die anderen Autos fahren schnell vorbei. Nach vierzig Minuten erreichen wir das Hotel am Batha-Platz, im historischen Stadtzentrum, einem in den Augen der Saudis – die es tunlichst meiden – übel beleumundeten Viertel. Es sind nur asiatische Immigranten zu sehen. Alles Männer. Willkommen in Saudi-Arabien, denke ich und gehe schlafen.

Nach einem unruhigen Schlaf, gestört vom Muezzin der nahe gelegenen Moschee, der mich um fünf Uhr früh weckte, mache ich mich fertig für die Konferenz der Investoren, um mir die Vorträge anzuhören. Es ist ein wichtiges Treffen, an dem afrikanische Staatschefs, viele Minister des Königreichs und der Golfstaaten, Beamte unterschiedlicher Bereiche und Hierarchiestufen sowie interessierte Geschäftsleute teilnehmen, die nützliche Kontakte für die Zukunft knüpfen wollen. Die Tagung findet in einem der Luxushotels Riads statt, einer Stadt in der Stadt. Der Taxifahrer fragt mich, zu welchem Eingang er mich bringen soll. »Das ist wichtig«, antwortet er mir, als ich ihm sage, dass ich keinen blassen Schimmer habe. »Wenn Sie den falschen Eingang nehmen, müssen Sie im Zweifelsfall ein paar Kilometer zu Fuß gehen.«

Auf dem Weg zum Hotel kommen wir an einigen der bekanntesten Bauwerke der Stadt vorbei: Dem Kingdom Tower, einem dreihundert Meter hohen Wolkenkratzer mit einer U-förmigen Öffnung im oberen Bereich, was böse Zungen dazu veranlasste, das Gebäude »Flaschenöffner« zu nennen; dem Innenministerium, einer Art doppelter, auf dem Kopf stehender Pyramide mit winzigen Fensterchen an den Seiten, mit denen es an ein Raumschiff erinnert, das gerade in der Stadt gelandet ist; und dem Al Faisaliah Tower, der eine Glaskugel auf seiner Spitze trägt, in der ein Sterne-Restaurant untergebracht ist. Alles ultramoderne Bauwerke, in denen Prunk zur Schau gestellt wird, deren Extravaganz von ausgesuchter Klasse ist. Es sind Gebäude, die der Zukunft zugewandt sind, gleichsam als Gegenstücke zum ultrakonservativen Charakter eines Landes, in dem Frauen weder Autos lenken noch Beschäftigungen nachgehen dürfen, bei denen sie Kontakt mit Männern haben könnten.

Diese Gebäude vermitteln den Eindruck, dass sie da sind, um der ganzen Welt mitzuteilen: »Wir sind Traditionalisten, aber keine Primitiven. Wir erlauben unseren Frauen nicht, Auto zu fahren oder zu arbeiten, aber wir schicken sie einkaufen in das prächtigste Einkaufszentrum des Planeten.« Gebaut, um zu beeindrucken, ragen diese Gebäude aus einer ansonsten recht anonymen Stadt heraus. Ein Netz von dreispurigen Straßen durchzieht sie, auf denen nirgends Fußgänger zu sehen sind. Dafür Einkaufszentren, Serviceeinrichtungen und Drive-in-Restaurants. Aus dem Nichts, auf einer Ebene inmitten einer Wüste entstanden, hat sich Riad in die Fläche entwickelt. Die Entfernungen sind enorm. Da es keine öffentlichen Verkehrsmittel gibt, sind die Straßen immerzu verstopft, umso mehr, als Benzin fast nichts kostet. Von einem Punkt der Stadt zu einem anderen zu gelangen, verlangt oft eine grenzenlose Geduld, auch, weil die Taxifahrer – fast alle sind Bengalen, Pakistaner oder Inder – nur die wichtigsten Stellen der Stadt kennen und sich, da sie kein Arabisch lesen können, auch nicht an den Wegweisern orientieren können.

Zu meinem Glück ist das Tagungshotel einer jener Orientierungspunkte in der Stadt, und wir erreichen es daher ohne Probleme. Es erstreckt sich tatsächlich über mehrere Quadratkilometer, mit verschiedenen Eingängen, die mit aufsteigenden Buchstaben gekennzeichnet sind. An jeder Zufahrt stehen bewaffnete Wachmänner, die das Auto mit Detektoren überprüfen. Nachdem ich den Kontrollposten zu Fuß passiert habe, erkundige ich mich, wo die »Golf-Afrika-Investment-Konferenz« stattfindet. Ich muss feststellen, dass ich den falschen Eingang gewählt habe, aber zum Glück nicht allzu weit vom richtigen entfernt bin.

Durch eine Reihe von Korridoren, die einen Flügel des Hotels mit dem nächsten verbinden, komme ich zu dem Bereich, in dem die Konferenz stattfindet. In der Vorhalle sind einige Ausstellungsstände aufgebaut. Darunter einer von der saudischen Handelskammer, einer von der Islamischen Entwicklungsbank und einer von der Bin-Laden-Gruppe, die – abgesehen von der dämonischen Reputation, die sie im Westen genießt – eine der wichtigsten privaten Unternehmensgruppen Saudi-Arabiens ist, die auch auf dem Gebiet der neuen Agrar-Investitionen aktiv ist.[40]

Die Tagung findet in einem großen Saal mit Kassettendecke statt, der von ausladenden Kronleuchtern taghell erleuchtet wird. Das Publikum setzt sich aus saudischen Vertretern in der traditionell weißen *dishdasha*, Afrikanern in Anzug und Krawatte sowie einigen westlichen Journalisten zusammen.[41] Es sind nur wenige Frauen im Saal, die in einem separaten Teil des Zuschauerraums sitzen. Für die Konferenz wurde die ansonsten im Königreich geltende strenge Regel der Geschlechtertrennung, die es unbegleiteten Frauen verbietet, in einem Raum mit Männern anwesend zu sein, etwas gelockert. Sie wurden daher in einem für sie reservierten Teil des Saals platziert, getrennt von den Männern, jedoch gut sichtbar. Zu den Mahlzeiten wird die Geschlechtertrennung allerdings wieder praktiziert. Nachdem sie sich zusammen mit den männlichen Kollegen am Büfett angestellt haben, müssen die Frauen ihre Mahlzeit in einem separaten Teil des Restaurants einnehmen, durch einen Raumteiler vor männlichen Blicken geschützt.

Die Konferenz beginnt mit den üblichen Dankesreden an König Abdullah, der sich in diesen Tagen einem schwierigen chirurgischen Eingriff in den Vereinigten Staaten unterziehen muss. Nach Genesungswünschen und verschiedenen Grußworten beginnt eine Abfolge institutioneller Reden. Es sprechen saudische Minister, Staatschefs und hohe afrikanische Beamte. Die Vorträge unterstreichen, dass das, was man hier feiert, eine bedeutende Gelegenheit darstellt, um eine Partnerschaft, getragen von Freundschaft, gegenseitigem Respekt und bilateralen Vorteilen zu intensivieren. Alle sind sich einig, dass die afrikanischen Länder und die im Golf-Kooperationsrat (*Gulf Cooperation Council* / GCC) zusammengeschlossenen Staaten neue wirtschaftliche

Beziehungen knüpfen und fruchtbare Synergien herstellen sollen.[42]

Das Thema der Plenarsitzung ist sehr weit gefasst. Einige Vortragende präsentieren Zahlen des Handelsaufkommens zwischen dem eigenen Land und den Golfstaaten, andere beschränken sich auf Absichtserklärungen. Auch wenn die hier vorgestellten Investitionen verschiedene Wirtschaftssektoren betreffen, so versteht man doch von Anfang an, dass im Zentrum der Tagung die Landwirtschaft steht. Es reicht, sich anzusehen, was passiert, als die Vollversammlung sich in die Arbeitsgruppen aufteilt, von denen es vier gibt: einmal Handel, dann Telekommunikation und Infrastruktur, des Weiteren Energie, Mineralien und natürliche Ressourcen sowie die Arbeitsgruppe Landwirtschaft. Während die ersten drei sich in kleinen Räumen treffen, in denen die Teilnehmer zwanglos um einen Tisch herum Platz finden, tagt die vierte in einem großen Konferenzsaal, mit Simultanübersetzung ins Arabische, Englische und Französische. Schon vor Sitzungsbeginn ist der Saal voll. Einige der Anwesenden müssen stehen. Auf dem Podium sitzen saudische und andere arabische Führungskräfte, Vertreter der großen internationalen Organisationen (vor allem der Weltbank und der FAO), und afrikanische Minister.

Das Gastgeberland erhält das Wort. Die Saudis setzen von Anfang an den Akzent auf ihre auswärtige *land leasing*-Politik und die KAISAIA. Der stellvertretende Landwirtschaftsminister Abdullah Al-Obeid definiert sie als eine »philanthropische Initiative« mit dem Ziel, die landwirtschaftliche Produktivität der betreffenden Staaten zu erhöhen und damit Entwicklung ins Land zu bringen. »Es ist eine natürliche Partnerschaft. Auf der einen Seite Erde, Wasser und Arbeitskraft im Überfluss, auf der anderen Seite reichlich Kapital.« Ohne weiter ins Detail zu gehen, beschreibt er die Vorgehensweise seiner Regierung, die privaten Investoren Kredite zur Verfügung stellt und die Vertragsabschlüsse mit ausgewählten Ländern unterstützt. Letztere müssen einige grundsätzliche Charakteristika aufweisen. Beispielsweise gute Beziehungen zum Königreich, aber auch Infrastruktur für Transport und Export der landwirtschaftlichen Produkte. Außerdem dürfen sie weder die Ausfuhr der Erntemengen limitieren noch Bedingungen bezüglich der angebauten Produkte stellen.

Nachdem er in groben Zügen die Funktionsweise erläutert hat, bekräftigt der stellvertretende Minister, dass der von König Abdullah ins Werk gesetzte Plan jeder Seite nur Vorteile bringt, und in einer Art unfreiwilliger Selbstbezichtigung betont er, dass es »unser Programm ist, die lokale Produktion zu ergänzen und nicht zu verdrängen«. Er schließt seinen Vortrag mit einem Satz, der als Rechtfertigung dienen soll, aber wie das Eingeständnis eines reuigen Sünders klingt: »Es ist ein seit der Antike bekanntes Prinzip«, sagt Al-Obeid, »und die Golfstaaten holen jetzt nur nach, was die europäischen Staaten Jahre lang gemacht haben.« Niemand im Saal regt sich über dieses offen neokolonialistische Eingeständnis auf. Man hört kein Murmeln. Man sieht nur zustimmendes Lächeln. Der stellvertretende Minister beendet seinen Vortrag unter Applaus.

Die Vorträge gehen weiter. Das Wort erhält José Pacheco, Landwirtschaftsminister von Mosambik. Um die fünfzig und gut gekleidet, ist er einer der neuen Kader der FRELIMO, der aus der marxistischen Guerilla hervorgegangenen Partei, die seit 1975 die Zügel im Land in der Hand hält, dem Jahr, in dem Mosambik die Unabhängigkeit von Portugal erreichte. Der ehemalige Innenminister wurde vor einigen Wochen in das Ressort Landwirtschaft abgeschoben. Die gewalttätigen Reaktionen der Polizei auf die Demonstrationen gegen die gestiegenen Lebenshaltungskosten, die im September 2010 in Maputo und anderen Städten wegen der Anhebung des Brotpreises stattfanden und die dreizehn Menschen das Leben kosteten, wurden ihm zum Verhängnis. Also soll er sich jetzt um die Landwirtschaft kümmern, ein Gebiet, mit dem er sich seit einigen Jahren beschäftigt, zumal er selbst studierter Agrarwissenschaftler ist und in einer der vorherigen Regierungen bereits stellvertretender Landwirtschaftsminister war.

Aber auch in seiner neuen Funktion scheint die Botschaft der Revolten an ihm vorübergegangen zu sein, deren Hauptursache in der Abhängigkeit von Nahrungsmittelimporten lag – trotz des enormen landwirtschaftlichen Potenzials des Landes. Pacheco scheint jedoch überzeugt, dass eben dieses Potenzial zu einem großen Teil ausländischen Investoren zur Verfügung gestellt werden soll, auch wenn dies bedeutet, die Aussichten des Landes auf Selbstversorgung weiter zu verringern.

Nachdem sich der Minister bei den Teilnehmern und Organisatoren der Tagung für die Einladung bedankt hat, zeigt er auf der großen Leinwand für die weniger Informierten eine Landkarte Mosambiks mit den wichtigsten Indikatoren (Grenzen, Bevölkerung und Landesfläche). Er zeigt einige Aufnahmen, deren Hauptziel zu sein scheint, die üppig blühenden Landschaften zu illustrieren, »geeignet für unterschiedlichste Anbauarten«. Er hebt hervor, dass die Regierung in letzter Zeit verschiedene Initiativen ergriffen habe, um ausländische Investitionen zu erleichtern, »indem wir ein günstiges ökonomisches Umfeld schaffen«. Er beschreibt diese Initiativen ausführlich: Abschaffung der Importzölle für Maschinen, erleichterte Konzessionserteilung für Investoren, keine Obergrenzen für die Ausfuhr der Produkte. Er spricht von Pachtverträgen mit fünfzig Jahren Laufzeit, die dann um weitere fünfzig Jahre verlängert werden können. Dann macht er eine Pause, bevor er die nächste Folie zeigt, die die entscheidende Information bringen soll, das Argument, das in seinen Augen auch noch die letzten Unentschiedenen überzeugen soll.

Mit einem Mausklick öffnet er eine Tabelle, in der detailliert der jeweilige Pachtzins aufgeführt ist. Große Anbauflächen werden für einen Dollar pro Hektar und Jahr angeboten. »Das ist unser Preis, denn wir glauben an die gemeinsame Entwicklung«, bekräftigt Pacheco mit fester Stimme, während er in den leuchtendsten Farben die positiven Auswirkungen einer »neuen grünen Revolution, die wir jetzt gemeinsam in Gang setzen müssen am Beginn des neuen Jahrtausends« schildert. Dabei gleicht er eher einem Vertreter als einem Minister.

Seine Präsentation will nicht die Potenziale seines Landes vorstellen, sondern soll das Publikum davon überzeugen, große Teile davon zu pachten. Der ganze Vortrag verfolgt ausschließlich das Ziel, die Zuhörer dazu veranlassen, nach Mosambik zu kommen und dort Ackerflächen zu bewirtschaften, die ihnen die Regierung zu Ausverkaufspreisen vermitteln wird. Die Regierung, der er angehört, hat eine große Delegation hierher geschickt. Im Plenum hatte bereits der mosambikanische Präsident Armando Guebuza, zwar weniger detailliert, aber sinngemäß dasselbe gesagt, um Mosambik als privilegierten Partner der Golfstaaten zu etablieren. Er hatte den Saudis und anderen arabischen Staaten zu verstehen gegeben, dass Mosambik für ausländische Investoren, die an der Pacht von Anbauflächen interessiert sind, weit offen steht, um nicht zu sagen, sperrangelweit offen.

Die Regierungsvertreter aus Maputo wollen eine Position zurückerobern, die sie im Vergleich mit anderen Ländern verloren haben. Denn Mosambik gehört nicht zu den Ländern, die vom Team der KAISAIA zuerst besucht wurden. Mangels vorheriger Regierungskontakte, aus sprachlichen oder anderen Gründen war Mosambik im ursprünglichen Plan nicht berücksichtigt worden. Die Delegation aus Maputo setzt nun alles daran, das zu ändern. Aber die Konkurrenz ist gnadenlos.

Kaum hat Pacheco seinen Vortrag beendet und die Diskussion mit den Tagungsteilnehmern eröffnet, winkt ein etwa vierzigjähriger Mann in der ersten Reihe und bittet um das Wort. Es wird ihm erteilt. Er stellt sich vor. Er ist Beamter des äthiopischen Regionalentwicklungsministeriums. Er arbeitet in eben jener Agentur für Investitionen, die ich in Addis Abeba besuchte. »Auch unser Land wäre glücklich, ausländische Investitionen in die Landwirtschaft zu erhalten«, sagt er. Und fügt mit einem Hauch Polemik hinzu: »Unser Minister wäre gern zu dieser Ta-

gung gekommen, aber es gab einige organisatorische Probleme.«
Mit anderen Worten: Vermutlich ist er gar nicht offiziell eingeladen worden.

Nachdem er diese Aufgabe erledigt hat, wiederholt der Mann
im Kern das, was mir sein Chef, Esayas Kebede, vor einigen Wochen schon sagte. Er benutzt teilweise sogar dieselben Worte wie
sein Vorgesetzter damals in jenem kleinen Zimmer, in dem er
mich empfangen hatte. Er sagt, sein Land verfüge über eine große Menge an Wasser und Anbauflächen, das Klima lasse mehrere
Ernten pro Jahr zu und dass bereits »drei Millionen Hektar auf
den Markt gebracht worden sind«. Er spricht von der Abschaffung der Importzölle auf Maschinen und über die Möglichkeit,
sämtliche Agrarprodukte zu exportieren. Sofort danach, wie um
Punkt für Punkt die Ankündigungen des Ministers aus Mosambik zu übertreffen, fügt er hinzu, dass sie das Land sogar zu einem noch geringeren Preis zur Verfügung stellen. »Abhängig von
der Lage, verpachten wir es für einen halben bis dreiviertel Dollar pro Hektar.«

Dann will auch er eine PowerPoint-Präsentation starten, wird
aber vom Moderator unterbrochen, der das Wort einem Mann
mit kräftigem Kiefer erteilt, dessen elegante Kleidung seine deutlich vorhandene Korpulenz kaschieren soll. Der Mann stellt sich
als Minister der Zentralafrikanischen Republik vor. »Unser Land
verfügt über keinen direkten Zugang zum Meer, aber es verfügt
über sehr viel Wasser. Wir haben Millionen von Hektar an ungenutztem fruchtbarem Ackerland, und wir stellen es gerne ausländischen Investoren zur Verfügung, die es nutzen wollen.« Die
Zentralafrikanische Republik gehört zu den ärmsten Ländern
der Erde. Heimgesucht von einer ganzen Reihe von Staatsstreichen und mit einer Infrastruktur ausgestattet, die als dürftig zu
bezeichnen ein Euphemismus wäre, bringt sich dieser Staat damit ebenfalls auf dem Markt in Stellung. Einem Markt, der von
starkem Preisverfall gekennzeichnet ist. »Den Ersten, die bei uns
zugreifen, werden wir ganz spezielle Konditionen einräumen«,

erklärt der Minister mit seiner Bariton-Stimme, die direkt aus der Tiefe des Zwerchfells zu kommen scheint. »Für einen noch zu bestimmenden Zeitraum erhalten Sie von uns die entsprechenden Anbauflächen völlig kostenfrei.«

Katar, der Traum des Emirs

»Diese Unterbietungskonkurrenz, die sich gerade hier im Saal abgespielt hat, ist ein unwürdiges Schauspiel.« Mahendra Shah redet nicht um den heißen Brei herum, als er die Arbeitsgruppe kommentiert, an der er gerade teilgenommen hat. Der in Indien geborene Sechzigjährige, der in Kenia aufgewachsen ist und an der englischen Universität Cambridge studiert hat, ist Vorstandsmitglied des Nationalen Ernährungssicherungsprogramms von Katar (*Qatar National Food Security Programme* / QNFSP). Schlank, mittelgroß und mit durchdringendem Blick, ist Shah ein typischer Vertreter der internationalen Beamtenkaste. Er hat jahrelang für die Weltbank gearbeitet, für die FAO und für andere Einrichtungen der Vereinten Nationen, bevor er vom Emir von Katar in das neue Programm zur Ernährungssicherung berufen wurde, das im kleinen und regenarmen Golfstaat oberste Priorität genießt.

Shahs Berufung nach Doha ist das jüngste Beispiel für die moderne und pragmatische Ausrichtung der Regierung von Hamad bin Khalifa Al Thani, die auch den binnen kurzer Zeit sehr einflussreich gewordenen Nachrichtensender *Al Dschasira* gründete. Mit viel Geld, aber nicht genügend Know-how im Land hat der Emir in unterschiedlichen Bereichen die erfolgreiche Taktik eingeschlagen, fähige Leute aus aller Welt einzustellen. Und Shah ist mit Sicherheit ein Denker: brillant, mit hohem Sachverstand, ohne jeglichen Hang zu diplomatischen Umschreibungen. »Dieser Ausverkauf von fruchtbarem Ackerland, den wir gerade mit ansehen mussten, ist widerlich«, wiederholt er, während wir uns bei einem Kaffee auf zwei Sesseln am Eingang des Konferenzsaals unterhalten. Bevor er sich dem eigentlichen Thema zuwendet, erzählt er mir von seinen Erlebnissen in Italien, die sich nicht nur auf die Jahre beschränken, in denen er für die FAO arbeitete.

»Als ich in England studierte, war ich mit einem Mädchen aus Mailand zusammen«, sagt er. »Ihr Bruder Elio kam uns oft besuchen. Der Junge war eine Naturgewalt, ein ideensprühender Vulkan. Eines Tages wollte er mich sogar zu einem gemeinsamen Geschäft überreden: Wir haben zusammen Hosen eingekauft, die er nach Italien brachte. ›Die sind perfekt für die Mailänder Prostituierten‹, sagte er. Ich habe nicht so richtig daran geglaubt, aber ich habe mich von seiner Begeisterung anstecken lassen. Also habe ich in das Geschäft investiert. Und seine Intuition war goldrichtig. Zurück in Italien, verkaufte er alle Hosen innerhalb von zwei Tagen. Also kaufte er wieder welche ein. Und dann wieder welche. Das kleine Unternehmen begann schnell Profite abzuwerfen. Daraufhin schlug er mir vor, eine richtige Firma zu gründen und sie als gleichberechtigte Partner zu führen. Aber ich habe abgelehnt, weil ich meine akademische Karriere fortsetzen wollte. Wäre ich darauf eingegangen, wäre ich jetzt wahrscheinlich Milliardär und Mitbegründer einer der wichtigsten Modemarken der Welt: der von Elio Fiorucci«, sagt er lachend.

Shah ist ein Mann von Welt. Er hat schon fast überall gelebt. Er bewegt sich problemlos zwischen dem Westen, Afrika und Asien, nicht ohne ab und an Entspannungspausen in einem Wellness-Zentrum auf Bali einzulegen, das ihm gehört. Er ist Vorstandsmitglied des QNFSP für internationale Beziehungen. Und so, wie er erzählt, scheint er über eine bemerkenswerte Entscheidungsfreiheit zu verfügen. Seine Vision, die er in der Arbeitsgruppe überzeugend vorstellte, unterscheidet sich von jener der Saudis: Shah empfiehlt, keine Verträge mit Regierungen abzuschließen, sondern stabilere Partnerschaften mit den Bauern vor Ort aufzubauen. »Die Regierungen wechseln, die Bauern bleiben, und mit ihnen muss man arbeiten.« Diese These ist wahrscheinlich Ergebnis einer seiner wenigen Fehlschläge. Er hatte ein Abkommen mit der kenianischen Regierung ausgehandelt, bei dem Katar als Kompensation für die Überlassung von Land den Bau eines Handelshafens in der Küstenstadt Lamu zusagte. Von verschiedenen kenianischen Bürgerrechtsgruppen scharf kritisiert, wurde der Vertrag schließlich annulliert. »Es gab einige Probleme. Ich glaube nicht, dass das Projekt realisiert wird«, sagt er, ohne weiter auf Details einzugehen.[43]

Einige Aussagen während seines Vortrags brachten mich dazu, ihn anzusprechen: Shah redete nicht davon, möglichst viele Anbauflächen zu pachten, sondern von Joint Ventures zwischen Investoren aus den Golfstaaten und afrikanischen Bauern. Er sprach von einer Zusammenarbeit, in der der Produktionszuwachs in einem ausgewogenen Verhältnis zwischen dem Export und dem Bedarf vor Ort aufgeteilt werden muss. Er sprach von Wissenstransfer. Kurz gesagt, er zeigte, dass er eine originellere Vision als die Saudis hat.

Neben Investitionen in fortschrittliche Entsalzungstechnologien und, angesichts der geringen nutzbaren Anbaufläche des Landes, in die intensive Landwirtschaft hat sich das Programm, dessen Vorstand er angehört, das Ziel gesetzt, ein integriertes System zu schaffen, »das für alle funktioniert«. Shah erläutert seine Vorstellung mit dem typischen Enthusiasmus des Visionärs. »Wir geben das Geld, die Bauern das Land und die Arbeitskraft. Wenn wir fünfhundert Tonnen produzieren, gehen zweihundert in den Export nach Katar, zweihundert an die Bauern, und hundert verkaufen wir auf den lokalen Märkten. Die Einnahmen aus unseren Verkäufen vor Ort reinvestieren wir zur Steigerung der Produktivität.« Die Idee, die dem Vertragsanbau *(contract farming)* in einem größerem Maßstab entspricht, ist mit enormen Ambitionen verbunden, die Shah unzweideutig skizziert: »In einigen Jahren könnten wir zu einem *hub*, einem florierenden Anbauzentrum für landwirtschaftliche Produkte werden, das auch nach Indien und China exportieren kann.«[44]

Die Frage, die mir spontan in den Sinn kommt, während ich ihm, der von seinen Argumenten so überzeugt ist, zuhöre, ist: Wird sein Projekt wirklich durchführbar sein? Wenn es in vollem Umfang umgesetzt wird, könnte es tatsächlich allen Vorteile bringen. Aber ist es in Afrika möglich, unter Umgehung der Regierung direkt mit den örtlichen Bauern Verträge abzuschließen? In fast allen diesen Ländern befinden sich Grund und Boden in Staatsbesitz und werden von Bauern auf Basis des Gewohnheitsrechts bewirtschaftet. Wer könnte gegen ein solches Projekt sein? Die Regierung des betreffenden Landes? Die Bauernvertretungen, dort wo sie überhaupt existieren? Die Dorfältesten? »Unser Ziel ist es, alle betroffenen Parteien zu beteiligen und ihnen zu verdeutlichen, dass es einen gemeinsamen Nutzen gibt. Wir geben Geld, um die Produktion zu fördern. Die Anbauflächen bleiben in der Hand von denjenigen, die sie schon immer nutzten. Unsere einzige Bedingung ist, dass wir einen angemessenen Teil der Produktion erhalten.«

Das Projekt befindet sich bislang noch in einem sehr frühen Stadium. Die ersten Kontakte sind geknüpft, aber noch ist nichts Konkretes passiert. Die Anwesenheit von Shah in Riad ist Teil einer PR-Gesamtstrategie, die auch tatsächlich umgehend Resultate zeitigt. Am Rand der Konferenz gibt der Vizepräsident von Ghana, John Darmani Mahama, vor Journalisten bekannt, dass seine Regierung mit Katar über ein Joint Venture zur Nahrungsmittelproduktion für beide Länder verhandelt. Während Mahama umlagert ist von Mikrofonen und Fernsehkameras, trinkt Shah entspannt seinen Tee im hinteren Teil der Halle, betrachtet von weitem die Szene und genießt die ersten kleinen Erfolge eines Projekts, dem seiner Meinung nach eine glänzende Zukunft bevorsteht.

Eine Art Fertighaus in Zeltform im Garten einer Villa, der Boden mit Teppichen ausgelegt, ein großer Fernsehbildschirm, auf dem ein Spiel der englischen *Premier League* läuft. Ich besuche Faisal bin Abdulaziz Albeshr in seinem »Zweithaus«. »Hierher ziehe ich mich zurück, um zu entspannen und mit Freunden zu reden«, sagt er zu mir, während er mich mit festem Händedruck und freundlichem Begrüßungslächeln an der Tür empfängt. Faisal ist Besitzer eines Unternehmens, das seit acht Jahren eine landwirtschaftliche Produktionsgenossenschaft im Sudan betreibt, was auch der Grund ist, weshalb ich ihn aufsuche. Er hat dunkle Augen und einen langen Bart, der sich in zwei Spitzen teilt. Er ist nicht sehr groß, von kräftigem Körperbau, ohne dick zu sein. Er hat einen wachen Blick, der hohe Intelligenz verrät.

Nach den Begrüßungsritualen bittet er mich in sein »Zelt«. Ringsum herrscht absolute Stille. Das Haus, zu dem der Garten mit der »Dependance« gehört, steht leer. »Es wird ab und zu übers Wochenende vermietet«, sagt er, nachdem ich über zehn Minuten in dem labyrinthischen Gebäude auf der Suche nach einer Toilette herumgeirrt bin. In Riad gibt es keinen Wohnungsmangel. Es gibt viele Häuser, die in der Regel sehr groß sind. Abdullah, Freund eines Freundes, der sich anbot, mich als Stadtführer zu begleiten, sagt, dass seine eigene Wohnung – sechs Zimmer für sich, seine Frau und den neugeborenen Sohn – »ein bisschen klein« sei. Wang Jungpen, ein chinesischer Journalist, der für vier Jahre als Korrespondent hierher geschickt wurde (und nach vier Monaten schon am Rande eines Nervenzusammenbruchs war), erzählt mir, dass er vor seiner Ankunft ein Haus »mittlerer Größe« angemietet habe und dann vor einer Villa mit drei Stockwerken und einem Swimmingpool im Garten stand, in der jetzt er und seine Frau alleine leben. »Wenn wir uns von einem Raum zum anderen etwas zurufen, hören wir oft ein Echo«, sagt er mit einem Gesichtsausdruck, der zwischen Belustigung und Betroffenheit schwankt.

In einem Land, in dem der öffentliche Raum praktisch nicht existiert und in dem die Männer – und noch mehr die Frauen – den größten Teil der Zeit im Inneren ihrer Wohnungen verbringen, ist es fast schon normal, dass die Häuser eine ganz andere Bedeutung haben als etwa bei uns. Jeder einigermaßen wohlhabende Saudi hat mindestens zwei Stadthäuser, und wenn er kein zweites hat, mietet er von Zeit zu Zeit eines an. Um mir einen Eindruck davon zu vermitteln, brachte mich Abdullah auf einem unserer sozio-touristischen Spaziergänge in dieses abgelegene Viertel, nah der Wüste, die unmittelbar am Stadtrand beginnt. Es handelt sich um ein eingezäuntes und durch Stahltore geschütztes Villengebiet. Er stellt das Auto vor einer der Villen ab. Klingelt. Ein Wachmann öffnet und führt uns durch einen Garten in ein Wohnhaus von ungefähr dreihundert Quadratmetern Grundfläche, in einem unpersönlichen Stil eingerichtet, mit einer unbestimmten Zahl an Zimmern.

»Solche Häuser mieten sich die Leute fürs Wochenende. Man kommt her mit der Familie, um auszuspannen. Oder man feiert Feste, von denen die *muttawa*, die Religionspolizei, nichts mitbekommen soll.« Es ist eine Gesellschaft, in der Kontakte zum anderen Geschlecht vor der Hochzeit ausgeschlossen sind und die nicht einmal die einfachsten Formen der Unterhaltung zulässt: Es gibt weder Kinos noch Diskotheken, und die einzigen Cafés, die vorhanden sind, gehören zur *Starbucks*-Kette oder ähnlichen Unternehmen. Sie liegen in den großen Einkaufszentren, in denen ein Wächter junge Männer ohne Begleitung am Betreten solcher Etablissements hindert, aus Angst, dass sie sich per Handy mit einem Mädchen verabreden könnten. Und so findet das Leben fast ausschließlich im Innern der heimischen Behausung statt. Einige gehen in ihr Zweithaus, um sich mit Freunden zu treffen oder verbotene Dinge zu tun – etwa um Sex zu haben oder Alkohol zu trinken, den man nur unter der Hand zu astronomischen Preisen kaufen kann. Andere verbringen hier mit Frau und Kindern das Wochenende, um dem Alltag zu entfliehen und das Gefühl zu haben, nicht mehr in der Stadt zu sein.

Faisals Zweithaus gehört ihm, und er legt Wert darauf, dass ich das weiß. Er ist Geschäftsmann, und das Zweithaus bedeutet für ihn eine Art Statussymbol. »Ich komme fast jeden Nachmittag her, nach der Arbeit.« In seinem »Zelt« zu Gast sind sein Geschäftspartner und drei Schulfreunde. Sie diskutieren lebhaft über das Fußballspiel, das gerade läuft. Der Raum ist kahl, wie üblich in saudischen Häusern. Keine Wanddekoration, keine Möbel. Der Raum soll auf diese Weise an ein Zelt in der Wüste erinnern, auch wenn er sich im Garten einer Villa in Riad befindet.

Bevor wir das Interview beginnen, besteht Faisal darauf, dass ich einen »kleinen Happen« zu mir nehme, von seiner Frau zubereitet. Er setzt mich vor zwei Tabletts, die überborden mit Essbarem. Auf einem sind belegte Brötchen und Häppchen für eine ganze Armee gestapelt, auf dem anderen seltsam geformtes Gebäck von leicht phosphoreszierender Farbe. Ich nehme ein paar belegte Brötchen und stelle ihm dann Fragen über seine Firma. Er besteht darauf, dass ich noch mehr probiere. Er gießt mir Kaffee ein und zeigt auf ein weiteres Tablett, auf dem verschiedene Limonadenflaschen bereitstehen.

Dann, nachdem die Gastgeberpflichten erfüllt sind, spricht er über das Geschäft. Faisal ist fünfunddreißig und arbeitet seit acht Jahren im Sudan, wo ihm ein Betrieb gehört, der Kartoffeln, Gemüse und medizinische Heilkräuter anbaut. Er erzählt mir, dass er mehr oder weniger zufällig angefangen hat, in dem afrikanischen Land zu arbeiten, auf den Rat eines Freundes hin. »Ich sollte einen Teil des Familienkapitals investieren und habe mich für dieses Angebot entschieden. Als ich anfing, verstand ich überhaupt nichts von Landwirtschaft.« Er hat fünfzehntausend Hektar am Ufer des Nils gepachtet und produziert nur für den lokalen Markt, mit Ausnahme des Viehfutters, das er nach Saudi-Arabien exportiert.

Für die Anbauflächen bezahlt er nichts. »Als wir anfingen, haben wir zweiundvierzig Dollar pro Morgen Land bezahlt.[45] Aber nach drei Probejahren haben sie den Vertrag verlängert und dabei die Pacht auf null gesetzt. Sie waren zufrieden damit, wie wir arbeiten und darüber, dass wir Arbeitsplätze in der Region geschaffen haben.«

Der Mann weiß, wovon er spricht. Die Äcker, die er bewirtschaftet, gehören zu den besten im ganzen Sudan. »Mittlerweile ist das Land um uns herum hauptsächlich von saudischen Firmen besetzt. Wenn du jetzt etwas pachten willst, bezahlst du tausend Dollar pro Morgen Land.« Faisal hat keinerlei staatliche Förderung erhalten. Im Gegenteil: Seinen Worten zufolge hat er sogar eine Risikoversicherung ausgeschlagen, die ihm eine berühmte Investmentbank in Riad vorgeschlagen hatte. »Das Geschäft ist ein Abenteuer, in das man ohne Fallschirm hineingehen muss«, bekräftigt er. Eine Überzeugung, die er mehrfach wiederholt und die auch seine Haltung gegenüber der staatlichen Politik der Investitionsförderung im Ausland bestimmt. »Ich habe davon gehört«, sagt er mit zur Schau gestellter Beiläufigkeit. »Mich interessiert das nicht. Dann wäre ja kein Risiko mehr bei dem Geschäft.« Während wir uns weiter unterhalten, lässt er durchblicken, dass er diejenigen ziemlich verachtenswert findet, die die Initiative des Königs dazu benutzt haben, um Geschäfte zu machen. »Das sind Leute mit direktem Zugang zum König. Vetternwirtschaft. Gefällt mir nicht.«

Faisal ist mit Leib und Seele Geschäftsmann. Ein Unternehmer, dem es natürlich vor allem um Profit geht. Zu seinen Anbauflächen hat er keinen besonderen Bezug, auch wenn er ab und zu in den Sudan fliegt, um sich über den Stand der Dinge zu informieren. Wenn er über seine Kulturen spricht, tut er das mit innerer Distanz: »Wir bauen Kartoffeln und Zucchini an, weil die sich im Sudan am besten verkaufen. Wir folgen dem Markt.« Gleichzeitig will er sein Geld aber nicht als Nutznießer verdienen. Was er verdient, soll das Resultat seiner Intuition sein, seiner unternehmerischen Fähigkeiten, und nicht der Kontakte, über die er in diesem oder jenem Ministerium verfügt.

Er ist ein mutiger Kapitän, der bisher sein Schiff mit großem Geschick zu steuern wusste, was nicht zuletzt daran zu sehen ist, dass sein Betrieb jedes Jahr rund eine Million Dollar Gewinn abwirft. Als Unternehmer steht er neuen Investitionen immer offen gegenüber. Er verrät mir, dass ihm gerade angeboten wurde, Teil eines Joint Ventures einer brasilianisch-sudanesischen Gruppe zu werden, um den Biotreibstoff Äthanol im Sudan herzustellen. Ich frage ihn, was er über Biotreibstoffe weiß. »Wenig oder gar nichts«, antwortet er. »Mir geht es nur darum, Geld zu machen.« Ich sage ihm, dass es ein bisschen ungewöhnlich sei, einen Saudi zu treffen, der in Biotreibstoffe als Alternative zum Erdöl investiert. Seine Antwort bringt seine Persönlichkeit auf den Punkt und gibt Einblick in die Widersprüchlichkeit dieses ultrakonservativen und gleichzeitig hypermodernen Landes: »Wenn es daran etwas zu verdienen gäbe, würde ich sogar in Israel Landwirtschaft betreiben. Geschäft ist Geschäft, mein Freund.«

Die internen Kritiker der KAISAIA

Faisal ist nicht der Einzige, den die von König Abdullah ins Leben gerufene Initiative wenig überzeugt. Aus unterschiedlichen Gründen sind einige Agrarunternehmer und einflussreiche Persönlichkeiten des Landes ziemlich skeptisch. Einer von ihnen ist Fawaz Al Alamy, der ehemalige Vize-Handelsminister und Leiter des Teams, das den Beitritt Saudi-Arabiens zur Welthandelsorganisation WTO *(World Trade Organisation)* verhandelt hat, der 2005 rechtskräftig wurde. Er ist Vorstandsmitglied bei zahlreichen staatlichen und halbstaatlichen Unternehmen wie der nationalen Luftfahrtgesellschaft *(Saudi Arabian Airlines)* und dem Saudischen Industrieentwicklungsfonds *(Saudi Industrial Development Fund)* und heute Geschäftsführer einer Consultingfirma, die multinationale Unternehmen berät, die Investitionen in Saudi-Arabien planen.

Ich habe einige seiner Kommentare über die saudischen Auslandsinvestitionen gelesen und rufe ihn daher an. Er ist bereit, sich noch am selben Vormittag mit mir in seinem Büro im Norden Riads zu treffen. Er sagt mir, wie es hier üblich ist, ich solle ihn anrufen, sobald ich im Taxi sitze, »damit ich dem Fahrer die Route erklären kann«. Ich folge seinem Rat. Ich verlasse das Hotel, halte ein Taxi an, rufe ihn an und reiche mein Handy an den pakistanischen Fahrer weiter, der zuhört und mit dem Kopf nickt. »*Ten minutes,* zehn Minuten«, sagt dieser dann in seinem gebrochenen Englisch. Er legt einen Gang ein und fährt selbstsicher los.

Die Stadt zieht an den Autofenstern vorüber. Die Straßen erscheinen mir ohnehin alle gleich, aber nach einer Weile beginne ich den vagen Eindruck zu haben, dass wir tatsächlich im Kreis fahren. Nach zwanzig Minuten fahren wir immer noch. Mein Handy klingelt. Es ist Fawaz.

»Wo seid ihr?«, fragt er.

»Keine Ahnung.«

»Lassen Sie mich bitte mit dem Fahrer sprechen.«

Es folgt eine neue Erklärung, neues bestätigendes Kopfnicken und ein abschließendes »*Okay, no problem,* kein Problem«, das mich aber keineswegs beruhigt. Der Fahrer wendet und fährt nun in die entgegengesetzte Richtung. Ich schaue ihn mit fragendem Blick an. »Haben Sie verstanden, wo Sie hinfahren müssen?« »Kein Problem«, antwortet er wieder. Diesmal scheint er überzeugter. Er beschleunigt ohne zu zögern das Tempo. Ich entspanne mich und denke an die Fragen, die ich Al Alamy stellen möchte. Die Stadt zieht weiterhin an uns vorbei. Während ich mir Notizen mache, hält der Fahrer an.

»Was ist los?«, frage ich ihn.

»*Call the man,* rufen Sie den Mann an«, sagt er in einem Ton, der keinen Widerspruch zulässt.

Ich rufe Fawaz erneut an, der langsam etwas gereizt wirkt. Ich fürchte schon, dass er den Termin absagt. Er wartet inzwischen schon seit vierzig Minuten auf mich. Die beiden sprechen am Telefon. Die Szene von vorhin wiederholt sich mit einem »*Okay, no problem*« am Ende. Der Fahrer setzt den Wagen wieder in Gang. Ich weiß nicht mehr, was ich denken soll. Die Stadt zieht an uns vorbei, der Fahrer fährt, und das Taxameter zeigt inzwischen eine astronomische Summe an. Als ich ihn gerade bitten will, mich ins Hotel zurückzubringen, klingelt mein Handy erneut. Es ist Al Alamy. »Sagen Sie dem Fahrer, er soll anhalten. Ich habe euch schon vom Fenster aus gesehen. Ihr seid gerade an unserem Büro vorbeigefahren.«

Das Büro liegt in einem einstöckigen, modernen, lichterfüllten Gebäude mit großen Glasflächen überall. Zwei junge Männer am Empfang bitten mich, im benachbarten Konferenzraum Platz zu nehmen. Es ist ein großer Raum mit zwei äußerst eleganten Ledersofas, einem Schreibtisch am hinteren Ende und vollkommen leeren weißen Wänden. Fawaz kommt fünf Minuten später und stellt sich vor, während er mir eine Visitenkarte in die Hand drückt, die ein Meisterwerk an Schlichtheit ist: Ein weißes Kärtchen, auf dem nur »Fawaz Al Alamy – Berater« und eine E-Mail-Adresse stehen. Das macht ihn mir sofort sympathisch. In einer Welt, in der alle darum besorgt sind, eine bestimmte Rolle zu spielen und zu einer bestimmten Gruppe zu gehören, hat es etwas Aufrührerisches, offen Antikonformistisches, wenn sich jemand nur mit Namen und der unspezifischen Bezeichnung »Berater« vorstellt.

Der Mann ist nicht allzu groß. Er trägt einen kleinen grauen Schnurrbart und hat einen eindringlichen Blick, der manchmal weich wird, wenn er die Augen aufreißt, als wolle er damit die Aufmerksamkeit seines Zuhörers erhöhen. Das macht er vor allem, wenn er von seinen beruflichen Aktivitäten spricht: »Ich arbeite gerade an einem großen Projekt, das in den nächsten Monaten realisiert werden wird«, sagt er zu mir. Dann startet er eine Präsentation auf dem Overhead-Projektor. Eine Abfolge von Tabellen erscheint, auf denen das wiedergegeben wird, worüber seit Tagen geredet wird: dass Saudi-Arabien große Anstrengungen unternimmt, die Ernährungssicherheit seiner Bevölkerung zu garantieren, und dass es dies, angesichts seiner geringen Wasserreserven, nicht aus eigener Kraft schaffen kann. »Wir müssen für ein geeignetes System der Versorgung und Lagerung sorgen.«

Das Unternehmen, das er gerade gründet und dessen Businessplan er jetzt auf dem Bildschirm zeigt, während er darauf hinweist, dass alle diese Informationen vertraulich sind, hat den Zweck, sich als Zwischenhändler für Lebensmittel zu etablieren, die im Ausland produziert wurden, und zwar durch Verträge, die mit großen agroindustriellen Konzernen wie der amerikanischen *Cargill-Holding* abgeschlossen wurden. Es ist eine konventionellere Strategie als jene, die König Abdullah verfolgt. Aber, so Al Alamy, »sie ist weitaus sicherer«. Um diese These zu erläutern, benutzt er eine Metapher aus der Medizin: »Ein Dialysepatient muss sicherstellen, dass er für seine Behandlung jederzeit Zugang zum Krankenhaus hat. Sonst stirbt er.«

Al Alamy kritisiert den König nicht direkt, aber er gibt zu verstehen, dass die KAISAIA möglicherweise die falsche Behandlungsform für den Patienten Saudi-Arabien sei, der unter chronischer Wasser- und Lebensmittelknappheit leide. »Nach den Regeln der Welthandelsorganisation kann jedes Land bei Bedarf den Export von Nahrungsmitteln untersagen.« Mit einem Hauch von Zynismus fügt er hinzu: »Daher kann es dir als Unternehmer in Erzeugerländern passieren, dass du auf dem lokalen Markt die Lebensmittel unter Preis verkaufen musst, für die du aber teuer bezahlt hast, um sie im Ausland weiterzuverkaufen.« Er spricht aus Erfahrung. Vor einigen Jahren hat er saudischen und kuwaitischen Firmen dabei geholfen, eine Zuckerraffinerie im Sudan aufzubauen. »Wir haben enorme Summen investiert, aber bei uns ist nie auch nur ein Kilo Zucker angekommen. Die Sudanesen haben den Export verboten.«

Daher bezeichnet Al Alamy das königliche Programm als zu risikoreich. »Von dem mir anvertrauten Kapital würde ich nie auch nur einen Cent investieren«, sagt er, während er leicht die Augenbrauen hebt und sein Blick noch durchdringender wird. Seiner Meinung nach müsste das Königreich nicht in die weltweit angebotenen Anbauflächen investieren, sondern in ein effizienteres Lagerungssystem sowohl für Grundnahrungsmittel wie auch für die Wasserreserven, die man über zusätzliche Investitionen in die Verbesserung von Entsalzungstechniken erhöhen könnte. Diese Systeme könnten von den Golfstaaten gemeinsam betrieben werden, betrifft das Problem sie doch alle gleichermaßen. »Aber überraschenderweise handeln sie alle unabhängig voneinander, ohne sich abzusprechen.«

Teile dieser Kritik höre ich fast wörtlich auch von Turki Faisal Al Rasheed. Der Direktor von *Golden Grass*, einer seit den 1980er Jahren in der Landwirtschaft aktiven Gruppe, ist eine für saudische Verhältnisse ziemlich ungewöhnliche Persönlichkeit. Er ist aktiv in einer von ihm gegründeten Gesellschaft zur Förderung der Demokratie, ein eher ambitioniertes Ziel in einer absoluten Monarchie, die ihre Wurzeln in der Stammesgesellschaft hat. Er verfasst immer wieder Beiträge für Zeitungen des Königreichs, in denen er über Menschenrechte, Wahlen und die Perspektiven der Landwirtschaft schreibt. Zu diesem letzten Punkt, der mich am meisten interessiert, habe ich einen interessanten Artikel von ihm gelesen, in dem er die Subventionen für die Landwirtschaft mit Hinweis darauf verteidigte, dass es in Wirklichkeit »die Bauern sind, die den Staat unterstützen, da sie ihm ein Minimum an Ernährungssicherheit garantieren«.

Als ich ihn anrufe, zeigt er sich äußerst zuvorkommend und schickt seinen persönlichen Sekretär in mein Hotel, um mich abzuholen. »Wir wollten Ihnen die unangenehme Erfahrung ersparen, im Taxi kreuz und quer durch die Stadt gefahren zu werden, um uns zu finden«, sagt Ronnie, sein philippinischer Assistent – rundes, pausbäckiges Gesicht, lila Hemd, das sich mit der blauen Krawatte beißt, und einer fast dreißigjährigen Erfahrung in einem Land, »an das man sich schließlich gewöhnt«. Nachdem er mich gefragt hat, woher ich komme, will Ronnie wissen, ob ich katholisch sei. Ich sage ihm, dass ich mir nicht allzu viel aus Religion mache, was ihn sichtlich enttäuscht. Vielleicht wollte er ein bisschen Einvernehmen zwischen Glaubensgenossen herstellen. Oder vielleicht erscheint es ihm einfach absurd, dass jemand treuherzig eingesteht, sich nicht für Religion zu interessieren, an einem Ort, an dem die Religion jeden Aspekt des Lebens durchdringt, vom Verhältnis der Geschlechter bis zu den Öffnungszeiten der Geschäfte, die jedes Mal, wenn der Muezzin die Massen zum Gebet ruft, für eine halbe Stunde schließen.

Als ich im Bürogebäude der *Golden Grass* ankomme, treffe ich Al Rasheed, der gerade dabei ist, für eines der fünf täglichen Gebete in die Moschee zu gehen. Er trägt einen gepflegten Bart, der seine regelmäßigen Gesichtszüge einrahmt. Er ist schlank und bewegt sich elegant in seiner grünen Tunika. Er bittet mich, im Wartezimmer Platz zu nehmen. Ronnie begleitet mich, bringt mir einen Kaffee und macht den Fernseher für mich an, in dem gerade wieder ein Fußballspiel übertragen wird. Ich schaue mich um und mustere die Fotos des Managers. Auf einem ist er als Leiter einer Wahlbeobachtungsdelegation in Bahrein zu sehen, auf einem anderen mit einem saudischen Prinzen auf einem Empfang, ein Drittes ist wahrscheinlich ein Foto, das am Ende eines Schuljahres aufgenommen wurde.

Nach ungefähr zwanzig Minuten erscheint Al Rasheed wieder und bittet mich in sein Büro. Wir setzen uns auf das Sofa. Er spricht perfekt Englisch, denn er hat in Liverpool studiert und aus dem Vereinigten Königreich nicht nur ausgezeichnete Sprachkenntnisse mitgebracht, sondern auch die europäische Angewohnheit, keine Zeit zu verlieren und sofort auf den Punkt zu kommen. Wir überspringen daher die Begrüßungsfloskeln und beginnen direkt mit dem Interview. Während wir miteinander sprechen, werden wir immer wieder von verschiedenen Mitarbeitern unterbrochen, die ihm Zahlungsanweisungen bringen oder andere Schriftstücke, die er unterschreiben muss. »Sie müssen entschuldigen«, sagt er, »ich bin gestern aus Europa zurückgekommen und muss noch Liegengebliebenes aufarbeiten.«

Über die Auslandsinvestitionen denkt Al Rasheed ähnlich wie Al Alamy: »Es ist einfach nicht sicher. Wer gibt dir die Garantie, dass der Vertrag nicht aufgehoben wird und dass das Gastland dir nicht von heute auf morgen den Export untersagt?« Er unterstreicht, dass die bislang aktiv gewordenen Unternehmer alle enge Kontakte zur königlichen Familie haben oder in etablierte Netzwerke der Länder, in denen sie investieren, eingebunden sind. »Nehmen wir Al Amoudi. Er ist Halbäthiopier und verfügt bekanntermaßen über eine besondere Beziehung zur Regierungspartei und zum Premierminister in Addis Abeba. Seine Investitionen sind natürlich relativ sicher. Aber trifft das auch für andere zu? Ich glaube, dass so eine Unternehmung nur über eine tatsächliche Eigentumsübertragung der Anbauflächen funktionieren kann. Pachtverträge können jederzeit widerrufen werden.« Al Rasheed prophezeit, dass sich am Ende nicht allzu viele Gruppen der Initiative von König Abdullah anschließen werden. »Es gibt keinerlei verbindlichen Regeln. Man versteht nicht, wie das funktionieren soll.«

»Aber was soll Saudi-Arabien denn sonst tun, um seiner Bevölkerung Ernährungssicherheit zu garantieren?«, frage ich ihn. »Ich denke«, sagt er, »dass die Regierung zwei Strategien verfolgen müsste, eine lokale und eine internationale, und die Versorgung auf unterschiedliche Arten sichern sollte, ohne direktes Leasing.« Die internationale Strategie erinnert stark an die Idee von Al Alamy: Abkommen mit den Agrarkonzernen abzuschließen, um den nötigen Weizen, Mais, Hafer und Reis zu bekommen, um den heimischen Bedarf zu decken.

Wirklich originell ist die von Al Rasheed ersonnene lokale Strategie. Als er sie mir erläutert, zeigt sich, dass er eine umfassende und multifunktionale Vorstellung in Bezug auf die Landwirtschaft entwickelt hat. »Die Regierung kann die Bauern nicht völlig sich selbst überlassen, weil die Landwirtschaft auch eine soziale Funktion hat. Wenn der Staat nicht in die dörflichen Gemeinschaften investiert, werden die Bauern abwandern und in die Städte gehen. Was dort automatisch die Armut, die Kriminalität, die Prostitution verstärkt.«

Al Rasheed sagt, dass ich nicht in die Ferne schweifen muss, um seine Überlegungen nachvollziehen zu können. »Das ist einer der zentralen Gründe, warum Frankreich, warum Deutschland und warum die Europäische Union die Landwirtschaft mit Milliarden Euro subventionieren. Niemand will seinen ländlichen Raum in ein Gebiet verwandelt sehen, in dem ein Geisterdorf an das nächste grenzt. Das ist genau die Gefahr, die uns in Saudi-Arabien droht. Völlig entvölkerte ländliche Regionen, in denen nur noch hier und da Großbetriebe tätig sind, und überfüllte Städte voller Arbeitsloser und voller Elend.«

Kuhherden mitten in der Wüste

Die ländliche Region, die vor dem Autofenster auf dem Weg von Riad nach Kharj vorbeizieht, scheint nicht nur unbewohnt, sondern auch entschieden ungeeignet für menschliche Ansiedlungen. Nur wenige würden wohl freiwillig mitten in endlosen Sandwüsten leben. Erst als wir in die Nähe der Stadt kommen und die Landschaft durch grüne Sträucher und Dattelpalmen weniger abweisend erscheint, verstehe ich, was Al Rasheed meinte. Viele der Unternehmen, die entlang der Straße ihren Sitz haben, entstanden und überleben nur dank staatlicher Subventionen. Ich bin aber nicht hierher gekommen, um Siedlungen in der saudischen Wüste zu besuchen, sondern wegen *Almarai*: Der »weltgrößte integrierte Milchverarbeitungsbetrieb«, wie die Broschüre verrät, die mir am Tag zuvor in der Firmenzentrale in Riad in die Hand gedrückt worden war.

»Noch zwanzig Kilometer«, sagt mein gelangweilter bengalischer Fahrer, als wir unsere Unterhaltung über das beliebteste Thema in Saudi-Arabien beendet haben: Sex. In der Öffentlichkeit unterdrückt, außerhalb der Ehe gesetzlich verboten, ist er natürlich das Hauptgesprächsthema. Amal erzählt mir von exklusiven Partys in Privatvillen, in denen alles erlaubt ist. Er sagt, dass es an nichts fehle. Es gebe Alkohol, es gebe Frauen, die »zu allem bereit sind«, sogar alle Drogen, »die du willst, mein Freund«. Er behauptet, dass er die richtigen Leute kennt, um mir den Zugang zu verschaffen (»zum richtigen Preis«, der, wie ich herausfinde, exorbitant ist). Ich bin nicht sicher, ob Amal einfach nur Geschichten erzählt oder ob es sich wirklich um einen Zuhälter handelt, der hier in Saudi-Arabien seine Nische für derlei Aktivitäten gefunden hat.

Das Auto, in dem wir fahren, ist ein brandneuer, schwarzer Mercedes und gehört ihm. Das zeigt schon, dass er auf der sozialen Leiter einige Stufen über seinen taxifahrenden Landsleuten steht, die ihre Fahrzeuge anmieten müssen und im Durchschnitt fünfzig Rial am Tag verdienen (etwa zehn Euro). Ich beschließe, nicht weiter nachzuforschen. Ich betrachte die vor uns liegende Straße. Eine lange, unendlich scheinende Gerade. Ein blaues Hinweisschild mit weißer Schrift zeigt an: *Almarai*, zwanzig Kilometer.

Das Unternehmen stellt Milch, verschiedene Käsesorten und Joghurt her. Es umfasst den gesamten Produktionskreislauf, von der zu melkenden Kuh bis zum fertig verpackten Endprodukt. 1976 wurde es auf Initiative des Fürsten Sultan Mohammed bin Saud Al Kabeer gegründet. Damals hatte das regierende Königshaus entschieden, dass das Land es sich nicht länger erlauben könne, Milch und Milchprodukte zu importieren. Und sorgte dafür, dass sich das änderte. Staatliche Petrodollars dienten dazu, zwei Unternehmen aufzubauen, die innerhalb weniger Jahre zu Giganten der Milchverarbeitung im gesamten Nahen Osten wurden: *Almarai* und *Al Safi*. Letzteres wurde bis zu seinem Tod von Prinz Mohammed bin Abdullah Al-Faysal geleitet, ein visionärer Mann, der auf dem Höhepunkt seiner Zukunftsutopien damit liebäugelte, die Versorgung des Landes mit Trinkwasser zu sichern, indem er Eisberge vom Nordpol herbeischleppen lassen wollte.

Sowohl *Al Safi* wie auch *Almarai* entstanden aus dem Nichts. Ursprünglich gab es hier keine Tiere, das Wasser verbarg sich noch in großer Tiefe und das vorgesehene Land war eine einzige Sandwüste. Mit Mitteln, die nur die Saudis mobilisieren können, wurden Tausende Milchkühe aus den Vereinigten Staaten und Lateinamerika ins Land gebracht. Um Wasser zu fördern, wurden modernste Techniken für die Tiefbohrungen eingesetzt. Heute ist die Landschaft rund um die Werke eine Mischung aus grün und gelb. Die Wüste wird immer wieder von kultivierten Flächen unterbrochen, die von florierenden Agrarbetrieben bewirtschaftet werden, die dafür die wasserführende Schicht in großer Tiefe nutzen.

Das *Almarai*-Werk hat die Größe einer kleinen Stadt. Die Hallen, in denen die Kühe gehalten werden, erstrecken sich bis zum Horizont. Am Tor empfängt mich John, der verantwortliche irische Chef, mit rotem Gesicht und eine Ringerfigur, die erste Anzeichen von Übergewicht aufweist. Er zeigt mir die Anlage vom Auto aus, ohne allzu vertraulich zu werden. Als ich ihn frage, wie es ihm in Saudi-Arabien gehe, im Vertrauen auf die Kameradschaft, die die gemeinsame europäische Herkunft eigentlich automatisch erzeugen müsste, antwortet er nur, »nicht schlecht« und dass die Arbeit interessant sei. Ich versuche es noch einmal, indem ich darauf hinweise, dass es »hier ja ein bisschen anders zugeht« als auf seiner grünen Insel. Er nickt. Ich komme wieder auf die berufliche Ebene zurück: »Es muss doch sehr viel komplizierter sein, hier Kühe zu halten, als in Irland.« »Ziemlich«, meint er lakonisch. Ich verstehe, dass er keine Lust hat, und beschränke mich auf Fragen zu seiner Firma, die er umfassend und detailreich beantwortet.

Die Kühe des *Almarai* sind in ein industrielles Produktions-system eingebunden. Die Ställe verfügen über Klimaanlagen, die Kühe werden im Achtstundenrhythmus dreimal täglich gemol-ken, was jeweils fünf bis sieben Minuten dauert, je nach Milch-menge. Die Tiere werden dabei hintereinander zur Melkanlage geführt. Während sie gemolken werden, analysieren hochmo-derne Apparate die Qualität der Milch, messen den Säuregehalt und stellen eventuelle Verunreinigungen fest. Andere Computer in einem abgetrennten Bereich des Betriebs kontrollieren und regulieren die Anteile der Nährstoffe im Futter. Alles ist rechner-gesteuert. Das Futter, bestehend aus einer Mischung von Heil-kräutern, Hafer, Mais und Weizen in einem genau festgelegten Verhältnis, soll sicherstellen, dass die Kuh ihre maximale Milch-leistung bringt. »Wir haben ständig zwanzigtausend Tonnen Futter auf Lager«, sagt der Ire. »Einen kleinen Teil stellen wir selbst her. Den Rest kaufen wir zu.«

Draußen ist es warm, aber nicht heiß. Es ist mitten im Winter, und das Thermometer zeigt fünfundzwanzig Grad. »Im Sommer ist es etwas schwieriger«, sagt John. »Die Temperaturen können die fünfzig Grad überschreiten. Auch die Kühe leiden, und ihre Milchproduktion sinkt.« Im Schnitt gibt jede Kuh übers Jahr verteilt pro Tag vierzig Liter Milch. Zusammen mit den anderen landwirtschaftlichen Betrieben in der Nachbarschaft, die alle für *Almarai* produzieren, gibt es insgesamt achtzigtausend Kühe, die mehr als drei Millionen Liter Milch am Tag geben. Das Werk, das daraus Trinkmilch, Käse und Joghurt herstellt, liegt einige Kilometer entfernt. Hier wird, in äußerst leistungsfähigen Anla-gen, die Milch filtriert, pasteurisiert und für den Verbrauch kon-fektioniert. Auch diese Anlage ist so groß, dass wir sie mit dem Auto abfahren. Draußen wartet eine Flotte von Lkws darauf, die Produkte nicht nur auf die heimischen Tische, sondern auch in die Golfstaaten zu bringen.

»Wir sind der größte milchverarbeitende Betrieb der Region, mit zwölftausend Angestellten«, sagt der Pressechef des Werks,

Majed Al Doyhi, stolz, ein Mann von knapp dreißig Jahren, mit ovalem Gesicht, einem gepflegten Kinnbart und leicht orientalischer Augenform. Während ich seinen Worten und den schwindelerregenden Produktionszahlen lausche, die er herunterbetet, betrachte ich die Maschinen, die Lkws, die Kühe, die in den Ställen nach Luft ringen. Mein Eindruck verstärkt sich, dass die Saudis sich verpflichtet fühlen, groß zu denken. Nichts anderes erklärt die Absurdität der Anwesenheit von Zehntausenden Kühen in dieser trockenen, lebensfeindlichen Umwelt, die so offensichtlich ungeeignet für derartige Unternehmungen ist.

Die Saudis wollen nicht nur groß sein. Sie wollen die Größten sein. Im Umkreis von zwanzig Kilometern gibt es drei rekordverdächtige Einrichtungen. Zwischen *Almarai* und *Al Safi*, die sich gegenseitig den Titel der größten Molkerei der Welt streitig machen, liegt noch die *Prince Sultan Air Base*, die mit ihren hundert Quadratkilometern Fläche die größte der Welt ist. Das ist dann wohl, denke ich mir, das eigentliche Wesen Saudi-Arabiens: das Land der Exzesse, in dem alles möglich ist, auch Kuhherden mitten in der Wüste.

Eine Tonne Futter aus einem Kubikmeter Wasser

Einige Dutzend Kilometer von den riesigen *Almarai*-Anlagen entfernt liegt an einer unbefestigten Straße ein nicht gekennzeichnetes kleines Stück Land. Ein schmaler Weg führt zu einem freien Platz, auf dem zwei Baracken stehen, umgeben von ein paar Gemüsefeldern und einem Schafstall. Einige Meter davon entfernt steht ein Container. »Das ist die Zukunft. Und nicht die Äcker im Ausland«, sagt Ingenieur Mofareh Aljahbli und zeigt auf die Metallkonstruktionen.

Er bittet mich in eine der beiden Baracken, die ihm als Büro dienen. Darin stehen ein Holztisch mit einem verstaubten, uralten Computer, ein abgenutztes Sofa und ein paar Sessel. Er bietet mir Tee an und erläutert dann, unterstützt von seinem ägyptischen Projektleiter, seine Hydrokulturen-Anlage. »Das System bringt eine tolle Leistung. Wir können eine Tonne Futter mit einem Kubikmeter Wasser produzieren, und das in knapp einer Woche. Wir haben letzten Januar begonnen und machen schon Profit.« Seine Goldesel sind die in einer Ecke seines Grundstücks aufgestellten Container. »Zuerst waren es zwei, dann vier. Jetzt haben wir acht. Und wir planen bereits, weitere anzuschaffen.«

Nachdem er mir eine Menge technischer Details erläutert hat, lädt er mich ein, die Anlage zu besichtigen. In den Containern stehen dicht an dicht kleine Plastiktöpfchen voller Samen. Dank Bewässerung und hoher Luftfeuchtigkeit in den Containern keimen die Samen in unglaublicher Geschwindigkeit. »Die Sprösslinge sind in einer Woche fertig.« Auf übereinanderliegenden Regalen sind die Töpfchen nach Datum einsortiert. Es gibt sieben Ebenen. Jeden Tag wandern sie ein Regal höher. Wenn die Töpfchen oben angekommen sind, wird ihr Inhalt entnommen. Es handelt sich um einen dichten Haufen Grünfutter. Der Ingenieur nimmt einige solche Häufchen Sprösslinge und bringt sie in einen der Ställe. Er legt sie in einen der Futtertröge. Die Schafe laufen herbei, stürzen sich darauf und vertilgen das Futter in kürzester Zeit. »Das ist sehr nährstoffreich«, sagt Mofareh vergnügt lächelnd, während er seinen zufriedenen Tieren beim Kauen zusieht.

Die Hydrokultur ist eine Anbauart, die ohne Erde auskommt. Die Samen wachsen dank der Bewässerung mit einer Lösung verschiedener, sehr nährstoffreicher Salze in Rekordgeschwindigkeit. Hinzu kommt, dass der Wasserbedarf dieser Kulturen im Schnitt nur ein Zwanzigstel von dem beträgt, den der Feldanbau benötigt. Diese Technik könnte also die optimale Lösung für ein Land sein, das so unter Wassermangel leidet wie Saudi-Arabien. Aber das Projekt kommt bislang nicht so recht in Gang. Aljahbli sagt, dies sei vorerst der einzige Betrieb dieser Art im ganzen Königreich. Er produziert zurzeit nur in bescheidenem Maßstab und verkauft bisher ausschließlich an die Viehzuchtbetriebe rund um Kharj. Die Regierung scheint nur mäßig an dem Projekt interessiert. »Der Landwirtschaftsminister war mal hier. Sagte, er sei begeistert. Aber dann habe ich nie mehr was von ihm gehört.«

Warum hat Saudi-Arabien diese Technik nicht längst in großem Maßstab eingeführt, die eine Ausweitung der Produktion ohne eine Steigerung des Wasserverbrauchs zuließe? Warum gelten alle Anstrengungen dem Ankauf von Ackerflächen im Ausland, was teurer und risikoreicher ist? Der Ingenieur hat eine Theorie, die den geringen Enthusiasmus des regierenden Königshauses erklären könnte. Ihm zufolge liege das an einem Interessenkonflikt, da »engste Verbindungen zwischen einigen Regierungsmitgliedern und dem größten Düngemittelhersteller Saudi-Arabiens bestehen, der Umsatz verlieren würde, wenn die Hydrokultur ausgeweitet werden würde«.

Vielleicht hat Aljahbli recht, und es ist nur eine alltägliche Geschichte von Korruption, von Briefumschlägen, die überreicht werden, oder von Gefälligkeiten, die sich mächtige Männer gegenseitig erweisen. Aber als ich Aljahblis rostigen Container anschaue, kommt mir ein anderer Gedanke. Die Hydrokultur hat einen Fehler: Sie macht zu wenig her. Sie hat nichts von dem, was die Regierung in Riad schätzt. Sie verblüfft nicht. Sie sendet kein Signal an die restliche Welt. Sie ist nicht überwältigend wie die Weizenfelder mitten in der Wüste, wie die Riesenbetriebe von *Al Safi* und *Almarai*, wie der Kingdom Tower in Riad, wie die riesigen, vielversprechenden Hightech-Agrarbetriebe, die die Saudis in Afrika aufbauen.

Leere Räume und Größenwahn: das scheint mir die Synthese von Saudi-Arabien zu sein. Zusammen mit nahezu unerschöpflichen finanziellen Mitteln. Also das Gegenteil von Hydrokultur. Mir kommt der Gedanke, dass das Land, wenn es seine Gigantomanie auslebt und mit der KAISAIA seine finanziellen Möglichkeiten wirklich ausschöpft, am Ende Millionen Hektar fruchtbaren Ackerlandes in Afrika besitzen wird.

3. GENF
Die Finanziers der bestellten Felder

Gebäude der FAO, Rom, 13. Oktober 2010. Es ist elf Uhr an einem regnerischen Vormittag. In der Eingangshalle des Gebäudes, das die UN-Organisation für Ernährung und Landwirtschaft beherbergt, sind die Tische des kleinen Cafés halbleer. Die Stände der verschiedenen Organisationen, die sich nur wenige Meter entfernt präsentieren, sind verwaist. Die den Delegierten zur Verfügung stehenden Computer mit Internetverbindung sind im Augenblick nichts weiter als eine endlose Reihe freier Stühle vor schwarzen Bildschirmen. Das wichtige Gipfeltreffen über die Ernährungssicherheit, das ich besuchen möchte, scheint nicht gerade ein Publikumsmagnet zu sein. Mein Journalisten-Ausweis trägt die Nummer sechs, obwohl ich ihn einen Tag nach dem Beginn des Treffens abgeholt habe.

Ich setze mich an den Tresen und bestelle einen Espresso. Der Barmann wirft die Maschine an. »Schlechter Tag?«, fragt er mich. Er scheint an meinem Gesichtsausdruck ablesen zu können, wie sehr mich die gespenstische Atmosphäre enttäuscht, die uns umgibt. Ich lächle ihm zu. Weder er noch ich haben eine Vorstellung davon, was fünf Minuten später passieren wird. Während ich den Espresso schlürfe, um mir die Zeit zu vertreiben, kommt eine Gruppe an, die sich deutlich von den üblichen Beamten in Anzug und Krawatte unterscheidet, die hier das Bild auf den Fluren bestimmen. Es sind ungefähr zwanzig, in landesüblicher Kleidung, Tücher um den Hals, mit roten und grünen Pullovern. Ich beobachte sie, während sie mit einer gewissen Aufgeregtheit etwas vorbereiten. Sie öffnen eine Tasche. Entnehmen ihr zwei Transparente. Sie stellen sich auf eine Seite der Halle und entrollen sie. Auf den Transparenten steht in schwarzer Schrift auf grünem Grund, auf Italienisch und Englisch: *Landraub führt zu Hungersnot. Lasst die kleinen Bauern die Welt ernähren.*

Aus der Gruppe treten zwei Männer und zwei Frauen vor. Sie stellen vier Stehpulte auf: eines für Afrika, eines für Südamerika, eines für Europa und eines für Asien. Sie treten hinter ihren jeweiligen Kontinent und stellen sich vor: »Ich bin Henry Saragih aus Indonesien.« »Ich bin Hortense Kinkodila aus dem Kongo.« »Ich bin Conceição Muora aus Brasilien.« »Ich bin Antonio Pozzi aus Italien.« Sie sind Vertreter von Landarbeiter- und Bauernvereinigungen ihrer Länder. Während sie sprechen, nähert sich von der hinteren Seite der Halle ein Mann in einem schwarzen Anzug mit Zigarre. Auf seinem Jackett sind mit Klebeband Zettel befestigt, auf denen handschriftlich steht: *Daewoo, Deutsche Bank, Morgan Stanley, Goldman Sachs.* Der elegante Mann hält ein Blatt in der Hand. Er gibt es ihnen. Es ist ein Leasingvertrag. Die vier schauen ihn feindselig an.

Dann ergreift einer nach dem anderen das Wort. Henry sagt: »In Indonesien ist Landraub nichts Neues, weil er schon während der Kolonialzeit praktiziert wurde. Aber jetzt drängen neue Institutionen wie die Weltbank und der Weltwährungsfonds die Regierungen dazu, zu ›privatisieren‹ und ›die Märkte zu öffnen‹. Das ist ein neuer Kolonialismus.« Hortense fügt hinzu: »Im Kongo schließt die Regierung mit Großunternehmen Verträge ab, ohne uns zu fragen. Die fruchtbarsten Anbauflächen werden an Agrokonzerne vergeben, die sie in Monokulturen mit Ölpalmen und Purgiernüssen verwandeln, für den Export nach Europa.« Conceição sagt: »Die Lebensweise der Bauern wird als primitiv bezeichnet. Mit den Monokulturen halten angeblich Modernität und Fortschritt Einzug auf dem Land. Aber in Wahrheit rauben diese Monokulturen den Bauern das Land, reduzieren die Artenvielfalt und verändern die gesamte Region.« Antonio ergänzt: »In Italien werden die Äcker in Industriegebiete und Wohnsiedlungen umgewandelt. Die Region Sabina bei Rom, ein landwirtschaftliches Gebiet, das für die Qualität seines Olivenöls bekannt ist, verwandelt sich gerade in einen Vorort der Hauptstadt. Die Olivenbäume werden durch Millionen Kubikmeter Beton ersetzt. Und die alten Bauern fragen sich: Und nun? Mit all dem Zement, von was werden wir leben?« Unter dem Applaus der anderen Aktivisten reißen sie dem schwarz gekleideten Mann die angeklebten Zettel ab. Das Ganze dauert vielleicht zehn Minuten.

Währenddessen füllt sich die große Halle nach und nach. Und als ob die unerwartete Performance die Delegierten aus ihrer Trägheit gerissen hätte, sind nun auch die Tische im Café nicht mehr verwaist. Einige Beamte sind stehen geblieben, um sich das Schauspiel anzuschauen, in einer Mischung aus Amüsement und Neugier. Die Angestellten an der Garderobe im hinteren Teil des Saals sind aus ihrer Ecke hervorgekommen, um besser sehen zu können. Arbeiter, die während der vorangegangenen allgemeinen Stille einen roten Teppich ausrollten, der zur Ankunft einer hochgestellten Persönlichkeit bereitliegen soll, unterbrechen ihre Arbeit und beäugen diese seltsame, heitere Schar mit einer gewissen Sympathie. Die Demonstranten schauen ins Publikum und skandieren ihre Losung: »Das Land gehört den Bauern!« Irgendjemand applaudiert.

Die kurze Performance, die die Tagung des Komitees für Ernährungssicherheit der Welt (*Committee on World Food Security* / CFS) belebte, vermittelt vielleicht etwas schematisch, aber wirkungsvoll eine Vorstellung davon, was Landraub ist.[46] Eine gigantische, weltweite Jagd, von der wir am Beispiel Äthiopiens gerade Verlauf und Auswirkungen gesehen haben, die aber weit über das Land am Horn von Afrika hinausgeht. Es ist ein weltweites Phänomen mit unübersichtlichen Verzweigungen und Erscheinungsformen, in das Gruppen und Institutionen verwickelt sind, die bis vor kurzem der Landwirtschaft und der Nutzung von Ackerland ziemlich fernstanden. Die Protagonisten sind nicht einfach Regierungen mit hoher Liquidität, sondern solche – wie die im vorhergehenden Kapitel behandelte saudische Regierung –, die sich um den Preisanstieg bei Grundnahrungsmitteln sorgen.

In den Wettlauf um Anbauflächen sind auch neue Protagonisten eingestiegen: Spekulationsfonds, multinationale Großunternehmen, Rentenfonds. Es sind also all jene Akteure im Rennen, die auf den Zetteln standen, die der Landräuber im Theaterstück auf seinem Jackett hatte. Die Anbauflächen sind – in der Sprache der Investoren – ein neues *Asset*, eine neue Kapitalanlage, um das eigene Portfolio noch weiter zu differenzieren und den Anlegern auf diese Weise weiterhin hohe Renditen zu garantieren.

Wie konnte es passieren, dass ein so greifbares und konkretes Gut wie Ackerland zu einem Finanzprodukt wurde, das seiner Natur nach flüchtig und nicht greifbar ist? Auch diese Entwicklung begann mit der Krise der Aktienmärkte, als Folge des Zusammenbruchs des Immobilienmarktes und verursacht durch die sogenannte Subprime-Krise im Sommer 2007. Nach dem Absturz der Kurse an der Wall Street und anderen Börsen rund um die Welt begannen verschiedene Akteure des Finanzsektors, neue gewinnbringende Anlagemöglichkeiten zu suchen. Sie begannen daher, in »sichere Güter« zu investieren, in sogenannte *commodities* (Waren und Rohstoffe), von Gold über Erdöl bis hin zu Grundnahrungsmitteln wie Mais oder Weizen.

Die dahinterstehende Überlegung ist einfach. Die Welt wird weiter essen. Die Weltbevölkerung wird noch geraume Zeit weiter wachsen. Die Nahrungsmittel werden knapper. Und sie werden deshalb immer wertvoller. Nach den Prognosen der FAO wird die Erdbevölkerung in den nächsten vierzig Jahren um vierunddreißig Prozent steigen. Um sie zu ernähren, müsste die Agrarproduktion um siebzig Prozent gesteigert werden.[47] Vom Standpunkt des Marktes aus – eine exponentiell steigende Nachfrage trifft auf ein Angebot, das die Nachfrage nicht befriedigen kann – scheint das Geschäft mehr als profitabel. Daher ist es ein fast schon überfälliger Schritt, von der Investition in *commodities* zur Investition in Ackerland überzugehen.

Die Folge der Spekulation mit Grundnahrungsmitteln – die nur kurzfristige Gewinne garantiert und die zudem den Kursschwankungen der Börse unterworfen ist – ist daher die Investition in landwirtschaftliche Anbauflächen. Gut gerüstete Gruppen haben den Kampf um den neuen Goldesel aufgenommen. Sie kaufen Beteiligungen an der agroindustriellen Nutzung von Ackerland in Brasilien, Argentinien und Indonesien. Die Investoren mit der höchsten Risikobereitschaft haben sich auf den afrikanischen Markt gestürzt, der zwar eine geringere Anlagesicherheit, aber dafür weitaus höhere Gewinnmargen bietet.

Manchmal arbeiten diese Fonds direkt vor Ort. Sie finden Manager, die für sie die Landnutzung organisieren, durch agroindustrielle Nahrungsmittelproduktion oder den Anbau von Pflanzen für die Produktion von Biotreibstoffen, die hauptsächlich für den Export bestimmt sind. Andere wiederum beschränken sich darauf, Anteile *(equities)* von zu diesem Zweck gegründeten Fonds *(Private Equity Funds)* zu kaufen, mit denen in spezialisierte Agrarkonzerne investiert wird.

Die Investitionen in Ackerland verzeichneten in den vergangenen drei Jahren spektakuläre Wachstumsraten. Den Daten der spanischen NGO *Grain* zufolge, die eine Website unterhält, auf der weltweit Leasingprojekte für Anbauflächen publiziert werden, sind von ausländischen Investitionsgruppen von 2007 bis 2010 mindestens fünfundvierzig Millionen Hektar Ackerland übernommen worden. Das entspricht einer Fläche, die nur wenig kleiner als Spanien ist.[48] Aber diese Daten sind wahrscheinlich unvollständig. Die entsprechenden Verträge werden in der Regel hinter verschlossenen Türen ausgehandelt, zwischen zwei oder mehreren Regierungen oder zwischen Regierungen und Unternehmen. Die Konditionen – der Pachtzins, die Leasingdauer, die verschiedenen anderen Klauseln – werden nur selten veröffentlicht. Die Bevölkerung der betroffenen Länder erfährt davon häufig nur indirekt, etwa wenn ausländische Zeitungen darüber berichten.

So war es beispielsweise mit dem Mega-Vertrag, den die Regierung von Madagaskar 2008 mit dem südkoreanischen *Daewoo-*Konzern abgeschlossen hatte.[49] Dieser sah vor, die Hälfte der kultivierbaren Ackerflächen des Landes für neunundneunzig Jahre an den Konzern zu verpachten, der dort Mais und Ölpalmen anbauen wollte. Laut Vertrag sollten die Anbauflächen gratis zur Verfügung gestellt und im Gegenzug neue Arbeitsplätze geschaffen und die Infrastruktur ausgebaut werden. Aufgedeckt von der *Financial Times*, rief dieser Vertrag öffentliche Proteste hervor, die innerhalb weniger Wochen zum Sturz der unpopulären Regierung von Marc Ravalomanana beitrugen.[50]

Der Fall Madagaskar ist ein Sonderfall, sowohl bezüglich des Vertragsumfangs, als auch bezüglich der politischen Konsequenzen, die er hatte. In vielen anderen Ländern gehen Verpachtungen von Anbauflächen geräuschlos über die Bühne, hinter mehr oder weniger verschlossenen Türen, zwischen Regierungen, die daran interessiert sind, an Devisen zu kommen, und Investoren, die sich entweder hohe Profite versprechen oder die Sicherheit, Nahrungsmittel importieren zu können.

(K)Eine Welt-Bank

Wurde diese neue Entwicklung – mangels eigener Investitionen der betroffenen Länder in den letzten zwanzig Jahren – zunächst noch als Wundermittel für die Landwirtschaft der Entwicklungsländer begrüßt, so erregt sie mittlerweile große Besorgnis sowohl in den Zivilgesellschaften der betroffenen Länder als auch bei den mit diesem Phänomen befassten internationalen Organisationen. Daher kommt in diesem verregneten Oktober 2010 der Jahresversammlung des CFS in Rom eine besondere Bedeutung zu.[51] Die Investitionen in Landwirtschaft und der »Landerwerb« – wie der Landraub diplomatisch umschrieben wird – stehen im Zentrum der Debatten.

Erschienen sind Vertreter der Regierungen. Erschienen sind die Experten der FAO und der Weltbank. Erschienen sind aber auch Vertreter der Bauernorganisationen aus aller Welt, die mit ihrer kurzen Performance deutlich gemacht haben, welche Position sie zu diesem Thema einnehmen. Diese Position wird mir ausführlicher von Henry Saragih erläutert, einem der vier zornigen Bauern. Ich spreche ihn am Ende ihrer Vorstellung an. Er ist zufrieden mit dem Auftritt und dem relativen Erfolg, den er beim Publikum hatte. Er lächelt, während er Lob und Zuspruch erhält und immer wieder umarmt wird. Unter den Aktivisten scheint er eine Art Führungsrolle einzunehmen.

Von der britischen Tageszeitung *The Guardian* wurde Saragih als eine der »Fünfzig Personen, die den Planeten retten können« gefeiert.[52] Dieser Mittvierziger aus Indonesien ist seit einigen Jahren der internationale Koordinator von *Via Campesina* (Der bäuerliche Weg). In der Organisation haben sich Bauern- und Landarbeiterbewegungen aus unterschiedlichen Teilen der Welt zusammengeschlossen. Henry kann auf eine Reihe harter Kämpfe zurückblicken. Seit mindestens fünfzehn Jahren steht sein Land im Fokus der multinationalen Konzerne, die dort enorme Landflächen zusammengekauft haben, um Palmöl für Biodiesel zu produzieren, hauptsächlich auf Sumatra und in der Region Kalimantan.[53] Seit Jahren kämpft er, der Besitzer eines landwirtschaftlichen Familienbetriebs von drei Hektar, mit den transnationalen Konzernen um Garantien für den künftigen Zugang der Bauern zu ihren Anbauflächen. Zusammen mit seinen indonesischen Kollegen von der *Peasant Union* (Bauern-Union) hat er Protestmärsche organisiert, Demonstrationen veranstaltet und Landbesetzungen initiiert. Er hat sich einen Namen gemacht unter den internationalen politischen Aktivisten rund um den Globus. Der *Guardian* schreibt, dass das Ergebnis seines Kampfes in den nächsten zwei Jahrzehnten darüber entscheiden werde, ob es in fünfzig Jahren noch unberührte Gebiete des Regenwaldes in Südostasien geben wird, und dass dieser Kampf mit hoher Wahrscheinlichkeit die politische Zukunft vieler Entwicklungsländer bestimmen werde.[54]

Mit seinem traditioneller indonesischer Kleidung entsprechenden schwarzen Zylinder, von dem er sich selten trennt, dem grünen Halstuch und dem Baumwollhemd reist Henry rund um die Welt, um die Stimme der Bauern auf den großen internationalen Gipfeltreffen zu Gehör zu bringen, an Sozialforen teilzunehmen und die unterschiedlichen Anforderungen in den Ländern kennenzulernen, die er als Koordinator von *Via Campesina* vertreten soll. Er hat einen distanzierten Blick, der aber lebendig wird, wenn er vor Publikum spricht. Sein kleiner Schnurrbart macht ihn auf Anhieb sehr sympathisch, auch wenn er bei näherem Kennenlernen ein wenig grob, fast abweisend wirkt. Auf Fragen erhält man knappe Antworten, ohne Umschweife, er kommt direkt zum Punkt.

Sein Anliegen ist heute, dass die Jagd auf Anbauflächen von großen internationalen Organisationen gefördert wird. »Dieser Landraub ist integraler Bestandteil eines agroindustriellen Modells, das von Institutionen wie der Weltbank, dem Weltwährungsfonds, der FAO und der Europäischen Union befürwortet wird. Auf der Grundlage einiger vage formulierter Prinzipien, wie das von der Weltbank propagierte ›verantwortungsbewusste Investieren in die Landwirtschaft‹, legitimieren diese Institutionen faktisch weitreichende Verletzungen der Rechte der Bauern.«

Saragih nennt damit den Kern des Problems. Angesichts des globalen Ausmaßes des Phänomens und angesichts der Tatsache, dass den Bauern vielerorts ihre Äcker genommen werden, haben es sich internationale Institutionen zur Aufgabe gemacht, dem Landerwerb eine moralisch-ethische Basis zu verleihen. Sie haben Verhaltensnormen entwickelt, Leitlinien formuliert, Prinzipien vereinbart. Aber alle diese Regeln sind aufgrund ihrer spezifischen Natur *unverbindlich*. Es sind Absichtserklärungen, die Investoren oder Regierungen befolgen können oder auch nicht.

»Das sind doch nur Täuschungsmanöver«, poltert Henry wütend. Für ihn sind die großen internationalen Institutionen nichts als Nebelmaschinen. Seine Analyse des Vorgehens der Weltbank ist schonungslos. Gegen sein Urteil ist keine Berufung möglich. »Diese Institution ist ein wesentlicher Bestandteil des Landraub-Systems. Ihre Finanzabteilung – die *International Finance Corporation* (Internationale Finanzgesellschaft / IFC) – fördert die Vertragsabschlüsse aktiv. Sie übt gezielten Druck auf Regierungen aus, die Land besitzen, um ein ›investitionsfreundliches Klima‹ zu schaffen. Und sie bietet für besonders risikoreiche Investitionen oft eine Garantie in Form einer Versicherung an.«[55] Die IFC hat tatsächlich auf einige Regierungen eingewirkt, investitionsfreundlichere Bedingungen zu schaffen, Beschränkungen aufzuheben und Steuererleichterungen sowie andere Investitionsanreize verschiedener Art anzubieten. Ihre Experten haben die Investitionsfördergesellschaften verschiedener Entwicklungsländer beraten. Teilweise haben sie auch die Gründung solcher Gesellschaften und die Formulierung der entsprechenden Regelwerke aktiv begleitet.

In der Zwischenzeit hat ein anderes Tochterunternehmen der Weltbank, die *Multilateral Investment Guarantee Agency* (Multilaterale Investitionsgarantie-Agentur / MIGA) die Übernahme von Garantien bei risikoreichen Investitionen übernommen. Das Modell ist nicht neu. Die Bank hat in den letzten Jahren Ähnliches bei der Planung und dem Bau großer afrikanischer Infrastrukturprojekte unternommen, wie etwa bei den in Lesotho und Uganda errichteten Staudämmen. Das Muster ist das gleiche wie bei öffentlich-privaten Partnerschaften, bei denen Privatfirmen mit Bau und Betrieb großer Anlagen oder mit der Verwaltung bisher öffentlicher Güter wie Wasser, Energie, Boden beauftragt werden.[56]

Diese Vorgehensweise basiert auf der Überzeugung, dass die Kräfte des Marktes Fortschritt erzeugen und dass daher der Markt so umfassend wie möglich von Restriktionen befreit werden muss. »Machen wir uns nichts vor. Die Weltbank vertritt die

Positionen des Nordens, sie ist gegen die Völker des Südens«, erklärt Saragih. Der Bauernführer macht auf einen großen Widerspruch aufmerksam: Auch wenn sie sich *Welt*-Bank nennt, so ist sie doch die am wenigsten für alle Kontinente repräsentative unter den internationalen Institutionen. Ihr Sitz ist Washington, ihr Präsident vereinbarungsgemäß immer ein Bürger der Vereinigten Staaten. Die Entscheidungen werden in Abstimmungen getroffen, in denen der Stimmenanteil jedes Mitglieds seinen der Bank zur Verfügung gestellten Einlagegeldern entspricht.

Statt ein echtes multilaterales Instrument zu sein, wird die Weltbank vielmehr oft als Rammbock benutzt, mit dessen Hilfe die reichen Länder die eigene Politik gegenüber den ärmeren Ländern durchsetzen. Nachdem viele Jahre lang die sogenannte Politik der Strukturanpassungen gefördert wurde, mit der man Regierungen auf der südlichen Halbkugel dazu nötigte, öffentliche Güter und Dienste zu privatisieren und sich dem Weltmarkt zu öffnen, hat die Institution nun eine neue »Strategie zur Reduzierung der Armut« entwickelt und dazu die *Poverty Reduction Strategy Papers* (Strategiepapiere zur Armutseindämmung / PRSP) veröffentlicht, programmatische Dokumente, in denen internationale Experten und beteiligte Regierungen mögliche Reformen zur Verringerung der Armut vorstellen.

Indem man die Öffentlichkeit in den Beratungsprozess miteinbezog, sollten die PRSP-Papiere einen klaren Schnitt mit der Vergangenheit darstellen. Aber letztlich unterscheidet sich die Herangehensweise nicht allzu sehr von früheren Maßnahmen, da die Weltbank nach wie vor für jeden Kredit und für jede Förderung eine Reihe von Bedingungen stellt, die am Ende dazu führen, dass immer Lösungen durchgesetzt werden, die den skandalösen Plänen zur Strukturanpassung ähneln, wenn auch weniger offen und einseitig. Laut Statut besteht die Aufgabe der Weltbank in der Reduzierung der Armut. Die Art und Weise, wie diese Mission bisher umgesetzt wurde, hat sich in der Vergangenheit – gelinde gesagt – häufig als verhängnisvoll herausgestellt.

Auch deshalb sind *Via Campesino* und andere Bauernvereinigungen der Weltbank gegenüber sehr feindselig eingestellt – und generell allen großen internationalen Organisationen gegenüber, die für sie nichts anderes als Instrumente des Großkapitals sind. »Die Weltbank ist Teil des Systems, das unsere Ressourcen zerstört. Auch ihre angeblichen ›Prinzipien für verantwortungsbewusste Investitionen‹ sind ein von oben dekretiertes Instrument, das ohne Beteiligung der Regierungen der armen Länder oder der Menschen, die von diesen Investitionen betroffen sind, ausgearbeitet wurde: den Bauern, den Ureinwohnern, den Fischern, den Hirten«, redet sich Saragih in Rage.

Ein Meisterwerk der (Wort-)Akrobatik

Und genau das ist der Kernpunkt der Auseinandersetzungen auf dieser Versammlung des Komitees für weltweite Ernährungssicherheit. Die großen internationalen Institutionen scheinen in Verlegenheit. Sie unterstützen Investitionen in die Landwirtschaft der Entwicklungsländer, können dabei aber die potenziell negativen Auswirkungen dieser Investitionen nicht ignorieren, die den Zugang zu den Anbauflächen, die regionalen Wasserreserven, die Umsiedlung von Dorfgemeinschaften und die Reduzierung der Artenvielfalt betreffen. Denn diese umfassenden Investitionen sind überwiegend dazu gedacht, Plantagen für agroindustrielle Monokulturen aufzubauen, deren Produkte exportiert werden sollen. Es ist daher paradoxerweise so, dass damit in vielen Fällen die Nahrungsmittelautarkie der Länder, die ihre Anbauflächen an Konzerne verpachten, grundlegend gefährdet wird.

Gefangen in solcherart Widersprüchen, haben die globalen Organisationen eine Strategie vorbehaltlicher Zustimmung entwickelt und erwecken daher häufig den Eindruck, nur nach Bemäntelungen zu suchen. In diesem Zusammenhang ist der von der Weltbank erstellte Bericht über die Verpachtung von Anbauflächen ein Meisterstück der (Wort-)Akrobatik.[57] Publiziert wurde er nach ausgedehnten Beratungen und wiederholtem Durchsickern von Informationen und ist so widersprüchlich, dass er sehr unterschiedlich und teilweise geradezu gegensätzlich verstanden wurde. Zum Zeitpunkt seiner Veröffentlichung meldeten einige Medien: »Die Weltbank billigt die Leasingabkommen«, andere sagten, dass sie sie verurteile, »weil sie den Zugang zu den Anbauflächen der Kleinbauern bedrohen.«[58]

Die Journalisten sind nicht etwa plötzlich verrückt geworden. Beide Interpretationen lassen sich aus dem Text herauslesen. Einerseits steht im Bericht tatsächlich, »die beträchtliche Größe der Gebiete, die davon betroffen sein könnten, und ihre Konzentration auf wenige Länder mit schwachen staatlichen Institutionen machen die Investitionen gefährlich«. Andererseits bekräftigt er, dass sich diese Gefahren in Chancen verwandeln könnten, falls die Investoren der Entwicklung der Landwirtschaft in kapitalarmen Entwicklungsländern neuen Schwung verleihen und zu einer höheren Produktivität der Kleinbauern beitragen würden.[59]

Die Weltbank hat mittlerweile zum Thema »Verantwortungsbewusste Investitionen in die Landwirtschaft« (*Responsible agricultural Investments* / RAI) einige Prinzipien entwickelt und zur Sprache gebracht, darunter die Notwendigkeit, die Nahrungsmittelsicherheit der betroffenen Staaten nicht zu gefährden, nachvollziehbare und transparente Verträge unter Einbeziehung der lokalen Gemeinschaften abzuschließen, die bestehenden Rechte des Zugangs zu den Anbauflächen zu respektieren und anzuerkennen, die oft auf Basis des Gewohnheitsrechts bewirtschaftet werden und für die es deshalb keine schriftlichen Verträge gibt.[60]

Diese Prinzipien des »verantwortungsbewussten Investierens in Landwirtschaft« sind der Joker der Funktionäre der Weltbank, den sie ziehen, um ihre Position zu verteidigen und sie konsequent erscheinen zu lassen. Investieren in die Landwirtschaft – ja, aber in verantwortungsbewusster Weise. Entwicklungshilfe für die Landwirtschaft – ja, aber zum Wohle aller. Agroindustrielle

Massenproduktion – ja, aber ohne das Zugangsrecht für die Anbauflächen einzuschränken oder Wasser und Artenvielfalt zu gefährden. Diese Forderungen sind vorbildlich, werden aber in der
Realität nicht allzu oft angewandt, wie mir – unter der Maßgabe
höchster Vertraulichkeit – ein Mitarbeiter der Weltbank am Rande einer anderen internationalen Großveranstaltung eingestand.
Er hat viele Jahre im Sektor der Nahrungsmittelsicherheit gearbeitet und gibt heute zu, darüber nicht mehr sehr glücklich zu
sein: »Was in diesen Papieren steht, sind nur schöne Worte. Die
Wahrheit ist, dass sie das Papier nicht wert sind, auf dem sie
stehen.«[61]

Dialog zwischen Schwerhörigen

Im dritten Obergeschoss des FAO-Gebäudes findet eine der am
besten besuchten Plenarsitzungen der Tagung statt. Ihr Thema
sind »Internationale Investitionen in die Landwirtschaft«. Die
Delegierten treffen sich in einem riesigen Saal. Unter ihnen sind
Botschafter, einige Landwirtschaftsminister der betroffenen Län-
der, Beamte der FAO und Mitglieder der Bauernorganisationen.
Die Sitzung beginnt mit einigen kurzen Präsentationen. Es sprechen Vertreter der UN-Organisationen, der Weltbank, von
Forschungszentren. Einige begleiten ihre Ausführungen mit
PowerPoint-Präsentationen, andere lesen einen vorformulierten
Text ab, wieder andere reden frei. Jeder verkündet seine Meinung,
ohne allzu sehr auf die Worte der Vorredner einzugehen. Die
Vertreter der FAO, des Internationalen Fonds für landwirtschaftliche Entwicklung (*International Fund for Agricultural Development*/IFAD) und der Weltbank präsentieren, mit bestenfalls
marginalen Unterschieden, die Position ihrer jeweiligen Organisation. Tenor: Investitionen sind nötig, aber sie müssen in verantwortungsbewusster Weise vorgenommen werden.
  Sie sagen alle das, was im Jargon der öffentlichen Institutionen

zu einer Art Mantra geworden ist: Wir müssen die Bedingungen dafür schaffen, damit aus der Landverpachtung eine Win-win-Situation entsteht, eine Situation, aus der alle Nutzen ziehen können. »Die staatlichen Einrichtungen müssen die Gebiete benennen, in denen vordringlich Investitionen in die Landwirtschaft getätigt werden sollen, damit die Bevölkerung den größten Nutzen daraus ziehen kann«, sagt ein hoher Funktionär der FAO. Die nächste Rede hält der Vertreter des Ostafrikanischen Bauernverbandes, der mit empörter Stimme »die Regierungen, die den Landraub durch die Konzerne begünstigen«, anklagt. »Denn es sind die Regierungen, die die optimalen Bedingungen dafür schaffen, dass private Akteure unser Land ausplündern können.« Die betroffenen Regierungen, deren Vertreter im Saal anwesend sind, wie etwa die Äthiopiens, antworten nicht.

Dann wird dem Publikum das Wort erteilt. Die Sitzung folgt dem bekannten Schema. In einer Reihenfolge, die offenbar vorher abgestimmt wurde, wechseln sich Vorträge von Vertretern der internationalen Organisationen mit denen von NGOs ab. Es scheint das zu sein, was man im Fußball ein Freundschaftsspiel nennt, so freundschaftlich, dass die Duellanten überhaupt nicht aufeinander eingehen. Sie erwähnen sich gegenseitig nicht einmal. Sie schauen sich kaum in die Augen. Jeder verschanzt sich hinter seiner Position.

Die Vertreter der Bauernorganisationen sprechen vom »Ausverkauf der Anbauflächen«, die Vertreter der Institutionen und Regierungen von notwendigen Investitionen in die darniederliegende Landwirtschaft. Erstere benutzen Ausdrücke wie »Raub«, »Neokolonialismus«, »Rechtsbrüche«. Letztere sprechen von »Gelegenheiten«, »Entwicklung« und »Produktivität«. Dabei stehen sich zwei entgegengesetzte Modelle gegenüber. Das erste – gefördert von den großen Institutionen – ist jenes, das auf die großen Agrokonzerne setzt, die – ihrer Eigendarstellung zufolge – allein in der Lage seien, mit einer Produktion in großem Maßstab der kaum über die Subsistenzwirtschaft hinausgehenden Landwirtschaft der Zielländer neuen Schwung zu verleihen. Das zweite Modell ist jenes der Bauernorganisationen, die Respekt vor dem Recht auf Grundbesitz verlangen und öffentliche Investitionen ohne Knebelverträge fordern.

Das sind nicht nur zwei unterschiedliche Entwicklungsmodelle, sondern zwei unterschiedliche Kulturmodelle. Das erste präsentiert die Welt als Ort, an dem man auf industrielle Weise Nahrungsmittel produzieren muss, um eine im Wachstum begriffene Weltbevölkerung zu ernähren. Das zweite verteidigt die Tradition des bäuerlichen Landlebens, die enge Beziehung zum eigenen Grund und Boden, das über Jahrhunderte tradierte Wissen der Bauern und lehnt das Modell der Großplantage mit Monokulturen ab, da es Anbauflächen ausschließlich unter Nutzungsaspekten bewertet.

Die eine Vision bezieht sich auf die Welt der Städte, deren Bevölkerung überproportional wächst und ernährt werden muss. Die zweite hat ihre Wurzeln im ländlichen Raum. Für die Unterstützer des ersten Modells sind die Unterstützer des zweiten anachronistische Wilde, die hartnäckig die reale Welt der Gegenwart ablehnen und dabei eine Traumwelt verteidigen, die längst nicht mehr existiert. Aus Sicht der zweiten Vision sind die Unterstützer der ersten Monster, gegen die es mit aller Kraft Widerstand zu leisten gilt und mit denen es sich nicht einmal zu diskutieren lohnt.

Die jeweiligen Vorstellungswelten sind nicht nur unterschiedlich, sie sind unvereinbar. Die Verteidiger der Investitionen um jeden Preis führen stolz die »grüne Revolution« an, die es in Asien vermocht habe, während der 1960er und 1970er Jahre überproportionale Wachstumsraten in der Landwirtschaft zu erzielen. Und zwar dank der Einführung neuer Agrartechnologien, von Hybridsaatgut über Düngemittel bis hin zu den großflächig eingesetzten Pestiziden. Die Bauernorganisationen entgegnen, dass diese »grüne Revolution« übermächtige agroindustrielle Konzerne hervorbrachte und gleichzeitig zu einer beispiellosen Selbst-

111

mordwelle in den bäuerlichen Regionen Indiens führte. Die Befürworter von Investitionen sind nachdrücklich für den Einsatz von genetisch verändertem Saatgut. Die Bauernvertreter halten es für so gefährlich wie einen Krebs, der ihre Äcker befällt.

Ein besonderer Berichterstatter

Für die schwierige Aufgabe, zwischen diesen unvereinbaren Positionen zu vermitteln, wurde ein belgischer Jura-Professor berufen, der offenbar kein großes Aufheben von sich macht. Klein von Gestalt, schütteres Haar, das auf beginnende Glatzenbildung schließen lässt, die Augen von einer runden Brille eingerahmt, erinnert Olivier De Schutter entfernt an Tim aus dem berühmten Comic *Tim und Struppi*. Von dem weltenbummelnden Reporter, den der Zeichner und Autor Hergé schuf, hat er die Gestalt, aber auch die Diskretion gemischt mit Scharfsinn, eine vorgetäuschte Zerstreutheit, die es ihm erlaubt, seine Argumentation kraftvoll und gelassen vorzutragen und auch dann gehört zu werden, wenn er leise spricht und alle anderen schreien.

De Schutter übernahm die Aufgabe als Sonderberichterstatter der Vereinten Nationen für das Recht auf Nahrung mitten in der Ernährungskrise von 2008. In den Fokus der weltweiten Aufmerksamkeit katapultiert in einem Moment, in dem man von nichts anderem als Preisexplosionen und Hungerdemonstrationen sprach, bewies er große Kompetenz. Vor jedem Forum, das sich ihm bot, prangerte er die Hauptursachen der Katastrophe an: die Subventionierung von Biokraftstoffen und die damit verbundenen Finanzspekulationen. In Bezug auf die Landverpachtungen äußerte er bei mehr als einer Gelegenheit große Bedenken, weshalb ihn die Bauernorganisationen sehr schätzen.

Auf dem Gipfel der CFS wird er von allen Seiten angegriffen. Er ist ein Befürworter des Dialogs und der Begegnung. Und in einem Kontext wie hier gerät er mit dieser Haltung offensichtlich in Schwierigkeiten. Während ich ihn in der Eingangshalle des FAO-Gebäudes interviewe, muss er das Gespräch zweimal unterbrechen, um auf Drängen seiner Mitarbeiter bei einem Forum Stellung zu nehmen, in dem über die Spekulation mit Nahrungsmitteln diskutiert wird. »Es ist ein sehr heikles Treffen«, entschuldigt er sich, bevor er geht. Wenig später schreibt er mir eine SMS und bittet mich, ihm meine weiteren Fragen per E-Mail zu übermitteln.

De Schutter ist nur selten in Löwen, der kleinen belgischen Universitätsstadt, in der er internationales Recht unterrichtet. Weitaus häufiger ist er in der weiten Welt unterwegs, auf Dienstreisen in Entwicklungsländern, oder er nimmt an Auswertungstreffen teil. Seine Rolle ist einmalig, denn seine Redefreiheit ist weitaus größer als die der Beamten der Vereinten Nationen. Seine Meinung ist die eines unabhängigen Experten, der berufen wurde, um eine bestimmte Funktion zu erfüllen. Er ist wirklich ein »besonderer Berichterstatter«. Sein Vorgänger, der Schweizer Bundesratsabgeordnete und Autor Jean Ziegler, ist durch seine bissigen Äußerungen bekannt geworden, etwa als er Biotreibstoffe mit Massenvernichtungswaffen verglich. De Schutter pflegt einen sachlicheren Stil. Er benutzt keine auf Effekte abzielenden Formulierungen. Deshalb ist er aber nicht weniger wirkungsvoll in seinen Ausführungen.

Er verfolgt generell einen akademischeren Ansatz in seiner Kritik, was den Umgang mit dem Problem des Hungers und der Unterernährung seitens der anderen UN-Organisationen betrifft. »Der Hunger wird von den internationalen Organisationen oft als ein Produktions- oder Verteilungsproblem behandelt. Daher befürwortet die FAO eine Steigerung der Produktion, und das *World Food Programme* (Welternährungsprogramm der UNO) verteilt Nahrung, wo sie am dringendsten benötigt wird. Egal ob die Probleme auf Versorgungsschwierigkeiten, Missernten oder Krisensituationen zurückzuführen sind. Ich hingegen glaube, dass die Hauptursachen für den Hunger die Diskriminierung und Verdrängung der ländlichen Bevölkerung ist. Darüber hinaus bin ich davon überzeugt, dass die Regierungen den Bedürfnissen der Menschen nicht genügend Beachtung schenken. Stattdessen leiten sie Maßnahmen in die Wege, die den Hunger eher noch verschlimmern, als ihn zu lindern.« Zu diesen Maßnahmen zählt er, das sagt De Schutter ganz offen, auch die wahllose Landverpachtung an internationale Investoren, die sich nur wenig für die Ernährungssicherheit der Regionen interessieren, in denen sie investieren.

Im Verlauf unseres in Etappen geführten Interviews zeichnet er ein umfassendes, in sich stimmiges und detailliertes Bild dieser komplexen Problematik und weist dabei auch auf die Widersprüche hin, welche die gerade laufende Debatte befeuern. »Nach den Schätzungen der FAO gibt es vierhundert Millionen Hektar verfügbare Anbauflächen, von denen zweihundertundzwei Millionen in der Subsahara-Region Afrikas liegen. Das Problem besteht darin, dass Anbauflächen als ›verfügbar‹ bezeichnet werden, wenn weniger als fünfundzwanzig Menschen pro Quadratkilometer dort leben. Diese Anbauflächen werden in der Realität häufig von Kleinbauern oder Wanderhirten genutzt, die in vielen Fällen keine Eigentumstitel auf dieses Land vorweisen können, auf das sie trotzdem für ihr Überleben angewiesen sind. Daher verfügen sie über keinerlei juristische Mittel, um gegen eventuelle Enteignungen vorzugehen. ›Verfügbare Anbaufläche‹ ist insofern ein sehr irreführender Begriff.«

»Also werden eigentlich in Nutzung befindliche Anbauflächen verpachtet?«, frage ich ihn.

»Jeder Fall muss in seinem spezifischen Kontext beurteilt werden. Zunächst einmal gilt es meines Erachtens nach unbedingt zu berücksichtigen, dass die gegenwärtige Situation in höchstem Maße paradox ist. Auf der einen Seite sehen wir das kontinuierliche demografische Wachstum und die immer kleiner werdenden Anbauflächen, die von den Kleinbauern bewirtschaftet werden. Auf der anderen Seite sollen zweihundert Millionen Hektar

Ackerland frei verfügbar sein. Wenn es tatsächlich verfügbare Anbauflächen gibt, stellt sich die Frage, wem sie vordringlich zur Verfügung gestellt werden sollen. Aber diese Frage ist zum Tabu geworden, eben wegen der enormen Investitionen seitens der Anleger. Statt die Anbauflächen an Kleinbauern auf der Basis einer entsprechenden Bodenreform zu vergeben, flankiert von gezielten Förderkrediten, die es ihnen ermöglichen würde, ihre Erträge zu steigern, bietet man die Flächen den Großinvestoren an. Diese erschweren dann den Zugang zu den Anbauflächen, aber auch zum Wasser. Und aus Kleinbauern werden so entweder Tagelöhner oder Wanderarbeiter, die dazu verurteilt sind, die Zahl der Armen in den Städten zu vergrößern.«

Mit diesem Standpunkt gesellt sich De Schutter zu den entschiedenen Kritikern der »Prinzipien verantwortungsbewusster Investitionen in die Landwirtschaft«, wie sie von der Weltbank propagiert werden. »Diese Prinzipien gehen von der Annahme aus, dass jede Regierung nur zwei Möglichkeiten habe: einen Investor zu unterstützen oder dies nicht zu tun. Tatsächlich ist die eigentliche Frage, besteht die eigentliche Wahl darin: Wollen wir kleine landwirtschaftliche Familienbetriebe fördern, ihnen Anbauflächen verbindlich zuteilen, Infrastruktur zur Verfügung stellen, Lagermöglichkeiten für die Ernten schaffen, oder wollen wir tatsächlich Großplantagen fördern? Das ist die entscheidende Frage. Aber man weicht ihr aus, weil für die kleinbäuerliche Lösung eine Landreform notwendig wäre. Diese würde wiederum die betroffenen Regierungen daran hindern, kurzfristige und unmittelbare Vorteile zu realisieren, die sie durch Verkauf oder Verpachtung der regionalen Anbauflächen an Großinvestoren wahrnehmen können. Aber diese kurzfristigen Vorteile sind langfristig gesehen möglicherweise kontraproduktiv, weil sie nur zu realisieren sind, wenn der Markt für Großinvestoren geöffnet wird.«

Auch De Schutter hat eine Liste mit Investitions-Prinzipien ausgearbeitet, die er dem Rat für Menschenrechte der Vereinten

Nationen vorlegte.[62] Seine Liste unterscheidet sich deutlich von jener der Weltbank. Sie geht nicht von dem Prinzip aus, dass Großinvestitionen in die Landwirtschaft von Natur aus eine gute Sache seien. Er legt im Gegenteil eine Reihe schlüssiger Bedingungen vor: Die Anbauflächen dürfen nicht ohne die Zustimmung der vor Ort ansässigen Gemeinschaften verpachtet werden; die Investitionen müssen auch der örtlichen Bevölkerung Vorteile bieten, sie müssen neue Arbeitsplätze schaffen (und nicht nur die alten vernichten), sie dürfen weder das Zugangsrecht zu den Anbauflächen einschränken noch die Ernährungssicherheit der betroffenen Staaten bedrohen. Ein bestimmter Anteil der Nahrungsmittelproduktion muss auf dem lokalen Markt verkauft werden. Dieser Anteil muss in vorher festgelegten Schritten steigerbar sein, wenn die Preise für Lebensmittel auf dem internationalen Markt ein bestimmtes Niveau überschreiten.

De Schutter kämpft darum, eine bestimmte Vorstellung der Entwicklung des ländlichen Raums durchzusetzen, die nicht allein auf Monokulturen und agroindustriellen Plantagen als Referenzgröße basiert. Er legt seine Berichte der Generalversammlung der Vereinten Nationen vor, nimmt an jedem Gipfeltreffen zur Ernährungssicherung teil, berät Regierungen und Beamte. Aber auch seine Liste stellt nur eine Reihe von Absichtserklärungen dar, die nichts und niemanden zu etwas verpflichten. In einem Moment von großer Klarheit benennt der Sonderberichterstatter auf dem Podium des Gipfeltreffens der FAO in Rom die grundlegende Schwäche der ganzen Veranstaltung: »Wir haben hier Regierungen, die Bauernorganisationen und die internationalen Einrichtungen. Aber ist auch jemand vom Finanzsektor im Raum? Falls ein solcher Investor anwesend sein sollte, möge er bitte die Hand heben.« Kein Arm reckt sich in die Höhe. Schweigen legt sich über den Saal. Die milliardenschweren Fonds und die Agrokonzerne treffen sich anderswo.

Die Verbindung zwischen der Wall Street und den Bauernhöfen

Die Investoren treffe ich schon einen knappen Monat später in Genf, anlässlich einer glanzvollen Konferenz mit dem Titel *Global AgInvesting Europe* (Weltweit in Landwirtschaft investieren – Europa).[63] Die US-Firma *Soyatech*, die spezialisiert ist auf Informations- und Kommunikationsdienstleistungen für die Lebensmittelindustrie, und die Beratungsgesellschaft *HighQuest Partners* organisieren diese zweitägige Veranstaltung für Geschäftsleute, Industrievertreter und Anlageverwalter, die daran interessiert sind, in den Sektor Landwirtschaft zu investieren.

Es ist eine sehr exklusive Veranstaltung. Die Eintrittskarte kostet knapp zweitausend Dollar, für gemeinnützige Vereinigungen knapp tausend Dollar. Nach langen und ermüdenden Verhandlungen mit dem Kommunikationschef von *Soyatech* via Telefon und E-Mail schicke ich ihm einige meiner Artikel, meinen Lebenslauf und Empfehlungsschreiben, die meine berufliche Seriosität bestätigen. Dann erst gelingt es mir, eine Pressekarte zu bekommen, die mir den kostenlosen Zugang nicht nur zu der Konferenz, sondern auch zu allen übrigen Rahmenveranstaltungen – Cocktailempfängen, Frühstück, Mittag- und Abendessen – ermöglicht.

Am frühen Morgen des Anreisetages komme ich im Hotel *InterContinental* an, einem Luxushotel am Rande der Schweizer Stadt, in dessen Konferenzsaal die Veranstaltung stattfindet. In der Bestätigungs-E-Mail ist als Kleidungsnorm bzw. Dresscode *business casual* vermerkt, eine Formulierung, die mir leicht widersprüchlich erscheint. Ich bin nicht sehr mit den Feinheiten des US-Konferenzlebens vertraut, daher ziehe ich es im Zweifel vor, mehr *business* als *casual* auszusehen. Ich wähle ein elegantes weißes Hemd, einen leichten Anzug aus schwarzem Wollstoff und eine Krawatte.

Kaum angekommen, muss ich erkennen, dass *business casual* übersetzt offenbar »kleidet euch, wie ihr wollt« bedeutet. Einige tragen Krawatte, andere Fliege. Die Übrigen nur ein langärmliges Hemd. Es gibt sogar einen Typen in Shorts, langärmeligem Polohemd und Turnschuhen. Mit meinem Outfit passe ich jedenfalls zu der am häufigsten vertretenen Kleidungsweise. Das gibt mir Hoffnung, nicht gleich als Journalist erkannt zu werden und in der Menge abtauchen zu können. Aber ich muss schnell einsehen, dass dieses Vorhaben sinnlos ist. Alle um mich herum haben eine Plastikkarte um den Hals hängen, die sie identifiziert und identifizierbar macht. Ich gehe zum Empfangstresen und bekomme meinen persönlichen Veranstaltungsausweis. Er ist auf amerikanische Weise gestaltet – der Vorname (»Stephano« [sic]) ist sehr groß geschrieben, sehr viel kleiner der Nachname und die Funktion. Den Unterschied macht die Farbe der Ausweise, wie ich jetzt erkenne. Blau für Referenten, grün für Sponsoren, lila für bezahlende Teilnehmer, schwarz für Organisatoren, und rot – das ich wie auch das kleine Häuflein anwesender Kollegen trage – für die Presse.

Der Ausweis ist wichtig. Man muss ihn immer sichtbar tragen. Weil er sagt, wer du bist. Bevor man dich anspricht, schaut jeder auf deinen Ausweis, damit er weiß, mit wem er es zu tun hat und wie viel Zeit sich für eine eventuelle Unterhaltung aufzuwenden lohnt. Hier sprechen tatsächlich alle mit allen. Die zwei Tage sind ein *networking event*, dazu geschaffen, sich kennenzulernen. Es gibt keine Schüchternheit, keine Zurückhaltung. Die Teilnehmer sind gekommen, um sich die Vorträge anzuhören, aber hauptsächlich, um Kontakte zu knüpfen, Geschäftsbeziehungen anzubahnen, Beziehungen zu beidseitigem Vorteil aufzubauen. Alle begrüßen sich mit Handschlag und überreichen sich bei der gegenseitigen Vorstellung mit einer schnellen und routinierten Bewegung ihre Visitenkarten.

Die Empfindung, zu einer geschlossenen Gesellschaft zu gehören, bestimmt das Leben der Teilnehmer gerade auf solchen Veranstaltungen, sie verhalten sich, als seien sie Gefährten, die das gleiche Abenteuer durchleben. Der Ausweis ist das Zeichen der Gruppenzugehörigkeit, der Schlüssel, um mit dem Unbekannten, der dir gegenübersteht, eine Unterhaltung zu beginnen. Denn in Wirklichkeit ist es gar kein Unbekannter, sondern ein Mitglied deiner eigenen Gemeinschaft, dem du zufälligerweise vorher noch nie begegnet bist.

Ich betrete den Konferenzsaal. Er ist voll, ungefähr dreihundert Personen. Auf der großen Leinwand hinter der Bühne prangt das Logo der Veranstaltung. Ein gerade abgeerntetes Weizenfeld, auf dem die runden Heuballen durch aufgerollte Bündel von Dollar- und Euroscheinen ersetzt wurden.[64] Die Botschaft ist klar und direkt: Diese Tagung wird euch helfen, landwirtschaftliche Produkte in klingende Münze zu verwandeln. Die Stimmung ist außerordentlich entspannt. Im Laufe von zehn Minuten habe ich schon alle meine Sitznachbarn kennengelernt.

Da ist der Amerikaner Drew, der für einen Hedgefonds mit Sitz in New York arbeitet und seit einigen Jahren in Irland lebt. Er ist gekommen – wie er mir erzählt, ohne weiter ins Detail zu gehen – »um Informationen für ein mögliches Geschäft zusammenzutragen, das ich in den nächsten Monaten abschließen möchte«. Da ist der Brasilianer Carlos, dem ein Investmentfonds in seinem Land gehört und der hier anwesend ist, um unter anderem »Partner zu suchen«. Da ist der Franzose Pierre, Manager einer Finanzgruppe aus den Vereinigten Arabischen Emiraten, die »bisher noch nicht in Anbauflächen investiert hat. Deshalb bin ich hier.« Im hinteren Bereich des Saales, etwas abseits, sitzt eine Gruppe russischer Geschäftsleute. Man erkennt sie an zwei Merkmalen: Das eine ist der trotz der frühen Stunde vorhandene Alkoholpegel. Das zweite ist ein Schwarm von Frauen, der mit ihnen gekommen ist, um jedes im Saal gesprochene Wort zu übersetzen. Auch, aber nicht nur, wegen der Sprachschwierigkeiten sind die Männer aus Russland sehr reserviert. Sie halten sich abseits. Sie beschränken sich darauf, die von ihnen benötigten

Informationen zu sammeln und nehmen höchstens noch gezielt an einigen Arbeitsgruppen teil.

Die Organisatoren der Tagung begrüßen die Teilnehmer mit einer kurzen Einführung. Ein kahler Mann mit dünner Stimme ergreift das Wort und setzt ein etwas künstliches Lächeln auf, während er sich zunächst »bei unseren europäischen Freunden« dafür entschuldigt, dass »wir auf amerikanische Weise schon um halb neun Uhr morgens beginnen«. Hunt Stookey, Vertreter von *HighQuest Partners*, entwirft in zwei Minuten ein ungefähres Bild dessen, was in den nächsten achtundvierzig Stunden besprochen werden soll:

»Liebe Freunde und Kollegen, willkommen in Genf zur ersten Konferenz von AgInvesting in Europa. Wir sind sehr geschmeichelt, dass unsere erste Veranstaltung außerhalb Nordamerikas auf so viel Interesse gestoßen ist. Nach zwei Jahren, in denen sie von den Titelseiten verschwunden waren, machen Nahrung und Landwirtschaft wieder Schlagzeilen. Die Auswirkungen der schlechten Weizenernte in Russland überschneiden sich mit der alles andere als zufriedenstellenden Maisernte in den Vereinigten Staaten. Für diejenigen unter uns, die sich täglich mit diesem Sektor beschäftigen, ist das keine Überraschung. Wir haben das erwartet, es war nur die Frage, wann, nicht ob überhaupt. Der globale Markt für Grundnahrungsmittel wird sich in der nächsten Zukunft auf eine Periode des Mangels einstellen müssen. Das demografische Wachstum, die Nachfrage nach tierischen Proteinen und den dafür nötigen Futtermitteln in den Entwicklungsländern sowie die Biotreibstoffe werden zu einem unaufhaltsamen Wachstum der Nachfrage führen. Eine schlechte Ernte reicht mittlerweile, um eine globale Krise herbeizuführen. Aus all diesen Gründen ist die Landwirtschaft heute ein mehr als vielversprechender Sektor für Ihre Investitionen. Wenn der Trend der letzten Zeit anhalten sollte, und wir sind sicher, dass das so sein wird, können wir sagen, dass Ackerland in den nächsten Jahren Dutzende, wenn nicht Hunderte von Milliarden Dollar an Investitionen auslösen wird. Unser Tagungsprogramm wird Ihnen dabei helfen, herauszufinden, welches die besten Anlagemöglichkeiten für Sie sind, und die dank der Erfahrungen von Personen, die bereits in diesen Sektor investiert haben, Fondsverwaltern, Managern und renommierten Wissenschaftlern, die sich seit Jahren mit den Entwicklungen auf dem Agrarmarkt beschäftigen.«

Das Tagungsprogramm sieht unterschiedliche Redebeiträge vor. Universitätsprofessoren werden erklären, warum die Welt nur einen Schritt vor dem Hungerkollaps steht und warum Anbauflächen das vielversprechendste neue Investitionsgut sind. Führende Fondsmanager werden ihren künftigen Anteilseignern gigantische Profite in Aussicht stellen. Das Pro und Kontra der Investitionen in Anbauflächen unterschiedlicher Regionen der Welt wird ausführlich behandelt samt Länderrisiken, Regelung der Eigentumsverhältnisse, Arbeitskosten.

Die Szene erscheint leicht surreal. Die Vortragenden sind fast alle Ex-Finanzhaie von der Wall Street, sogenannte *Golden Boys* und *Golden Girls*, die in einschlägigen Konzernen wie *Goldman Sachs* oder *Morgan Stanley* zusammengearbeitet haben, inzwischen selbständig sind und ihr Tätigkeitsfeld auf den Bereich der Agrarinvestitionen verlegt haben. Es sind Finanzleute, die sich jetzt über Ernteerträge, Pflug- und Saatmethoden sowie Bewässerungssysteme auslassen. Wie der Verantwortliche eines bedeutenden amerikanischen Hedgefonds betont, »wollen wir die Kluft überwinden, die zwischen der Wall Street und dem Feldweg zum Bauernhof liegt, weil man weder an der Wall Street noch in der City von London Weizen anbauen kann«. Um das Konzept zu verdeutlichen, illustriert er es den Teilnehmern mit einer PowerPoint-Präsentation, in der man erst das Börsenparkett der New Yorker Börse, des *New York Stock Exchange* sieht, dann einen Bauernhof irgendwo auf der Welt und schließlich einen Feldweg, der diese beiden Universen verbinden soll, die bisher kaum miteinander Berührung haben. »Wer sich auf das Abenteuer auf diesem Feldweg einlässt, wird großen Herausforderungen begegnen, aber auch bemerkenswerte Profite machen«, versichert der Mann. Unter dem Applaus der Menge beginnt die im Programm vorgesehene Pause, der *coffeebreak*.

»Wasser ist die neue Grenze«

Vor dem Hotel hat sich mittlerweile ein kleines Häuflein Demonstranten versammelt, um mit Spruchbändern und Schildern gegen die »Hungerverursacher des Planeten« zu protestieren. Es ist eine sehr schweizerische Demonstration: Die Teilnehmer haben sich ordentlich auf dem Bürgersteig aufgestellt, fast wie im Gänsemarsch. Sie sprechen nacheinander durch ein Megafon, in einer festgelegten Reihenfolge. Die Polizei schirmt den Eingang zum Tagungshotel ab, auch wenn das nicht wirklich notwendig wäre.

Die Demonstranten machen einen alles andere als angriffslustigen Eindruck. Ein Verantwortlicher von *Soyatech* beobachtet sie, während er draußen eine Zigarette raucht. Er betrachtet sie mit einer Mischung aus Verachtung und Mitleid. Dann kommt er zu mir. Er schaut auf meinen Tagungsausweis: »Du bist Journalist? Wie findest du die Demo?«

»Keine Ahnung. Wer sind die?«, lüge ich, obwohl ich den Aufruf zu diesem Sit-in im Internet gelesen hatte.

»Die sind von *farmlandgrab*, der Webseite von Aktivisten, die uns dauernd attackieren. Sie nennen uns ›Landräuber‹, Lakaien des Kapitalismus, aber machen sich nicht klar, dass sie es sind, die den Fortschritt behindern. Sie sagen, dass wir den Menschen die Anbauflächen rauben. In Wirklichkeit bringen wir ihnen Technologie, investieren in Sektoren, in die bisher niemand investierte, steigern die Produktivität. Das verstehen sie nicht. Sie wollen, dass alles so bleibt wie es ist, dass die Menschen weiter an Hunger sterben.« Die Win-win-Rhetorik wird auch hier bei dieser Tagung in Genf wie ein Mantra wiederholt.

Wenn es eine Sache gibt, die die hier versammelten Manager unbedingt vermeiden möchten, dann sind es Schlagzeilen in den Zeitungen, in denen sie beschuldigt werden, mit der Armut Geschäfte zu machen. Daher behaupten sie, dass ihre Investitionen dazu dienen, »die Welt zu ernähren«. Deshalb sprechen sie immer – nachdem sie im Detail über die zweistelligen Gewinne ihres Anlagefonds referiert haben – von »sozialer und ökologischer Verantwortung«. Deshalb wurde auch eine Podiumsdiskussion mit dem Titel »Wie kann man verantwortungsvoll in Landwirtschaft investieren?« ins Tagungsprogramm gehoben, zu der als Vortragende einige kritische Wissenschaftler eingeladen wurden, die die bisherigen »wilden« Investitionen in die Landwirtschaft der Entwicklungsländer kritisch beurteilen. »Diese Diskussion haben sie nicht zufällig an den Schluss gesetzt«, weist mich mein Nachbar Drew hin. »Natürlich mussten sie das Thema auf die Tagesordnung nehmen. Aber nur notgedrungen. Die Wahrheit ist, dass alle Teilnehmer, mich selbst eingeschlossen, nur aus einem Grund hier sind: um herauszufinden, wie man leicht Geld verdienen kann.«

Und um leicht Geld zu verdienen, muss man auf den Nahrungsmittelmangel setzen, wie ein Computer-Virus in das System eindringen und seine Schwächen für sich nutzen. Am Nachmittag ist wieder der schon bekannte Stookey am Rednerpult, um die aktuellen Schätzungen zur neuen Maisernte in den USA bekanntzugeben, die gerade vom dortigen Landwirtschaftsministerium veröffentlicht wurden. »Liebe Freunde und Kollegen, dieses Jahr wird die Ernte unterdurchschnittlich sein«, sagt er zufrieden, während ein befreiender Applaus losbricht. Die schlechte Ernte wird den Wert von Mais steigen lassen, und in einem Domino-Effekt auch alle anderen *commodities*, die Nahrungsmittel betreffen, und damit wachsende Profite für die verschiedenen im Saal anwesenden Investorengruppen generieren. Die Anleger, die versichern, dass sie die Welt ernähren wollen, freuen sich über Nahrungsmittelknappheit, weil diese ihren Profit erhöht.

Die Vorträge gehen weiter. Analysiert werden die Investitionsmöglichkeiten in die Landwirtschaft unterschiedlicher Weltregio-
nen: von Südamerika bis Osteuropa, von Russland bis Afrika.
Detailliert werden Investitionsmöglichkeiten innerhalb der Produktionskette erläutert: von einer direkten Beteiligung an der
Nutzung der Anbauflächen über die Beteiligung an Konzernen,
die sich in diesem Sektor engagieren, bis hin zur einfachen Anlage in *commodities*. Eine Liste mit Ländern wird vorgestellt, in
denen es risikoarm ist zu investieren, und eine andere mit Ländern, in denen eine Investition mit höherem Risiko verbunden
ist. Dazu zählen jene Staaten, die eine mehr oder weniger »linke«
Regierung aufweisen, wie Venezuela, Bolivien und Ecuador.

Dann betritt ein Mann die Bühne, um die fünfzig, blaue Jacke,
gestreiftes Hemd, graue, dichte Haare und aufgeweckter Blick.
Er beginnt seine Präsentation mit einer in feierlichem Ton vorgetragenen These: »Wasser ist die nächste Grenze.« Judson Hill
ist Vorstandsvorsitzender der Firma *NGP – Global Adaptation
Partners*, einer Investorengruppe, die in den letzten Jahren massiv
auf das »blaue Gold« gesetzt hat.[65] »Trinkwasser wird immer ra-
rer. Die Entwicklung der Agrarwirtschaft wird immer größere
Mengen davon erfordern. Daher sollten wir alle gezielt auf diesen Sektor setzen.« Hill räumt ein, dass ein Investor, der diese
Anlagemöglichkeit für sich ins Auge fasst, auf eine Vielzahl von
Schwierigkeiten stößt: Wasser ist eine lokale *commodity*, es ist
schwierig zu transportieren und »hat einen hohen emotionalen
Wert für die betroffenen Gemeinschaften«.

Im Publikum hebt sich ein Arm: »Erklären Sie uns doch, wie
wir mit Wasser Geld machen können.« »Das Trinkwasser ist ein
öffentliches Gut in vielen Teilen der Welt«, fährt Hill fort. »Aber
die Tendenz geht zur Privatisierung. Wem es gelingt, die Kontrolle über die Wasserreserven zu übernehmen, und dabei die Neigung
der Staaten nutzt, die Wasserversorgung der Bevölkerung an Privatunternehmen zu delegieren, wird spielend eine Menge Geld
machen.«

Rentner auf Landraub

In den letzten dreißig Jahren wurden einige Dutzend Milliarden Dollar aus dem eigentlichen Finanzsektor in die Landwirtschaft verlagert, sowohl im Bereich der *commodities* (Getreide, Mais, Reis, Soja) als auch im Bereich der direkten Beteiligung an Investmentfonds verschiedener Art, die sich mit der landwirtschaftlichen Produktion befassen.

An diesem »grünen« Goldrausch haben sich alle beteiligt: Großbankiers wie Lord Jacob Rothschild,[66] traditionelle Agrokonzerne wie *Cargill* und *Louis Dreyfus*,[67] aber auch Investmentbanken. Hinzu kommen Pensionsfonds der reichen Länder, die darauf bedacht sind, ihren Anteilseignern die notwendige Anlagesicherheit zu gewährleisten. Das heißt, dass sich – möglicherweise ohne sich dessen bewusst zu sein – der Ex-Arbeiter und der Ex-Landwirt über die Investitionen ihrer eigenen Pensionsfonds am Landraub beteiligen.

Die Pensionsfonds investieren nicht direkt, sondern bringen ihr Kapital in ad hoc gegründete Fondsgesellschaften ein, die als Vermittler fungieren oder direkt im Sektor engagiert sind. Ihr Sitz befindet sich zumeist auf einer Karibikinsel oder auf einem Eiland im Ärmelkanal, wo es keine allzu strenge Steuergesetzgebung gibt. Sie investieren in Anbauflächen rund um die Welt und nutzen dazu verschiedene Instrumente.[68] Da sind einmal Hedgefonds, die ohne *Leverage*-Limit operieren können, das heißt ohne jegliche Begrenzung bei Leerkäufen hinsichtlich der realen Verfügbarkeit ihrer finanzieller Mittel. Da sind zum anderen die *Private Equity Funds*, Fonds, die nicht börsennotiert sind und sich an Privatanleger wenden, ihnen eine mittelfristige Investition (drei bis vier Jahre) anbieten, die sie dann weiterreichen können, um den Gewinn einzustreichen. Schließlich gibt es noch die klassischen *Mutual Funds*, Gemeinschaftsfonds, in die kleine Sparer gemeinsam Kapital einzahlen, das dann entweder auf den Aktienmarkt gebracht oder in Anteile der Gesellschaft umgewandelt werden kann.

Die genannten Zahlen werden künftig exponentiell steigen. Das erklärt, warum der Konferenzsaal des Hotels so gut gefüllt ist und warum unter denen, die fast zweitausend Dollar für die Teilnahme bezahlt haben, auch Vertreter von Pensionsfonds sind. »Der Grund, warum wir diese Events organisieren, waren Aufforderungen verschiedener institutioneller Anleger, die zu uns gekommen sind, um sich von uns beraten zu lassen«, betont der unsägliche Stookey.

Einige dieser Gesellschaften, die als Vermittler auftreten und sich auf den Agrarsektor spezialisiert haben, können auf die direkte Unterstützung großer Institutionen wie der Weltbank zählen. So etwa *Altima Partners*, die mit Hilfe der *International Finance Corporation* (IFC) der Weltbank einen auf den Cayman-Inseln ansässigen Agrarfonds aufgelegt haben. Der private Ableger der Weltbank hat dabei fünfundsiebzig Millionen Dollar investiert, eine Summe, die zwölf Prozent des Gesamtkapitals des Fonds entspricht.[69] Das ist auch der Fall bei der in London ansässigen Firma *Chayton Capital*, die in die Landwirtschaft Sambias investiert. Auf dem Podium in Genf spricht der Gründer und Direktor, Neil Crowder, der vor seiner Selbständigkeit für *Goldman Sachs* arbeitete und mit einem gewissen Stolz von einem Vertrag berichtet, den er direkt mit der Regierung des afrikanischen Landes und der Weltbank abgeschlossen habe.

Als ich ihn nach seinem Vortrag anspreche, um ihn um zusätzliche Informationen zu bitten, erklärt er, dass die Weltbank durch ihre Versicherungsabteilung MIGA an dem Geschäft beteiligt ist, um »einen Teil der politischen Risiken des Investments abzudecken«. Neil Crowder gleicht einem englischen Lord: äußerst elegant, liebenswürdig und sehr umgänglich. Er pflegt allerdings auch einen Stil, der sich vom Großteil der Teilnehmer unterscheidet. Im Unterschied zu den US-amerikanischen Teilnehmern, die direkter sind und einem, kaum dass man auf sie zugeht, an den Teilnehmerausweis fassen, um zu sehen, wer man ist, wirft Neil nur einen sehr diskreten Blick darauf. Auf Fragen antwortet er immer überlegt und wägt jedes seiner Worte sorgfältig ab, auch wenn wir nur ein informelles Gespräch während der Kaffeepause führen. Seine Augen blicken rasch umher, was in einer gewissen Disharmonie zur Besonnenheit seiner Argumentation steht.

Während ich mit ihm spreche, habe ich das Gefühl, dass er versucht, mich zu ergründen, ohne es mich merken zu lassen. Aber vielleicht ist das auch nur die distanzierte britische Art, die in starkem Kontrast zum allgemeinen Verhalten hier steht, das mehr auf ein geselliges Zusammensein ausgelegt ist. Neil ist herzlich, aber distanziert, freundlich, aber nie offenherzig. Als ich ihn nach seinen Zielen frage, bezeichnet er sich als »nicht besonders aggressiven Investor« und bekennt, dass die Verbindung zur Weltbank entscheidend dafür gewesen sei, seine Gruppe zu der Investition in Sambia zu bewegen. »Ich weiß nicht, ob ich ohne diese Rückendeckung in das Geschäft eingestiegen wäre. Wir rechnen mit guten Renditen bereits zur Hälfte der Laufzeit«, ergänzt er, ohne Zahlen zu nennen.[70]

Die drei Ps: Profit, Planet, Population

Wer hingegen astronomische Profite verspricht, ist Susan Payne, Gründerin und Geschäftsführerin der Firma *Emergent Asset Management*, einer Gesellschaft, die ebenfalls in London sitzt und die mittels verschiedener *Privat Equity Funds* in den Erwerb und die landwirtschaftliche Nutzung von Anbauflächen in fünf Ländern im südlichen Afrika investiert hat und jetzt plant zu expandieren.[71] Susan hat eine magnetische Wirkung. Nicht besonders groß, um die fünfzig, mit kupferrotem Haar, hat sie einen Blick, der dich gefangen nimmt, fesselt und festhält, so dass du ihr zuhören musst. Als sie ihren Vortrag im Konferenzsaal des *Inter-*

Conti beginnt, herrscht auf einmal Totenstille. Alle starren sie an. Die Stifte, die gerade noch, wie im Fall meines Nachbarn, auf Blöcken herumkritzelten, bewegen sich nicht mehr. Die Mobiltelefone, auf denen andere fröhlich SMS verschickten, werden weggepackt. Selbst die Russen am Ende des Saals beginnen ihren Dolmetscherinnen zuzuhören. Payne beschreibt ihre Arbeit und definiert Anbauflächen als »eine der aufregendsten Investitionsmöglichkeiten in Afrika«. Sie erzählt von Renditen bis zu fünfundzwanzig Prozent, da, hebt sie mit ihrer festen, etwas dröhnenden Stimme hervor, »Afrika die neue Grenze ist. Die Anbauflächen kosten wenig, und mit den notwendigen Investitionen in Technologie kann man die Produktivität steigern, hervorragende Gewinne erzielen und der einheimischen Bevölkerung Nutzen bringen.«

Während sie Bilder von agroindustriellen Betrieben zeigt, die ihre Gesellschaft in Sambia aufgebaut hat, rattert sie Zahlen und Fakten herunter: »Sechzig Prozent der nicht genutzten Anbauflächen weltweit befinden sich in Afrika. Afrika ist dazu bestimmt, zu wachsen. Und wir müssen an diesem Wachstum teilhaben.« Susan betrachtet sich als Pionierin. Sie gibt sich selbst überzeugt von ihrer Mission und kann auch äußerst überzeugend sein. »In vierundzwanzig Jahren, die ich jetzt in der Finanzbranche arbeite, ist das die aufregendste, nützlichste und faszinierendste Investitionsmöglichkeit, mit der ich geschäftlich je zu tun hatte«, sagt sie, während ich mich mit ihr, zusammen mit dem Kollegen vom Österreichischen Rundfunk, Christian Brüser, in einem für die Presse reservierten Raum unterhalte. Payne liebt es, über das, was sie tut, zu sprechen.

Unsere Unterhaltung, die sie mit einem »nicht mehr als zehn Minuten, ich möchte noch die anderen Vorträge hören« begann, dauert dann fast eine Stunde. Während sie wie ein Wasserfall redet, beschreibt sie ihre vielen Reisen nach Sambia, ihre Begegnungen mit Managern und der einheimischen Bevölkerung, den Expeditionen, die sie für interessierte Investoren ihres Fonds organisiert, denn diese »müssen das Produkt, in das sie investieren wollen, mit der Hand berühren«.

Susan Payne spricht von Dominoeffekten, von integrierten Systemen, von Technologie, die nach Sambia importiert werden muss. Auch sie benutzt mehrfach die Formulierung Win-win-Situation. Sie fühlt sich zu einem höheren Ziel berufen: die grüne Revolution in Afrika in die Tat umzusetzen, durch die richtigen Investitionen die Produktivität der Anbauflächen zu steigern und dazu beizutragen, die Länder, in denen sie investiert, mit Nahrungsmitteln zu versorgen. Sie glaubt fest an das, was sie tut. Neben ihrer Tätigkeit als Finanzmanagerin beteiligt sie sich an verschiedenen afrikanischen Mikrokredit-Projekten und gehört zu den Gründerinnen einer NGO, die die medizinischen Kenntnisse auf dem afrikanischen Kontinent durch den Einsatz von Multimedia-Technik verbessern will. Sie verliert keine Zeit mit Smalltalk. Sie scheint tatsächlich davon bewegt, wenn sie von den Orten erzählt, an denen sie investiert. »Es ist nicht einfach, in eine Region zu gehen, die extrem arm ist. Das Ausmaß der Armut ist schwer zu glauben, wenn du sie nicht mit deinen eigenen Augen gesehen hast.«

Ich wende ein, dass es gerade diese Armut ist, die es ihr ermöglicht, Anbauflächen zu lächerlich niedrigen Preisen zu bekommen. »Das Ackerland kostet wenig, aber unsere Verträge sind nicht ausbeuterisch. In Sambia bezahlen wir zwischen achthundert und tausend Dollar pro Hektar und Jahr, während wir in Argentinien fünftausend und in Deutschland vierundzwanzigtausend bezahlen müssten. Wir bezahlen wenig, aber nicht äußerst wenig. Und dazu investieren wir noch, schaffen Arbeitsplätze und erhöhen die Ernährungssouveränität der Orte, an denen wir tätig sind.«

Susan ist unerschütterlich. Sie lässt nicht mal einen Hauch von Irritation erkennen, selbst bei den provokantesten Fragen. Sie antwortet Punkt für Punkt und schaut dir direkt in die Augen, wie ein Jäger, der seine Beute durch das Zielfernrohr seines Gewehrs fixiert. Der stärkste Teil ihres Vortrags, den sie bei mehreren Gelegenheiten wiederholt, ist der folgende: Der Agrarfonds von *Emergent Asset Management* ist nicht nur ein Finanzinstrument. Er kontrolliert sämtliche Produktionsschritte von Anfang bis Ende – von der Auswahl der Anbauflächen über den Abschluss von Verträgen mit Regierungen bis hin zur Organisation der Ernte. »Wir haben ein integriertes System auf die Beine gestellt. Wir sind direkt ins Geschäft involviert.« Fünfundachtzig Prozent der Produktion ihrer landwirtschaftlichen Betriebe sind für den nationalen Markt bestimmt, das schützt sie vor der Anschuldigung, Ressourcen zu plündern.

Ihre Verbindungen zu den Regierungen seien ausgezeichnet, versichert sie. Sie erzählt von den neuntausend Hektar, die sie in Simbabwe bekommen hat, einem der Länder, in denen es am wenigsten ratsam ist, als Weiße, noch dazu als Britin, Geschäfte zu machen. Denn dessen Präsident Robert Mugabe neigt seit dem Jahr 2000 dazu, Großgrundbesitz, der sich in der Hand früherer weißer Kolonialherren befand, zu verstaatlichen. Payne fügt offen hinzu, dass sie »sehr fähige Manager vor Ort« hat, mit »sehr guten Beziehungen zur Regierung«.

Als ehemalige Führungskraft von *Goldman Sachs International* ist Susan Payne eine Vorreiterin des »verantwortungsbewussten Investierens«, die deshalb auch von der Weltbank in den Ausschuss berufen wurde, der die berühmten RAI-Prinzipien verfasste. Für einen Moment ist sie wieder ganz die pragmatische Finanzfachfrau und betont, dass verantwortungsbewusstes Investieren nicht nur unter moralischen Gesichtspunkten erstrebenswert sei, sondern auch unter wirtschaftlichen: »Man kann nicht in einem feindlichen Umfeld arbeiten. Früher oder später begehren die Menschen gegen dich auf.« Ihre Philosophie umfasst die drei Ps: Profit, Planet, Population. Profite machen, dem Planeten Gutes tun, auf der Seite der Menschen stehen. Sie versucht daher, mich davon zu überzeugen, dass diese drei Punkte sich nicht widersprechen. Dass man astronomische Gewinne machen kann bei gleichzeitiger Berücksichtigung ökologischer Belange und Unterstützung der örtlichen Bevölkerung.

Susan scheint ehrlich zu sein. Während sie spricht, beginnen ihre großen braunen Augen zu leuchten. Ihr Vortrag ist gespickt mit Hinweisen auf die Zukunft, ihre Rhetorik voll mit Formulierungen wie »unser Abenteuer«, »die neue Grenze«, »das große weite Land vor uns«. Sie fühlt sich wahrscheinlich wie eine Siedlerin des 21. Jahrhunderts, die unberührte Landschaften voller Möglichkeiten durchstreift. Mit einem Unterschied im Vergleich zu den Pionieren des großen amerikanischen Westens des neunzehnten Jahrhunderts: Sie weiß, dass bei diesem Abenteuer die Augen der Welt auf sie und ihre Gefährten gerichtet sind. Sie weiß, dass die Landflächen vielleicht unberührt, aber nicht unbewohnt sind. Und sie ist sich bewusst, dass sie, um heute ein Projekt dieser Größenordnung voranzubringen, den Eindruck absoluter Transparenz vermitteln muss. Sie antwortet daher ohne Vorbehalt auf die Fragen nach den Auswirkungen auf die betroffene Region, nach möglichen negativen Effekten, und geht auch auf die Zweifel ein, die von NGOs bezüglich der Welle von Investitionen in die agroindustrielle Landwirtschaft in Entwicklungsländern formuliert wurden.

»Man muss jeden Fall gesondert betrachten. Wir produzieren überwiegend für den lokalen Markt und schenken der sozialen Verantwortung des Unternehmens große Aufmerksamkeit.« Ich frage sie, was sie über die Unternehmen denkt, die Anbauflächen für einen Dollar pro Hektar und Jahr pachten und nur für den Export arbeiten. Sie antwortet, dass sie nur über das sprechen kann, was ihre Gruppe macht, aber nicht über das, was andere machen. Sie lädt mich ein, die Betriebe im südlichen Afrika zu besuchen, die ihre Gruppe direkt betreibt. »Machen Sie sich selbst ein Bild von dem, was wir auf die Beine gestellt haben«, fordert sie mich am Ende der Unterhaltung mit einem Lächeln auf, bevor sie mir die Hand gibt und wieder in den Konferenzsaal geht.

»Hoffentlich geht das nicht schief«

Susan Payne ist der Inbegriff des Finanzmanagers, der sich auf Landwirtschaft verlegt hat: modern, überzeugend und vor allem voller guter Absichten. Viele Teilnehmer der Tagung verwenden dieselben Worte wie sie. Die am häufigsten benutzte Formulierung im Konferenzsaal ist: »Wir sind keine NGO, aber wir wollen zur Zukunft des Planeten beitragen.« Alle versichern, das Allgemeinwohl im Blick zu haben und nicht nur den eigenen Vorteil. Während ein Redebeitrag dem nächsten folgt, fühle ich mich etwas aus dem Konzept gebracht. Ich hatte erwartet, gierige Finanzhaie ohne Sinn für ökologische Belange zu treffen, gleichgültig gegenüber den landlosen Bauern, gefühllos gegenüber den Familien, die es nicht mehr schaffen, über die Runden zu kommen. Stattdessen befinde ich mich in einer Versammlung, in der jedes Mal, wenn von Geld die Rede ist, in Klammern Formulierungen wie »das Wohl der Welt«, »die soziale Verantwortung«, »die Ernährungssicherheit« und so weiter angehängt werden. Alles scheint darauf ausgerichtet, einen politisch und ökologisch korrekten Eindruck zu vermitteln. Sogar der Medienbeauftragte schickt mir und den drei anderen akkreditierten Journalisten per E-Mail die Lebensläufe der Teilnehmer im Digitalformat mit dem Hinweis: »Um die Umwelt zu schonen, ist dieses Material nicht in der Pressemappe enthalten.«

Dieser dichte Schleier, gewebt aus guten Absichten, zerreißt nur in kurzen Momenten der Wahrheit, in zufälligen Gesprächen auf den Gängen, am Rande der Vorträge. So wie bei Mikael, einem Schweizer aus Zürich, den ich auf der Cocktailparty am Ende des ersten Konferenztages kennenlerne. Dieser kräftige Mittdreißiger sitzt etwas abseits von den Tischen mit den Häppchen – Garnelen, Lachs und andere Köstlichkeiten – und trinkt ein Bier. Ich gehe zu ihm. Wir stellen uns vor. Er erzählt mir, dass er Manager eines *family office* ist, dass er zusammen mit seinem

Bruder das Vermögen einer reichen Familie verwaltet. »Einen großen Teil des Kapitals haben wir in einen Agrarbetrieb in Mosambik gesteckt. Wir werden einiges für den lokalen Markt produzieren, aber wir setzen hauptsächlich auf Biotreibstoffe. Unser Leasingvertrag läuft fünfundzwanzig Jahre.« Mikael berichtet, die Anbauflächen zu einem symbolischen Pachtzins erhalten zu haben, den er nicht genauer beziffern will, und beschränkt sich darauf hinzuzufügen, dass er »wirklich symbolisch« sei.

Während wir gedämpfte Krabben essen und einen exzellenten Weißwein trinken, erzählt er mir von den Machbarkeitsstudien, die sie zusammen mit einem südafrikanischen Geschäftspartner erstellt haben, er beschreibt die technischen Gerätschaften, die sie mitbringen mussten, und erzählt samt einiger Details von den Verhandlungen mit der Regierung in Maputo. »Sie haben uns Steuervergünstigungen gewährt. Sie haben wirklich alles getan, um es uns so angenehm wie möglich zu machen.«

Nach dem vierten Glas schwindet Mikaels Zurückhaltung. Er erzählt von einer Reise in die Region, »blühend und üppig, wie ein Paradies auf Erden«. Auch er fügt in Klammern etwas hinzu, aber diesmal über »die außergewöhnliche Schönheit der Frauen dort«. Dann schaut er mir in die Augen und sagt: »Das Ganze ging schnell, vielleicht zu schnell. Offen gestanden verstehe ich überhaupt nicht, was sie davon haben. Ich möchte mir nicht vorstellen, dass sie noch ganz andere Ziele verfolgen und sie uns, nachdem wir investiert haben, eines Tages alles wegnehmen und nach Hause schicken.« Dann lächelt er, vertilgt eine weitere Garnele und sagt, während ich weitertrinke und schon anfange doppelt zu sehen: »So weit, so gut. Das Geschäft ist auch riskant. Ich hoffe, dass das nicht schiefgeht.«

Die Schilderung Mikaels vermittelt mir einen Eindruck von den Absichten der Teilnehmer, von dem, was letztlich alle verbindet, die hierher gekommen sind. Aber sie liefert keine angemessene und nachvollziehbare Erklärung für jenen offensichtlichen Widerspruch, der mich während der gesamten Tagung beschäftigt: Wie ist es möglich zu behaupten, dass man Reichtümer anhäufen kann, ohne dass sie jemandem weggenommen werden? Wie ist es möglich, dass bei diesem Landwirtschafts-Monopoly alle gewinnen und es keine Verlierer gibt? Wie kann man Profite von fünfundzwanzig Prozent pro Jahr generieren, für den lokalen Markt produzieren und Arbeitsplätze schaffen, ohne dass jemand dabei geschädigt wird?

Die Einstimmigkeit der Vortragenden überzeugt mich am Ende fast. Die so deutlich zur Schau gestellten guten Absichten können keine bloße Heuchelei sein. Hier wollen zwar alle Geld verdienen, aber das wollen sie offenbar, ohne Ungleichgewichte zu schaffen, ohne die Rechte von irgendjemandem zu verletzen. Mikael, der sich fragt, wo die wahren Vorteile für die mosambikanische Regierung liegen, sagt, dass er besorgt sei über »die Arbeitsbedingungen der Einheimischen«, denen er »überdurchschnittliche Löhne und eine Krankenversicherung« bietet. Auch als der Alkohol ihm die Zunge löst, fährt er fort, von Entwicklung zu sprechen, unabhängig vom Gewinn. Ich habe, alles in allem, nicht den Eindruck, an einem Treffen skrupelloser Neokolonialisten teilzunehmen, die die hochwertigen Anbauflächen der südlichen Halbkugel unter sich aufteilen.

Sicher, die großen Landräuber sind gar nicht präsent. In Genf treffen sich Gruppen mit relativ überschaubaren finanziellen Mitteln, die jeweils die Bewirtschaftung von einigen tausend Hektar Ackerland übernommen haben. Es fehlen die großen multinationalen Konzerne aus Indien und Südkorea, die in Äthiopien und

134

Madagaskar investieren, sowie die Verantwortlichen der arabischen Staatsfonds, die Anbauflächen in der Größenordnung von hunderttausend Hektar pachten. Hier treffen sich kleine und mittlere Fonds, die über ihre Erfahrungen berichten und ihre Produkte vor einem Auditorium Gleichgesinnter bewerben: Kleine und mittlere Investorengruppen, die sich überlegen, in die Landwirtschaft zu investieren oder das schon in kleinem Maßstab getan haben.

Aber dann, als ich über mein Gefühl der Verwirrung nachdenke, wird mir klar, dass der Kern des Problems anderswo liegt: Böse Kapitalisten, die Anbauflächen rauben und absichtlich die Einwohner vertreiben, gibt es gar nicht. Die Investoren sind anständige Menschen, die zum größten Teil tatsächlich glauben, dass ihr Geld einen positiven Kreislauf in Gang setzt, ein Spiel, bei dem alle nur gewinnen können. Die Frage stellt sich anders, denn niemand will dem anderen etwas aufzwingen. Es handelt sich einfach um das Aufeinandertreffen unterschiedlicher Konzeptionen von Anbauflächen und Entwicklung.

Auch die anwesenden kleineren und mittleren Investorengruppen haben ein präzises Modell vor Augen, eben jenes, das Henry Saragih bei der Vollversammlung der FAO so hervorragend analysierte. Es handelt sich um das Modell des Großflächenanbaus, bei dem der Eigentümer versucht, so viel wie möglich zu produzieren und den maximalen Nutzen aus dem Boden zu ziehen. Es ist das von der Weltbank und den großen internationalen Institutionen geförderte Modell. Dieses Modell und das der Kleinbauern, die in kleinem Maßstab produzieren, sind einfach nicht kompatibel. Sie sind gegensätzlich, sowohl vom praktischen wie vom menschlichen Standpunkt aus. Und das ist der echte Widerspruch, der nicht nur die Konferenz von Genf und die der FAO in Rom prägt, sondern die gesamte aktuelle Debatte über den Landraub.

Das Dilemma – Kleinbauern gegen Agroindustrie – hebelt die Prinzipien des »verantwortlichen Investierens« aus und macht sie sinnlos. Es definiert die realen Fronten der Landraub-Diskussion und zwingt zu einer ebenso brutalen wie klaren Entscheidung: wir oder sie. Darauf macht auch der Manager eines südamerikanischen Investmentfonds in seinem brillanten Redebeitrag aufmerksam: »Wir sollten nicht um den heißen Brei herumreden. Die agroindustriellen Großbetriebe nehmen den Kleinbauern Äcker, Wasser und Märkte weg. Wir werden unsere Produkte zu niedrigeren Preisen verkaufen und damit die bäuerlichen Familienbetriebe unterbieten. Es müssen Entscheidungen getroffen werden, die auch politischer Natur sind. Ich glaube, dass die Welt vor allem eine Landwirtschaft braucht, die effektiv ist und in großem Maßstab produziert. Aber es ist ganz einfach nicht möglich, dieses Modell voranzutreiben, ohne dass jemand dabei verliert.«

Die politischen Entscheidungen sind die, die eben jetzt getroffen werden. Jene, die Investitionen von Privatanlegern und Finanzkonzernen den Vorzug geben und so die Kleinbauern verdrängen, wie es Olivier De Schutter unaufhörlich beklagt. Nach diesen Überlegungen kann ich die Tagung in Genf besser einordnen. Es handelt sich um eine weitere Episode jener weltweiten Entwicklung, in der das landwirtschaftliche Gleichgewicht verschoben wird. Über einen längeren Zeitraum betrachtet, handelt es sich um eine Wiederauflage des traditionellen Konflikts zwischen Stadt und Land: Denn auch die ärmeren städtischen Schichten befürworten häufig Großinvestitionen in die Landwirtschaft, weil sie auf sinkende Preise für Agrarprodukte auf den lokalen Märkten hoffen, die ihre Kaufkraft erhöhen.

Aber die Folgen dieses kurzfristig willkommenen Effekts könnten für alle verheerend sein, weil die enteigneten Bauern in die Städte strömen werden, um sich dort als billige Arbeitskräfte anzubieten, und damit den Armen in der Stadt Konkurrenz machen. Statt eine Win-win-Situation zu schaffen, hinterlässt die »grüne Revolution«, die in Afrika und anderswo vorangebracht werden soll, eine lange Liste von Verlierern. Dies hat man möglicherweise nicht genau bedacht, weder aufseiten der Investoren im Hotel *InterContinental*, die alles in allem nur ihre Arbeit machen, noch in den Büros der großen internationalen Organisationen, deren offizieller Auftrag die »Reduzierung der Armut« ist.

4. CHICAGO
■ Die Hunger-Börse

Die Außenwände sind weiß, glatt, mit scharf konturierten Außenkanten. Als Eingang dient eine Drehtür, die in eine dämmrige Vorhalle führt. Die dunklen Korridore erscheinen durch die künstliche, warme, fast unnatürliche Beleuchtung noch trüber. Der Wolkenkratzer der Börse von Chicago (*Chicago Board of Trade*, CBOT) macht den Eindruck einer uneinnehmbaren Festung. Beeindruckend und majestätisch und so weit dem Himmel entgegengereckt, dass das Gebäude mit seinen knapp zweihundert Metern Höhe bis 1965 die Liste der höchsten Gebäude der Stadt anführte. Es gleicht einer modernen Burg.

An der Außenseite fehlt jeder Hinweis auf den Bestimmungszweck des Gebäudes, obwohl es sich mitten im Loop befindet, dem geschäftigen Finanzbezirk der Stadt. Die Metaphern für den amerikanischen Nationalstolz, die riesigen US-Flaggen vor dem Eingang der New Yorker Börse, sucht man hier vergebens. Selbst die Statue der Ceres, der Göttin des Ackerbaus, die sich auf der Spitze des Gebäudes erhebt, hat kein Gesicht, so, als ob es außerhalb der Börse nichts zu sehen gäbe. Das Gebäude scheint sich selbst zu genügen. Als ob hinter diesem Entwurf das Bedürfnis stehen würde, jede Kontamination durch die Außenwelt zu verhindern und den geheimen, fast hermetischen Charakter des Handels, der hier im Innern stattfindet, sichtbar werden zu lassen.

Dieser schmucklose Monolith ist, zusammen mit der Skyline der Stadt am nahegelegenen Ufer des riesigen Lake Michigan, das anschaulichste Symbol dieser anziehenden und lebhaften Stadt, Heimat von Gangstern und Abenteurern, Händlern und Betrügern. Die Geschichte der Börse ist auch die Geschichte der

Stadt und in gewisser Weise sogar die der Vereinigten Staaten von Amerika. Gegründet 1848, als Chicago noch eine Barackensiedlung am Seeufer war, hat sie die einzelnen Etappen mitgeprägt, die die *windy city* zur Metropole des mittleren Westens machten. Es war die Epoche der offenen Grenzen und der Entwicklung des Westens. Es war die Epoche eines Amerika, das am Vorabend des Bürgerkriegs versuchte, sich als Nation zu definieren. Aber auch die Epoche des Handelskapitalismus, der auf den Schienen und Flüssen immer weiter vordrang und dabei Waren und Menschen mitführte und die Merkmale eines im Werden begriffenen Landes formte.

1848 war ein entscheidendes Jahr für Chicago. In diesem Jahr wurde der Kanal eingeweiht, der den Fluss Illinois, einen Zufluss des Mississippi, mit dem Lake Michigan verbindet, der seinerseits über den Lake Erie und den Erie-Kanal mit New York und der Atlantikküste verbunden ist. In eben jenem Jahr wurde die erste Bahnlinie eingeweiht, die *Galena and Chicago Union* (GACU). Aus zunächst zehn Meilen Bahnstrecke wurden innerhalb von zwölf Jahren sechstausend. Chicago stärkte damit seine Rolle als strategisches Zentrum, als Knotenpunkt der Wasserwege und Schienenstrecken, der die großen Prärien im Landesinnern mit den städtischen Zentren der Ostküste verband.[72]

So wuchs die kleine Stadt im Bundesstaat Illinois in aberwitzigem Tempo und entwickelte sich in kurzer Zeit zum wichtigsten Handelsplatz des Westens für Getreide und Fleisch. Hier kam der Mais aus Iowa an, das Getreide aus Kansas und Nebraska, die Rinder aus Wisconsin. Die Stadt, überschwemmt mit Tonnen von landwirtschaftlichen Produkten, belagert von Scharen von Bauern, umkreist von riesigen Viehherden, die für den Schlachthof bestimmt waren, inspirierte einige findige Geschäftsleute. Sie trafen sich in einem Kellerverschlag und gründeten jenen Handelsplatz, aus dem der *Chicago Board of Trade*, die Warenbörse von Chicago entstehen sollte. Die Gründer – nicht alle im Agrarhandel tätig, unter ihnen waren auch ein Bibliothekar, ein Apotheker, ein Drogist, ein Pelzhändler und noch einige andere – erkannten, dass der Markt für Agrarprodukte einer ungünstigen Abfolge von Hochs und Tiefs unterliegt. Während im Winter die Preise in den Himmel steigen, müssen die Bauern zur Erntezeit sogar unter ihren Produktionskosten verkaufen, um ihre Überschüsse loszuwerden. Einige Landwirte, denen die Lagerkosten im Vergleich zum Verkaufspreis zu hoch waren, schütteten ihr überschüssiges Getreide zeitweise sogar einfach in den Lake Michigan.

Um genau diesen fatalen Mechanismus zu korrigieren, entstand die Börse. Indem ein neutraler Handelsplatz für Käufer und Verkäufer geschaffen wurde, entwickelte sich ein neuartiges Geschäftsmodell mit goldener Zukunft: das Konstrukt der *futures* (Terminkontrakte), Verträgen, die erst in einigem zeitlichen Abstand zum Vertragsabschluss wirksam werden. Grundlage dieses Vertrags ist, dass Käufer und Verkäufer Lieferung und Bezahlung der Ware zu einem in der Zukunft liegenden Termin beschließen. In diesem Vertrag werden Menge, Qualität, Lieferzeitpunkt und Preis vereinbart. Käufer und Verkäufer schließen damit eine Wette über den Wert der Ware zum Zeitpunkt ihrer Lieferung ab. Diese Vereinbarung garantiert dem Verkäufer, zum festgelegten Zeitpunkt eine bestimmte Warenmenge zu einem bestimmten Preis verkaufen zu können, und dem Käufer, zu einem gegebenen Zeitpunkt eine bestimmte Menge der Ware zu einem bestimmten Preis zu erhalten. Dies wiederum erlaubt es, die eigenen Investitionen im Voraus zu planen und dabei das Geschäft durch *hedging* – wie es im Fachjargon heißt – möglichst zu optimieren.

Das *hedging* besteht darin, auf dem Markt der *futures* eine der Realwirtschaft entgegengesetzte Position einzunehmen. Der Produzent landwirtschaftlicher Güter, vulgo Landwirt – der beispielsweise Getreide oder Mais anbaut –, kauft also zum Zeitpunkt der Aussaat einige Terminkontrakte für Getreide oder Mais zur Lieferung in sechs Monaten. Für dieses virtuelle Getreide oder diesen virtuellen Mais vereinbart er einen bestimmten Preis. Wenn die Ernte schlecht ausfällt, steigen die *futures* im Wert und können ihm helfen, seine eigenen Verluste auszugleichen dank der Profite, die aus der Differenz zwischen dem Preis, zu dem er die Kontrakte gekauft hat, und dem, den sie inzwischen erreicht haben, entstanden sind. Indem er sie verkauft, kann er das aufgetretene Loch stopfen.

Wenn umgekehrt die Ernte gut ausfällt und die *futures* daher an Wert verlieren, hat er zwar Verluste mit dem Börsengeschäft, verdient aber mit den realen Produkten. Dasselbe gilt umgekehrt für die Käufer, die Marktteilnehmer, die mit landwirtschaftlichen Produkten handeln. Diese bringen ihre *futures* an die Börse, das heißt sie verkaufen virtuell Produkte, die sie später kaufen werden. Wenn die Ernte schlecht ausfällt, zahlen sie höhere Preise für die Produkte, die sie jetzt benötigen, aber ihre Verluste werden ausgeglichen durch den Preisanstieg der *futures*. Wenn die Ernte gut ausfällt, verlieren sie Geld mit ihrer Anlagestrategie, müssen aber weniger für die realen Produkte bezahlen.

Aber es sind nicht nur Bauern oder Käufer landwirtschaftlicher Produkte, die sich der *futures* bedienen. Seit ihrer Einführung sind nach und nach verschiedene andere Akteure auf dem Börsenparkett hinzugekommen und haben es in eine Art großes Spielcasino verwandelt. Als Vorhersage auf die Zukunft ist der *future* seiner Natur nach – wie erwähnt – Teil einer Wette, also Teil eines spekulativen Spiels. Da *futures* schon vor ihrem Fälligkeitsdatum verkäuflich sind, ist aus der Börse von Chicago zunehmend ein Tummelplatz für mehr oder weniger gewohnheitsmäßige, risikofreudige Spieler geworden. Mit einem wesentlichen Unterschied im Vergleich zum Spielcasino: Die Kombinationen von Rot und Schwarz im Roulette gehorchen höchstens den Gesetzen der Wahrscheinlichkeit, während der Wert der *futures* auf dem Markt der Grundnahrungsmittel wenigstens anfangs noch an reale, greifbare Handelswaren gebunden war.

Wer von den Spielern eine schlechte Ernte annimmt, muss also kaufen, weil in diesem Falle die Preise in Zukunft steigen werden und er seine Kontrakte zu einem höheren Preis verkaufen kann, als er sie gekauft hat. Wer dagegen von einer guten Ernte ausgeht, wird frühzeitig verkaufen, um seine Verluste in Grenzen zu halten. Aber der Zusammenhang mit der Realwirtschaft ist nicht immer so eng. Denn auch wenn alle verkaufen, stürzt der Preis ab. Wenn dagegen alle kaufen oder wenn wenige alles kaufen, steigt der Preis ins Unermessliche. Anders ausgedrückt, mit einer konkreten Ware in größerem Umfang zu spielen, kann deren Preis unabhängig vom realen Geschehen verändern, vor allem wenn sehr finanzkräftige Spieler aktiv werden.

So haben im Lauf der Zeit Großspekulanten immer wieder versucht, den Markt für ein bestimmtes landwirtschaftliches Produkt an der Börse von Chicago zu manipulieren, indem sie massenweise *futures* kauften, um die Preise in die Höhe zu treiben und um dann von einer Position der Marktkontrolle aus zu verkaufen und exorbitante Gewinne einzufahren. So zum Beispiel 1897 Joseph Leiter, ein achtundzwanzigjähriger Taugenichts, der mit dem Geld seines Vaters den Weizenpreis innerhalb eines Jahres von siebenundsechzig Cent pro Bushel[73] auf fast zwei Dollar trieb, um dann jämmerlich zu scheitern und dabei eine Million Dollar zu verlieren.[74] Der entsprechende Mechanismus, auch *to corner the market*, den Markt kontrollieren genannt, ist theoretisch verboten, in der Praxis aber nur schwer nachzuweisen. In der Geschichte der Börse von Chicago fanden mehrere solcher Versuche statt, den Markt zu kontrollieren. Einige hatten Erfolg, andere, so wie der von Leiter, scheiterten aufs Kläglichste und verursachten bei den waghalsigen Glücksspielern astronomische Verluste.

Das bekannteste Beispiel aus Italien ist der Versuch der zu der Zeit von Raoul Gardini geleiteten *Ferruzzi*-Gruppe, die 1989 *futures* auf dreiunddreißig Millionen Bushel Soja erwarb. Diese Menge entsprach in etwa dem Doppelten des Soja, das bei denjenigen, die die *futures* auf den Markt gebracht hatten, vorhanden war. Unter den Verkäufern waren so bekannte Firmen wie die amerikanischen Agrokonzerne *Bunge, Continental* und *Cargill.* Der einzige Weg, der ihnen noch offenstand, um die Verträge zu erfüllen, wäre gewesen, das fehlende Soja von *Ferruzzi* selbst zu kaufen, was zu märchenhaften Profiten der italienischen Gruppe geführt hätte.

Aber der Vorstand der Börse von Chicago untersagte die Transaktion, annullierte umgehend die entsprechenden *futures* wegen »Marktverzerrung« und sorgte damit für Verluste in Höhe von knapp einer viertel Milliarde Euro bei *Ferruzzi*, die damals nur knapp an einer Pleite vorbeischrammte. Gardini stritt immer ab, spekuliert zu haben, und behauptete, er hätte diese Menge für die Fabriken seines Konzerns benötigt, die China und Russland mit Tierfutter belieferten. Aber jenseits der mehr oder weniger räuberischen Aktivitäten der *Ferruzzi*-Gruppe hat der »Soja-Krieg« von 1989 – und andere *cornering*-Episoden, die sich seit Gründung der Börse ereignet haben – deutlich gemacht, wie das Geschäftsmodell der *futures*, ursprünglich dazu geschaffen, um den Markt zu stabilisieren, häufig dazu führte, ihn zu destabilisieren.

Bei diesen Wetten auf steigende Kurse hat sich die Börse von Chicago – seit 2007 Teil des *Chicago Mercantile Exchange*, der Terminkontrakte auf Zinsveränderungen, Aktienindizes, Währungskurse und Warenaustausch handelt – in der Welt als der *future*-Handelsplatz schlechthin etabliert. Wie man auf der Webseite der Börse nachlesen kann, stellt man dort »die breiteste Produktpalette an *futures* und Optionen aller Börsen bereit, die alle wichtigen Handelsbereiche abdeckt«.[75] Gegenwärtig werden am Börsenplatz Chicago täglich mehr als zehn Millionen Verträge gehandelt.[76] Man begann mit *futures* auf landwirtschaftliche Erzeugnisse und ist heute bei *futures* auf Erdölderivate und US-Staatsanleihen angelangt, nicht zu vergessen die sogenannten *options*, eine Art Versicherung für *futures*. *Options* sind so etwas wie ein *future* auf *futures*, in einem magischen Quadrate-Spiel, das virtuell unbegrenzt ist, in dem die Anbindung an die Realwirtschaft immer weiter abnimmt und in dem die Preisentwicklung der Kontrakte immer weniger mit objektiven Bewertungen zu tun hat und immer mehr mit Stimmungsschwankungen oder spekulativen Tricks der Börsenhändler, der sogenannten *Trader* (Wertpapier-Händler).

Deshalb richtet sich – als zwischen 2007 und 2008 die Lebensmittelpreise stark anstiegen und Protestdemonstrationen in aller Welt hervorriefen – die öffentliche Aufmerksamkeit sofort auf den diskreten Wolkenkratzer am Jackson Boulevard. Die Börse von Chicago wird als Drahtzieher für diese verbrecherischen Spekulationen ausgemacht. Spekulanten werden als Täter hinter dem kriminellen Preisanstieg identifiziert. Und Scharen von Journalisten aus der ganzen Welt treffen in Chicago ein, um herauszufinden, wer diejenigen sind, die den Planeten in den Hunger treiben wollen.

Der Boxring der Tarantella-Tänzer

Ich bin einer dieser Journalisten auf der Jagd nach einer aufsehenerregenden Enthüllungsstory über die *futures*-Mafia von Chicago. Nach wochenlangem nervenaufreibenden Mailverkehr mit der Presseabteilung der Börse erhalte ich endlich die Erlaubnis, das Gebäude zu betreten, die Handelsvorgänge zu filmen und mir von einigen erfahrenen *Tradern* den Mechanismus der Preisschwankungen und der *futures* auf Grundnahrungsmittel erklären zu lassen. Nachdem ich eine Fülle bürokratischer Verfahren unterschiedlichster Art hinter mich gebracht habe – darunter den Abschluss einer Versicherung für einen einzigen Tag, für den Fall, dass mir während des Börsenbesuchs etwas zustößt –, mache ich mich am vereinbarten Vormittag, etwas vor der Zeit, auf zur Kreuzung von Jackson Boulevard und LaSalle Street.

Der Beginn der Filmarbeiten ist für halb neun geplant, eine Stunde vor Handelsbeginn. Vor dem Gebäude stehen, den un-

vermeidlichen amerikanischen Kaffeebecher in der Hand, Dutzende von Wertpapierhändlern, die *Trader*, und warten darauf,
ihren Arbeitstag zu beginnen. Sie sehen am frühen Morgen gries-
grämig aus, authentisch, wesentlich weniger künstlich als ihre
Kollegen in Anzug und Krawatte, die den Finanztempel an der
Wall Street bevölkern. Es sind vor allem amerikanische Jungs aus
dem Mittleren Westen, *Rednecks* aus dem Mittelstand, die diesen
Job häufig nicht aus Leidenschaft machen oder um reich zu werden, sondern um ihren Lebensunterhalt zu verdienen. Sie sind,
wie ich wenig später im Handelssaal der Börse herausfinde, die
Fußtruppen eines Krieges, der sich jeden Tag zwischen den *pits*
abspielt, den Vertiefungen mit ringförmigen Stufen, auf denen
Käufer und Verkäufer stehen, sich Kauf- und Verkaufsangebote
zurufen und bei Übereinstimmung handelseinig werden.[77] Die
Generäle befinden sich in den höheren Stockwerken, sitzen in
bequemen Sesseln und geben den Truppen via Kopfhörer Anweisungen. Manchmal sind die Generäle auch noch weiter weg, um
auf der Basis mathematischer Modelle Kauf- und Verkaufsstrate-
gien auszutüfteln.

Die zuständige Pressedame der Börse, die für Kontakte mit
Journalisten zuständig ist, kommt mir in der Eingangshalle entgegen. Es ist eine kühle Frau mit kantigem Gesicht und einem
mürrischen Lächeln. Nachdem wir uns vorgestellt haben, erklärt
sie mir schnell und effektiv, wie ich mich verhalten soll. Für die
Aufnahmen ist eine halbe Stunde Zeit, von halb zehn bis zehn.
Ich habe die Erlaubnis, die *Trader* zu filmen, aber ohne den Handel zu stören. Meine Fragen soll ich Vic Lespinasse stellen, einem
erfahrenen Händler, der um Viertel vor zehn in den Saal kommen wird, um mir eine Viertelstunde seiner Zeit Rede und Antwort zu stehen. Dann dankt mir die Dame für meinen Besuch
und überlässt mich einer Praktikantin aus Colorado, die sich mit
einer gewissen Verlegenheit in diesem Umfeld bewegt. »Ich habe
erst vor zwei Wochen angefangen«, sagt sie entschuldigend lächelnd, »aber schon sieben Fernsehteams aus der ganzen Welt

betreut.« Das Thema ist aktuell, die Börse von Chicago im Zentrum des Hurrikans. Die Journalistenmeute ist in Scharen am Tatort eingefallen.

Dann betreten wir den eigentlichen Schauplatz. Der »Getreidesaal«, in dem Grundnahrungsmittel wie Mais, Soja, Weizen und Reis gehandelt werden, ist ein Viereck von dreitausend Quadratmetern Grundfläche. Im Zentrum des Saals plaudern Hunderte von Angestellten freundlich miteinander. Einige von ihnen haben grüne Schürzen um. Andere sind mit blauen, roten und lila Hemden bekleidet. Auf der vorderen Hemdtasche tragen sie kleine gelbe Plastikkärtchen, auf denen der Name ihrer Firma steht. Das Ganze gleicht mehr einem Karnevalsumzug als dem Parkett jener Börse, in der der Wert aller Grundnahrungsmittel festgestellt wird, und damit der Preis für Nahrung weltweit.

Pünktlich um halb zehn ertönt die Glocke. Ein Aufschrei geht durch die Halle. Gerade noch ruhig und gesittet, sind die *Trader* jetzt wie entfesselt. Sie stürmen die *pits*. Schreien. Gestikulieren. Bewegen wie rasend die Hände. Sie fuchteln mit Papierzetteln, zerreißen sie und schleudern die Reste in die Luft. Wenn man ihnen von außen zusieht, ohne den Code jener Gesten zu kennen, die einzelne Handelsaktionen symbolisieren, scheinen sie die typischen konvulsivischen Tanzbewegungen der Tarantella zu vollführen. Tatsächlich entsprechen die Handbewegungen präzisen Regeln: Ein Zeichen mit der Handinnenfläche zum Körper heißt, dass der *Trader* kaufen will, während Innenfläche der Hand nach außen bedeutet, dass er verkaufen will. Zeigen die Finger zum Gesicht, zeigen sie die Menge an, die er kaufen oder verkaufen will, und so geht es weiter mit kodifizierten Gesten, die eher an schamanische Rituale erinnern als an Börsentransaktionen.

Im oberen Bereich der Saalwände sind auf allen vier Seiten Anzeigetafeln angebracht, auf denen man in Echtzeit die Kursschwankungen der Waren verfolgen kann. Im Zentrum zeigt ein riesiger Bildschirm das Wetter der ganzen Welt an. Eine Überschwemmung in der Ukraine wäre das Signal, sofort *futures* für Weizen zu kaufen, bevor deren Preis in die Höhe schießt. Wolkenloser Himmel über dem Mato Grosso könnte ein gutes Zeichen für die Sojaernte sein und die Händler dazu veranlassen, zu verkaufen.

Es wird pausenlos gehandelt. Ein Mann schreit eine Zahl und krümmt die Hand, offenbar noch unentschlossen, ob er kaufen oder verkaufen will. Er schreibt etwas auf einen Zettel. Dann denkt er nach und zerreißt mit theatralischer Geste den Zettel in tausend Fetzen. Er schlägt sich mit der Faust gegen die Schläfen. Jemand in seiner Nähe lacht. Ein anderer verzieht verzweifelt das Gesicht. Die große Halle gleicht einer Arena mit vielen kleinen Boxringen, in denen mit Gongschlag um halb zehn Hunderte von Kämpfen gleichzeitig beginnen. Die Händler kämpfen miteinander, ohne sich anzusehen, weil jeder für sich und gegen alle anderen kämpft. Über Sieg oder Niederlage wird nicht von einem neutralen Ringrichter entschieden, auch nicht von seinem Nebenmann im *pit*, sondern von den Zahlen auf den großen Anzeigetafeln, die die Preisänderungen für den Bushel Weizen oder Mais anzeigen.

Während der Handel weitergeht, wechseln die Notierungen unaufhörlich, und die Gesichtsausdrücke im Saal decken die gesamte Bandbreite der Empfindungen ab, von Bestürzung bis Euphorie. Der größte Teil der Händler wird dieselbe Ware im Laufe des Tages mehrfach kaufen und verkaufen und dabei versuchen, aus den sich ständig ändernden Kursen im Laufe des Handelstages Gewinn zu schlagen.

Niemand von ihnen ist wirklich am Kauf von Soja, Weizen oder Mais interessiert. Wahrscheinlich haben viele von ihnen noch nie ein echtes Bushel dieser landwirtschaftlichen Erzeugnisse gesehen. Sie spielen mit Zahlen und verlassen sich auf ihren Instinkt. Es ist letztlich ihr Instinkt, neben den Anweisungen, die sie eventuell von ihren Kollegen in den höheren Stockwerken erhalten, der sie als Sieger oder Verlierer aus dem täglichen Wettkampf hervorgehen lässt. In diesem pausenlosen Kampf wird erst um halb zwei das Handtuch geworfen, wenn nach vier Stunden offener und geschlossener Hände, zerrissener Zettel, unverständlicher Schreie, die Händler ihre Gewinne und Verluste addieren und dann gehen, um sich entweder die Wunden zu lecken oder sich an der gemachten Beute bei einem Besuch der Cafeteria im Basement des Wolkenkratzers zu erfreuen.

»Wir sind ein Thermometer«

Zwischen den *pits* bewegen sich zwei Arten von Lebewesen. Auf der einen Seite die Angestellten der großen Handelshäuser, die im Auftrag Dritter kaufen oder verkaufen, beispielsweise für die großen Agrokonzerne und Produktionskooperativen, aber auch für Pensionsfonds, Spekulationsfonds oder interessierte Investoren, die ihr Portfolio erweitern wollen. Einige dieser angestellten *Trader* sind motiviert. Andere scheinen schon von der typischen Entfremdung stupider, immer gleicher Arbeitsgänge gezeichnet. Sie kaufen und verkaufen je nach Anweisung. Manchmal wissen sie überhaupt nicht, mit was sie eigentlich handeln. Das verdeutlicht mir unmissverständlich ein *Trader*, dem ich am Ende seines Arbeitstages begegne. Es ist kurz nach zwei. Der Mann will gerade das Gebäude verlassen. Ich spreche ihn an. Er scheint erschöpft. Er kann es kaum erwarten, nach Hause zu gehen.

»Was haben Sie heute gekauft?«, frage ich ihn.

»Soja«, antwortet er.

»Was haben Sie heute verkauft?«

»Soja.«

»Warum?«

»Keine Ahnung.«

Neben den angestellten *Tradern* gibt es aber auch noch die Händler auf eigene Rechnung, risikofreudige Spieler, die den Stress und das Adrenalin zum Leben brauchen und die sich jeden

Tag zwischen Bankrott und Olymp bewegen. Sie trifft man allerdings nur noch selten in den *pits*. Sie spielen heutzutage am Computer, zu Hause, kaufen und verkaufen nach Belieben, zu jeder Tages- und Nachtzeit. Denn die große Halle der Börse von Chicago mit ihrem Handel per Handzeichen, mit den Zetteln und Schürzen ist ein Anachronismus. Der größte Teil des Geschäfts findet nicht mehr dort statt, sondern wird elektronisch abgewickelt, vierundzwanzig Stunden am Tag.

Den Börsenhandel von halb zehn bis halb zwei gibt es nur noch, weil er eine Art Theatervorstellung ist, ein nachvollziehbares Bild, das ein Phänomen sichtbar macht, das seine Substanz längst in die grenzenlosen und unkontrollierbaren Schlupfwinkel des Cyberspace verlagert hat. Und in diesen Schlupfwinkeln, und weniger bei den Risikospielern, die sich vor Ort zwischen den *pits* abmühen, sind die Ursachen für die Zunahme der *futures* auf Grundnahrungsmittel, die sogenannten Grundnahrungsmittel-*commodities*, zu suchen.

Wie im vorhergehenden Kapitel erwähnt, fing alles im Sommer 2007 an, besser gesagt nahm es zunehmend Fahrt auf. Die sogenannte Subprime-Krise überrollt die USA wie eine Lawine und begräbt auch bekannte Firmen wie die halbstaatlichen Konzerne *Freddie Mac* und *Fannie Mae*, den Versicherungsriesen *AIG* und die Finanzgesellschaften *Lehman Brothers*, *Merrill Lynch*, *Washington Mutual*, *Wachovia* und *Citygroup* unter sich. Die Immobilienblase platzt und enthüllt der Welt die Existenz toxischer Finanzderivate, die wie ein Virus die Finanzplätze der halben Welt infizierten. Der Aktienmarkt bricht zusammen. Die Investoren ziehen sich zurück und versuchen ihre Verluste zu begrenzen. Sie weichen auf sicherere »Fluchtanlagegüter« wie Gold, Silber und Grundnahrungsmittel aus.

Die Weizen-*futures* schießen in den Himmel und ziehen Preissteigerungen innerhalb der gesamten Produktionskette nach sich. Zwischen den Jahren 2006 und 2008 steigen die Preise für Weizen und Reis auf dem Weltmarkt um über hundert beziehungsweise über zweihundert Prozent. Teilweise sind innerhalb von wenigen Wochen Steigerungen von hundertfünfzig Prozent zu verzeichnen.[78] Grundnahrungsmittel der Armen wie Reis und Brot verteuern sich fast überall. Vielerorts brechen »Hungeraufstände« aus, von Ägypten bis zur Elfenbeinküste, von Haiti bis zu den Philippinen.

An diesem Punkt landet die Börse von Chicago auf der Anklagebank. Denn in Chicago wird der Referenzwert definiert für jeden, der auf der Welt landwirtschaftliche Produkte kaufen oder verkaufen möchte. Hier werden die Preise festgelegt. Von hier ging diese abnormale Flutwelle aus, die dann die Weltbevölkerung überrollte. Aber ist das wirklich ausschließlich die Schuld der Spekulanten? Vic Lespinasse, der erfahrene *Trader*, von der Presseabteilung der Börse damit beauftragt, mir die Marktmechanismen zu erklären, ist anderer Meinung. Er ist ein Veteran der Börse von Chicago, an der er in den siebziger Jahren als frischgebackener Universitätsabsolvent mit einem Abschluss in Wirtschaftswissenschaften seine berufliche Karriere begann, geleitet von dem festen Vorsatz, als Börsenmakler seinen Weg zu machen. Im Saal für Getreidehandel ist er eine Institution, wie die ununterbrochenen respektvollen Grüße seiner jüngeren Kollegen bezeugen.

Mager, mit einem Seehund-Schnauzer und hellen Augen, wurde ihm das Amt des Sprechers der *Trader* gegenüber den Heerscharen von Journalisten übertragen, die in diesen Wochen an der Börse auftauchen. Lespinasse ist wie geschaffen für diesen Job. Er ist gut vorbereitet. Er denkt nach, bevor er eine Antwort gibt. Er sagt nie ein Wort zu viel. Und er hat klare Vorstellungen: »Es gibt überhaupt keine Spekulationsblase«, beginnt er. »Die Rohstoffpreise steigen aus einer ganzen Reihe von konjunkturbedingten Gründen: schlechte Ernten, steigender Verbrauch der Schwellenländer wie China und Indien, steigende Produktion von Biotreibstoffen und schließlich aufgrund des großflächigen Anbaus von Mais, der zu Lasten anderer Kulturen geht. Alle diese Elemente führen dazu, dass die Händler auf steigende Preise wetten und dass der Markt bald den Siedepunkt erreicht. Es ist idiotisch zu sagen, dass die Händler den Anstieg der Preise verursachen. Wir haben nicht die Macht dazu. Wir sind wie ein Wärmemesser, wir stellen die Temperatur des Marktes fest. Wenn wir annehmen, dass die Nachfrage das Angebot übersteigen wird, kaufen wir, weil wir davon ausgehen, dass die Preise sicher steigen werden. Andernfalls verkaufen wir.«

Gibt die Darstellung von Lespinasse die amtliche Verteidigungsstrategie des Repräsentanten eines Berufsstandes wieder, der unter Anklage steht, oder repräsentiert sie die gelassenen Überlegungen eines Experten, der sein Leben dem Handel mit Grundnahrungsmitteln gewidmet hat? Schwierig zu sagen. Vielleicht liegt die Wahrheit irgendwo in der Mitte. Ich entgegne, dass wenn die Börse von Chicago ein Thermometer ist, misst sie vielleicht die Temperatur einer überhitzten Umgebung, die durch den Zufluss enormer Geldmengen, abgewandert von dem im freien Fall befindlichen Aktienmarkt, verursacht wird.

Während ich das sage, brandet im Saal erneut Geschrei auf. Mais hat eine neue Rekordnotierung erreicht, mehr als sieben Dollar pro Bushel. Hände heben sich. Pfiffe ertönen. Zettel werden zerrissen. Lespinasse bleibt ungerührt. »In letzter Zeit passiert das ziemlich oft«, bestätigt er mit einem kleinen Lächeln. Dann kehrt er zum Gegenstand unserer Unterhaltung zurück. »Sicher, es gab in letzter Zeit hier in Chicago diesen enormen Zufluss liquider Mittel von Hedgefonds (Investmentfonds mit spekulativer Anlagestrategie), weil der Aktienmarkt nicht so gut läuft, während es den *commodities* gutgeht. Deshalb wandert das Geld der Spekulanten jetzt zum *commodities*-Markt. Aber ich glaube, dass die Spekulanten schon bestehenden Trends folgen, die ohnehin aufkommen würden. Ich glaube jedenfalls nicht, dass die Spekulanten den Preisanstieg verursachen. Vielleicht haben sie am Rande dazu beigetragen, aber dann in einem zu vernachlässigendem Umfang.«

Die Frage, die in diesen Tagen die Debatte dominiert, ist: Folgen die Spekulanten wirklich einem Trend, oder schaffen sie diesen Trend? Anders gesagt: Wird der Preisanstieg für Grundnahrungsmittel von marktwirtschaftlichen Elementen verursacht, oder ist es nicht doch eine neue Spekulationsblase, die durch das gefährliche Spiel der risikofreudigen Investoren entsteht, jener Glücksspieler, die auf der Jagd nach neuen Profitmöglichkeiten für sich und ihre Kunden sind? An der Börse von Chicago sind alle, vom Direktor bis hinunter zum Hausmeister, Lespinasse sowieso, bereit zu schwören, dass sie nichts damit zu tun haben. Sie bestreiten, dass ihre Macht dazu ausreicht. Die Börse verursache nicht das Fieber, sondern messe es nur.

Die Metapher des Thermometers ist in aller Munde. Wie ein Mantra wiederholen es die unterschiedlichen *Trader*, denen ich am Ende des Handelstages begegne. Auch Patrick Arbor, der ungekrönte König der Nahrungsmittelbörse von Chicago, stimmt ein in diesen Chor. Er ist der »König der Verträge«, der »Magier des Getreides«, um nur zwei der Beinamen, die ihm die Presse in den letzten Jahren verliehen hat, zu nennen. Er ist jemand, der die Geschichte der Börse am besten repräsentiert, deren Direktor er in drei aufeinanderfolgenden Amtszeiten war, insgesamt sechs Jahre lang. Seit 1965 in diesem Umfeld tätig, führt er heute eine eigene Investmentgesellschaft – die *Arbor Investments Inc.* –, deren Sitz sich im selben Wolkenkratzer wie die Börse befindet. Die Büroräume gehen von einem riesigen Empfangsraum mit einer vollverglasten Wand zur Straße hin ab. Es ist sehr hell, großzügig, einladend. Und es ist nicht zu übersehen: Arbor und die nach ihm benannte Gesellschaft betrachten die Welt von oben, stolz auf den erreichten Erfolg.

Nach einigen Minuten des Wartens werde ich in das Büro des Chefs geführt: ein winziger Raum mit einem Schreibtisch auf der einen Seite, auf dem in moderater Unordnung Bücher und Akten verteilt sind. Dahinter läuft auf einem Fernseher CNBC, ein Kabelsender, der sich auf Wirtschaftsberichterstattung spezialisiert hat. Der Effekt ist befremdlich, der Gegensatz zu groß: Das großzügige und noble Ambiente des Empfangsraums passen überhaupt nicht zu diesem neonbeleuchteten, acht Quadratmeter kleinen Zimmer und den beiden gewöhnlich aussehenden Sesseln in der Ecke. Es kommt mir vor, als wäre ich auf wundersame Weise von den Räumen einer milliardenschweren Firma direkt in das Büro eines zweitklassigen Provinz-Steuerberaters geraten.

Genau besehen ist dies wahrscheinlich exakt so gewollt. Die Aufteilung der Räume scheint einer präzisen Logik zu folgen. Die Büros sind winzig, weil es Räume sind, in denen gearbeitet und nicht gefaulenzt werden soll. Die Repräsentationsräume dagegen sind großzügig und einladend, weil dort die Kunden empfangen werden, die sich wohlfühlen sollen und auf die das Unternehmen, dem sie ihr Geld anvertrauen, einen soliden Eindruck machen soll. Wer zu Besuch kommt, soll als Erstes mitbekommen, was die Firma erreicht hat, und dann verstehen, wie sie dahin gelangt ist. Er soll verstehen, was – in den Worten von Arbor – die eigentliche Bestimmung eines *Traders* ist: »Er soll jeden Tag Gewinne machen, ohne gierig zu werden«, und »die Spitze des Erfolgs erklimmen, ohne dass ihm schwindelig wird.«

Arbor ist ein »Aufsteiger«, im eigentlichen und im übertragenen Sinne. Er fing bei der Börse als einfacher *Trader* an und ist mittlerweile ganz oben angekommen, so weit oben, dass sein Motto heute lautet: »Wir sind davon überzeugt, dass das Erklimmen großer Höhen uns in die Lage versetzt, weiter zu sehen«, wie man auf der Homepage der Gruppe lesen kann.[79] Gleichzeitig ist Arbor tatsächlich ein begeisterter Bergsteiger. Er hat rund um die Welt Berge von über fünftausend Metern Höhe und mehr bestiegen. Die Wände seines kleinen Zimmers sind bedeckt mit Erinnerungen an diese beeindruckenden Besteigungen. Auf einem Foto sieht man, wie er auf dem Gipfel des Kilimandscharo das Siegeszeichen macht, auf einem anderen steht er mit etwas erschöpftem Blick auf dem Gipfel des Montblanc.

Ich sehe mir neugierig die verschiedenen Aufnahmen an und bitte ihn um Informationen über Ort und Zeit der betreffenden Abbildungen. Dann erregt ein Foto meine besondere Aufmerksamkeit. Auf ihm ist Arbor im schwarzen Anzug gemeinsam mit dem italienischen Entertainer Renzo Arbore zu sehen. »Das ist mein Cousin«, sagt Arbor. Ich schaue ihn ungläubig an. Er erklärt: »Mein Großvater war Italiener und kam in den Mittleren Westen, um sein Glück zu machen. Er hieß Savino Arbore. Kurz nachdem er in Chicago angekommen war, wurde er bei einer Auseinandersetzung mit Gangstern erschossen. Die Familie beschloss daraufhin, den Namen zu ändern, ihn zu amerikanisieren, und ließ das E am Schluss weg. Viele Jahre später, ich war schon erwachsen, bin ich nach Florenz gefahren, um eure schöne Sprache zu lernen. Jemand machte mich darauf aufmerksam, dass ich Renzo Arbore ähnlich sähe, der wie mein Großvater aus Apulien stammt. Ich hab dann Kontakt mit ihm aufgenommen. Wir haben uns getroffen und haben unsere gemeinsamen Wurzeln entdeckt. Seither sehen wir uns oft. Auf diesem Bild«, sagt er und zeigt auf das Foto, das meine Aufmerksamkeit erregt hatte, »sind wir zusammen hier in Chicago.«

Patrick Arbor hat ein schmales Gesicht und trägt einen weißen, sehr gepflegten Kinnbart, das Gegenstück zu den wenigen glatten Haaren, die ihm an den Seiten seines Kopfes noch verblieben sind. Er ist groß und dünn. Seine Stimme ist tief und kontrolliert. Mit ihr argumentiert er gelassen, während er dir direkt in die Augen schaut. Er mustert mich aufmerksam, bevor er mich zum Sessel geleitet und mich fragt, aus welcher Stadt unseres schönen Landes ich käme. Dann – bevor wir mit dem eigentlichen Interview beginnen – will er mir unbedingt noch etwas zeigen. Er ruft ein Youtube-Video auf, eine Dokumentation mit dem Titel *Le ore di Gravina* (Die Stunden von Gravina). Es ist ein Amateurvideo, die Kamera wackelt, die Bilder sind teilweise unscharf. Man sieht einen Umzug in mittelalterlichen Kostümen. Geschmückte Pferde, Soldaten mit Standarten, Ritter in den Rüstungen jener Epoche. Dann kommt der Marktplatz der Stadt ins Bild. Die Kamera schwenkt nach oben und zeigt in Nahaufnahme eine alte Turmuhr.

Man sieht – oder besser, man erahnt, da die Bildqualität sehr schlecht ist – einen Mann in moderner Kleidung. Es ist Patrick, der die Uhr enthüllt. Das Uhrwerk, das seit über fünfzig Jahren stillstand, konnte dank seiner Geldspende repariert werden. Arbor löste damit ein Versprechen ein, das er ein Jahr zuvor gegeben hatte, als ihm die Ehrenbürgerschaft der Gemeinde verliehen wurde, aus der, wie er herausgefunden hatte, sein Großvater emigriert war.

Ins Objektiv der Kamera sagt er auf Italienisch: »Es war höchste Zeit, dass das Uhrwerk wieder funktioniert.« Die Episode könnte unwichtig erscheinen, aber sie ist bedeutsam für die Charakterisierung seiner Person. Arbor ist traditionsverbunden. Geboren und aufgewachsen in Chicago, in einer armen italienischen Einwandererfamilie, hat er es aus eigener Kraft nach oben geschafft, und das in einem mitleidlosen Umfeld wie dem der *Trader*. Er ist weit gekommen – oder besser gesagt, hoch hinaufgestiegen – und macht keinen Hehl daraus. Als erfolgreicher Geschäftsmann will er aber auch die Traditionen jener abgelegenen Stadt bewahren, aus der seine Familie stammt.

Noch wichtiger allerdings sind Arbor die Traditionen seiner Geburtsstadt, in der er aufwuchs und reich wurde. Er erträgt es nicht, dass der Name der Börse, des *Chicago Board of Trade*, mit dem große Teile seiner Geschichte untrennbar verbunden sind, in den Schmutz gezogen wird, wie es in diesen Tagen der Fall ist. »Heute spricht man von Spekulanten, die den Planeten in den Hunger treiben«, sagt er in beherrschtem Ton. »Aber das stimmt nicht. Wir sind nur eine Börse. Nicht wir entscheiden über die Preise, sondern die Käufer und Verkäufer. Nebenbei bemerkt haben wir präzise Vorschriften, die den Markt schützen, falls die Regeln nicht befolgt werden. Wenn sich jemand nicht korrekt verhält, setzen wir die entsprechende Transaktion aus und können sogar so weit gehen, denjenigen vom Börsenparkett auszuschließen.«

Arbor holt einen Moment Atem und zitiert dann den alles erklärenden Satz, den *Warum-die-Dinge-so-sind-wie-sie-sind*-Ohrwurm, den ich in den vergangenen Tagen mindestens einhundertmal gehört habe: »Der Markt reagiert auf die Veränderungen in der Realwirtschaft. Wir sind nur ein Thermometer, das diese Veränderungen anzeigt.« »Ja, aber in letzter Zeit gab es einen ungeheuren Kapitalzufluss in den *commodities*-Markt, der mit Sicherheit die Preisentwicklung verzerrt hat«, entgegne ich. »Teilweise stimmt das. Diese *commodities* sind tatsächlich neue Finanzprodukte, auf die sich die Pensionsfonds in Amerika und anderen Teilen der Welt gestürzt haben, wahrscheinlich auch in Italien, um sich abzusichern. Ein, zwei oder drei Prozent des Kapitals dieser Fonds wurden in *commodities* investiert. Diese Fonds beobachten die Entwicklungen auf dem Markt von Monat zu Monat, weil sie dazu verpflichtet sind. Sie müssen ihren Anteilseignern Renditen abliefern, auch in Italien, und sie vor der Inflation schützen. Sie haben damals sichere Anlagen gefunden wie Erdöl, Mais oder Soja. Aber deshalb davon zu sprechen, dass die italienischen oder die amerikanischen Rentner für den Anstieg des Brotpreises verantwortlich sind, weil sie an der Börse von Chicago investiert haben, das geht nicht.«

»Aber kann der Zufluss frischen Kapitals nicht den Markt manipulieren?«

»Wer mit *futures* spekuliert, tut dies auf der Basis von realen Daten«, insistiert er. »Es gibt keinen Strippenzieher, der alle *futures* für bestimmte Produkte zusammenkauft, um die Preise in die Höhe zu treiben. Es gibt keine Spekulationsblase bei Getreide. Wenn es sie gegeben hätte, wäre sie schon geplatzt.«

»Wenn nun die Börse der Ort ist, an dem sich Verkäufer und Käufer begegnen, wie viele Verträge werden dann tatsächlich mit der Lieferung abgeschlossen?«

»Wenige, vielleicht ein Prozent«, antwortet Arbor. »Aber das war schon immer so. Die Spekulanten haben die Aufgabe, den Liquiditätsfluss zu sichern und das zu ermöglichen, was wir mit dem Fachausdruck als *hedging* bezeichnen. Also den Schutz der Branche durch die Händler, indem sie auf dem Finanzmarkt eine gegensätzliche Position zu der einnehmen, die sie auf dem realen Markt haben. Die Märkte brauchen die Spekulation. Spekulation ist kein Schimpfwort. Ohne die Spekulanten, die das Risiko übernehmen, wäre das *hedging* nicht möglich, und der Markt würde nicht funktionieren.«

Einfacher ausgedrückt, schließen die Spekulanten Wetten ab über die künftige Preisentwicklung. Dies ermöglicht es den Akteuren innerhalb der Produktionskette (also den Händlern landwirtschaftlicher Produkte, den Lebensmittel-Großhändlern, den weiterverarbeitenden Betrieben), *hedging* zu betreiben. Die Spekulanten können Geld verdienen oder Verluste machen, je nachdem ob ihre Vorhersagen zutreffen oder nicht. Wer dagegen *hedging* praktiziert, hat die Gewissheit, in keinem Fall Geld zu verlieren, weil er das, was er eventuell an der Börse verliert, in der Realwirtschaft einnimmt und umgekehrt.

Gäbe es die Spekulanten nicht, würde also der Wert der *futures* nicht schwanken, wäre der Markt instabiler. Aber auch wenn das Vorhandensein und die Zunahme der Spekulation den Händlern der Branche größere Sicherheit bieten, so hat der Preisanstieg Auswirkungen auf die Verbraucher rund um den Globus, die sich mit der Erhöhung der Lebensmittelpreise konfrontiert sehen. Arbor hat eine deutliche Meinung hierzu: »Wir haben damit nichts zu tun. Der Preisanstieg bei Getreide wird von strukturellen Elementen bestimmt, vom Markt«, wiederholt er noch einmal. Dann benutzt er ganz ähnliche Worte wie kurz zuvor Lespinasse auf dem Börsenparkett. Arbor beginnt, die Faktoren aufzuzählen, die seiner Ansicht nach für den Preisanstieg verantwortlich sind. »Da ist zum einen der höhere Fleischverbrauch in Ländern wie Indien oder China, der die Nachfrage nach Tierfutter steigen lässt. Dann haben wir den Preisanstieg beim Erdöl und die Serie

schlechter Ernten in letzter Zeit. Und schließlich gibt es natürlich noch die unsinnigen Unternehmungen seitens der Politik,
wie etwa die Förderung von Biotreibstoffen auf Basis von Mais
durch die US-Regierung.«

Iowa, das amerikanische Kuwait

Tatsächlich sind die Biotreibstoff-Subventionen der andere große
Angeklagte in dem Gerichtsverfahren, das weltweit gegen die
mutmaßlichen Ausbeuter des Planeten eingeleitet wurde. Vor
einigen Jahren startete die US-Regierung ein Förderprogramm
für die Entwicklung von sogenannten grünen Treibstoffen, genauer gesagt von Äthanol auf der Basis von Mais. Der offizielle
Anstoß dazu kam 2006 vom ehemaligen Präsidenten George W.
Bush in seiner Rede zur Lage der Nation. Nachdem er mit Nachdruck darauf hingewiesen hatte, dass das Hauptproblem Amerikas seine »Abhängigkeit vom Öl« sei *(America is addicted to oil)*,
kündigte der Präsident massive Investitionen in die Produktion
von Biokraftstoffen wie auch in andere Formen »sauberer Energien« an. Mit einem auf Vorschlag Bushs vom Kongress verabschiedeten Gesetz verpflichteten sich die Vereinigten Staaten, bis
2022 den Anteil des verfügbaren Äthanols an Tankstellen zu ver-
siebenfachen.[80] Diese Produktionsförderung ergänzte die bereits
existierenden staatlichen Fördermittel für Unternehmen, die
Tankstellen mit Äthanol belieferten, und die bis zu einundfünf-
zig Cent pro Gallone betrugen und später auf fünfundvierzig
Cent reduziert wurden.

Der Hauptgrund, der eine Regierung, die traditionell enge
Verbindungen mit den Ölkonzernen pflegte, zu einem solchen
Vorstoß bringen konnte, war geostrategischer Natur. Bush gab
das offen zu: »Wir wollen unsere Abhängigkeit vom Erdöl des
Nahen Ostens verringern, also von wenig vertrauenswürdigen
Staaten, das soll der Vergangenheit angehören.« Dahinter stand

noch ein weiteres, ungenanntes Motiv. Neben der Verringerung der Abhängigkeit vom Erdöl des Nahen Ostens (aber auch von dem Venezuelas) sollte gleichzeitig die mächtige Agrarlobby des Mittleren Westens durch eine milliardenschwere Konzession zufriedengestellt werden.[81]

Nach Bushs Rede begannen Äthanol-Fabriken im gesamten Weizengürtel der USA wie Pilze aus dem Boden zu sprießen, also in jener Region, in der traditionell auch Mais angebaut wird, die sich von Illinois bis Wyoming erstreckt und zu der Iowa, Nebraska und South Dakota zählen. Iowa ist der Hauptproduzent von Biotreibstoffen im Land. In diesem Bundesstaat produzieren dreiunddreißig Äthanol-Fabriken jährlich mehr als drei Milliarden Gallonen[82] Biotreibstoff, mehr als ein Viertel der US-Gesamtproduktion.[83]

Hier in dieser Region haben sich die Landwirte organisiert und zu Kooperativen zusammengeschlossen. Sie haben Lobbyisten engagiert. Sie haben sogenannte *pressure groups* (Interessenvertretungen) gebildet und enorme Synergien geschöpft. Der Verband der maisanbauenden Betriebe – die *Iowa Corn Growers Association* – und der Verband der Äthanol-Hersteller – die *Iowa Renewable Fuels Association* – arbeiten Seite an Seite, um das Loblied auf die Biotreibstoffe zu verbreiten und den nötigen Druck auf Washington auszuüben, damit die lukrative Förderpolitik für diese Form von Treibstoff unverändert weitergeführt wird. Sie haben sogar ihre Geschäftsstellen im selben Gebäude, und belegen auch damit ihre gemeinsamen, sich überschneidenden Interessen.

Als ich mit den Pressestellen beider Verbände Kontakt aufnehme, erhalte ich identische Antworten und identische Terminvorschläge. »Kommen Sie doch am nächsten Sonntag nach Newton, zum Indy Car Rennen. Alle Mitglieder unseres Verbandes werden dort sein.« Newton ist eine Kleinstadt am *Interstate 80*, einer Autobahn, die von Küste zu Küste die gesamten Vereinigten Staaten durchquert. Tausend anderen geschichtslosen Kleinstädten ähnelnd, die entlang des *Interstate* entstanden sind, ist sie auf Durchreise angelegt. Eine Handvoll Motels, ein paar Bars, einige Tankstellen mit angeschlossenem Restaurant. Es gibt kein Stadtzentrum. Die Stadt dehnt sich nördlich der Autobahn aus. Südlich der Autobahn wurde dagegen 2006 direkt neben dem Flughafen eine Rennstrecke mit einem Ovalkurs, der *Iowa Speedway*, für verschiedene Rennserien errichtet, die übers Jahr verteilt in Newton Station machen. Das *Iowa Corn Indy 250*-Rennen ist dabei von besonderer Bedeutung, denn seit 2007 haben dessen Organisatoren eine wichtige Neuerung eingeführt: Alle an diesem Rennen teilnehmenden Boliden werden seither ausschließlich mit Äthanol betankt.[84]

Ein enormes Werbebanner empfängt die Besuchermassen, die auf dem improvisierten Parkplatz neben der Rennstrecke zusammenströmen: »Willkommen zum einzigen Rennen auf der Welt, das mit erneuerbarem Treibstoff ausgetragen wird«. Es versammelt sich die bei Großveranstaltungen übliche Menge. Hunderte von Menschen stehen an, um Eintrittskarten zu kaufen. Die Festzelte neben der Piste sind überfüllt, auf den Rängen drängen sich die Zuschauer. Ganze Familien, Bauern, Sponsoren, Neugierige: Das Rennen ist ein echter Jahrmarkt. Aber es ist nicht nur eine Rennsportveranstaltung. Es ist vor allem eine gigantische Werbeveranstaltung für Äthanol. An verschiedenen Ständen werden die Vorzüge dieses Treibstoffs präsentiert, der »nicht die Umwelt verschmutzt, erneuerbar und dazu hundertprozentig amerikanisch« ist. Es wird gegrillter Mais angeboten. In der Menge hüpft ein als riesiger Maiskolben verkleideter Mann herum: »Hallo, ich bin Mister Mais«, stellt er sich Kindern vor, die sich ihm neugierig nähern. Ein anderer ist als Zapfsäule verkleidet, die E85 abgibt, jenen Treibstoff, der zu fünfundachtzig Prozent aus Äthanol und zu fünfzehn Prozent aus Benzin besteht.

Etwas weiter hinten, am Stand der *Renewable Fuel Association* (Verband für erneuerbare Treibstoffe), parkt ein echter Rennwagen, auf dem die Kinder herumtollen dürfen. Während die Kleinen sich hinterm Steuer vergnügen, werden die Eltern über die Vorteile des Treibstoffs und die neuesten Entwicklungen auf dem Äthanol-Sektor informiert. Eine junge Frau, die für den Verband arbeitet, präsentiert die Fortschritte beim Ausbau des Tankstellennetzes mit »grünem Treibstoff« in den USA. »Letzten Sonntag waren wir in Atlanta, Georgia, und haben an einem einzigen Tag zwölf E85-Tankstellen eröffnet. Mittlerweile hat das Äthanol die Grenzen des Mittleren Westens überschritten.« Die Rennwagen, erklärt die junge Frau, werden zu achtundneunzig Prozent mit Äthanol betankt. »Die zwei Prozent Benzin werden nur hinzugefügt, um die Flüssigkeit für Menschen ungenießbar zu machen, weil ein Gesetz der Vereinigten Staaten Treibstoffe verbietet, die zu hundert Prozent aus Alkohol bestehen«, teilt sie mir ernsthaft mit. Ich versuche mir vergeblich die Ansammlungen von Alkoholikern vorzustellen, die ihre Flaschen an einer Tankstelle abfüllen und dann – wegen der zwei Prozent Benzin – darauf verzichten, sie zu leeren.

Ich schlendere weiter ins Innere der Rennstrecke, in den für Journalisten reservierten Bereich. Hinter der Boxengasse sind hier die Piloten, die Teamchefs und die Vertreter der Sponsoren versammelt. Marco Andretti ist da, Italo-Amerikaner, im Augenblick der gefragteste Rennfahrer, Sohn und Enkel der berühmten Indy-Champions Michael und Mario Andretti. Er ist gleichzeitig Werbebotschafter des Äthanol-Rennens. Von einer Fan-Traube umringt, verteilt er Autogramme und schüttelt Hände. Andere Rennfahrer setzen ihre Helme auf. Sie hören sich die letzten Ratschläge ihrer Teamchefs an. Dann gehen sie zu ihren Startplätzen und bereiten sich vor.

Nach wenigen Minuten beginnt das Rennen. Die Boliden fahren los und werden immer schneller. Sie sausen auf der ovalen Piste herum, begleitet von den lautstarken Kommentaren des Streckensprechers, der nach jedem dritten Satz ein Lob auf die Oktanzahl des neuen Treibstoffs einfügt: »Es ist Wahnsinn. Es ist effizient. Es ist amerikanisch!« Die Piloten fliegen über den

Rundkurs, der überwiegend aus Kurven und nur aus wenigen Graden besteht. Auf den Zuschauerrängen grölen die Fans, bewaffnet mit Ferngläsern, mit denen sie versuchen, einen Blick auf ihre Idole zu werfen. Die Autos liefern sich ein Kopf-an-Kopf Rennen, die Geschwindigkeit erreicht auf der Geraden fast dreihundertundzwanzig Stundenkilometer. »Äthanol«, sagt der Streckensprecher, »hat das gleiche Leistungsspektrum wie Benzin.« Der Lärm, der Geruch, die Begeisterung der Fans sind wie bei einem normalen Formel-Eins-Rennen. Am Schluss, nach zwei Stunden Rennen und Überholmanövern, nach Boxenstopps und einigen Unfällen, belegt Andretti den dritten Platz.

Ich verfolge das Rennen auf einem Mini-Fernseher im Container, der als Medienzentrum dient. Bei mir ist eine Gruppe von Bauern der *Iowa Corn Growers Association.* Wir sitzen um einen runden Tisch. Wir stellen uns vor. Der erste – Dean – ergreift das Wort. Er ist ein Hüne, sicherlich an die zwei Meter groß und über hundertunddreißig Kilo schwer. Unter dem blauen Vereins-T-Shirt kann man einen robusten Körperbau erkennen, der deutliche Anzeichen von Korpulenz aufweist. »Zum ersten Mal seit langem machen wir dieses Jahr keine Verluste. Der Preisanstieg für Mais ist für uns wie eine Sauerstoffdusche. Das alles ist Teil eines sinnvolleren Systems. Wir produzieren Mais, der sich zu höheren Preisen verkauft. Mit dem Mais wird Äthanol hergestellt, so dass wir weniger Erdöl von Regimes importieren müssen, die den Vereinigten Staaten gegenüber nicht gerade sehr freundschaftlich eingestellt sind. So wächst die nationale Wirtschaft, und wir sichern unsere Energie-Autarkie.«

An diesen Überlegungen gäbe es nichts auszusetzen, wenn diese amerikanische Subventionspolitik nicht den gesamten Getreideweltmarkt durcheinanderbringen würde und Auswirkungen noch auf entfernteste Zonen dieses Planeten hätte. »Es tut uns leid, dass es Hungeraufstände in Afrika gibt«, ergänzt Tim, ein eher vierschrötiger Landwirt mit dünner Stimme, »aber uns deswegen anzuklagen ist heuchlerisch. Wir haben doch den Preisanstieg nicht ausgelöst. Wir verkaufen unsere Produkte. Wenn deren Wert steigt, dann wegen der Spekulanten.«

»Ja schon, aber die Spekulanten kaufen *futures*, weil sie wissen, dass aufgrund der staatlichen Äthanol-Politik die Nachfrage nach Mais immer weiter steigen wird«, wende ich ein.

»Aber wir produzieren sogar mehr Mais als früher. Es ist nicht wahr, dass es weniger Mais auf dem Markt gibt. Nur ein Teil von dem, was wir produzieren, geht in die Treibstoffproduktion, der Rest wird als Nahrungsmittel oder Futter genutzt«, sagt ein anderer. »Hinzu kommt«, fügt Dean an, »das Erdöl importieren wir, das kontrollieren wir also nicht. Das Äthanol produzieren wir hier zu Hause. Diese Politik ist nicht nur gut für den Mittleren Westen und die anderen Bundesstaaten mit Äthanol-Produktion, sondern für das ganze Land.« Die Energie-Autarkie ist allerdings ein Reizthema in den USA, wo man mit der ständigen Angst lebt, vom Nachschub abgeschnitten zu werden. Der Hüne Dean führt seine Überlegungen weiter aus, mit einem Vergleich, der nicht ohne Überzeugungskraft ist: »Iowa ist das Kuwait Amerikas, und wir sind die Araber des Mittleren Westens.« Seine Freunde und Kollegen nicken bestätigend mit dem Kopf. Sie scheinen überzeugt. Sie sind nicht nur zufrieden, die eigenen Profite wachsen zu sehen. Sie sind auch davon überzeugt, eine nützliche Funktion für das ganze Land zu erfüllen: die USA aus der Abhängigkeit vom Erdöl zu befreien.

Aber auch wenn die Landwirte von Iowa eingefleischte Äthanol-Fans sind, so stößt der erneuerbare Treibstoff nicht überall auf ungeteilte Zustimmung. Sein Einfluss auf den Preisanstieg bei Mais hat vielmehr einen Graben aufgerissen, der das gesamte Land durchzieht, ohne Rücksicht auf die klassischen politischen Lager. Der Konflikt erinnert eher an die Situation des amerikanischen Bürgerkriegs: Die Südstaaten, deren Wirtschaft hauptsächlich auf der Tierzucht beruht, wurden von der Verteuerung des Mais hart getroffen. Sie behaupten, dass die Förderung des Äthanols ihrer Wirtschaft geschadet habe.

Auf dem Höhepunkt der Krise schrieb der Gouverneur von Texas, Rick Perry, im Sommer 2008 einen geharnischten Brief, in dem er den Kongress dazu aufforderte, diese Subventionen zu beenden oder wenigstens drastisch zu reduzieren.[85] Kalifornien stimmte für ein Gesetz zur Reduktion der Emissionen, das Äthanol stark benachteiligt.[86] Der seinerzeitige Gouverneur von Arizona und spätere Präsidentschaftskandidat von 2008, John McCain, war für die Abschaffung der Biotreibstoff-Förderung. Sein Wahlkampfgegner, der heutige Amtsinhaber im Weißen Haus, der Demokrat Barack Obama, war dagegen schon immer ein unermüdlicher Unterstützer der Subventionierung. Er gab offen zu, dass der Grund für seine Wertschätzung der Biotreibstoffe vor allem geografischer Natur sei: »Ich bin für Äthanol, weil Illinois ein großer Maisproduzent ist«, hat er verschiedentlich gesagt.[87] Auf dem Höhepunkt der Krise und der Hungeraufstände 2008 reduzierte sich die Debatte auf die Dichotomie »Essen oder Treibstoff«. Äthanol, so beharren seine Gegner, entzieht Mais dem Nahrungskreislauf und Ackerland der Bebauung mit anderen Kulturen. Das Ergebnis sei Nahrungsmittelknappheit. Dies ist insbesondere die These einer Studie der Weltbank, der zufolge die Nahrungsmittelkrise zu fünfundsiebzig Prozent auf die Produktion von Biotreibstoffen zurückzuführen ist.[88]

Die beiden Lager – Pro-Äthanol und Anti-Äthanol – bekämpfen sich mit Fernsehspots, wissenschaftlichen Studien und konzertierten Lobbyaktivitäten. Einer Studie, die belegt, dass Äthanol auch dazu beiträgt, den Benzinpreis zu senken, hält das andere Lager eine Studie entgegen, die exakt das Gegenteil bezeugt – und dass Äthanol sogar Betrug ist, weil zu seiner Produktion Energie aus fossilen Energieträgern notwendig ist, angefangen bei den Feldern, die bestellt werden müssen, bis hin zur Energieversorgung der Raffinerien.[89] Auf eine Studie, die nachweist, dass auch dank der Subventionen die Produktivität der Felder gesteigert wird, kommt eine andere, die belegt, dass man die gesamte westliche Hemisphäre mit Maisplantagen überziehen müsste, um den Energiebedarf der USA aus Äthanol zu befriedigen.[90] Sieht man sich die beiden Lager aber genauer an, scheinen die Unterstützer des Äthanols eher auf verlorenem Posten zu stehen. Mit seiner Verteidigung scheinen hauptsächlich die Landwirte des Mittleren Westens beschäftigt, und die Politiker, die sie vertreten.

Auch jene, die theoretisch für Biotreibstoffe sein müssten, wie die Umweltschützer, haben sich von Anfang an auf die Seite der Äthanol-Gegner geschlagen, mit dem Hinweis, dass es unberechtigt sei, Äthanol als »grünen Treibstoff« zu bezeichnen. Anführer dieser Denkschule ist zweifellos Lester Brown. Der Direktor des *Earth Policy Institute* (Institut für Umweltpolitik), eines *think tanks*, einer Art »Denkfabrik« für Umweltforschung in Washington, ist ein wahrer Guru der nachhaltigen Entwicklung.[91] Von der *Washington Post* als »einer der einflussreichsten Denker der Welt« bezeichnet, wurden ihm im Laufe seiner Karriere vierundzwanzig Ehrendoktorwürden verliehen, er hat mehr als fünfzig Bücher publiziert und über die Jahre ein ökologisch-ökonomisches Megaprojekt entwickelt, eine Art Aktionsplan, um Verschwendung und Ineffizienz zu reduzieren und den Planeten zu retten. Im Detail wird das in seinem Buch *Plan B 4.0* beschrieben, allerdings ohne jegliche Berücksichtigung von »Biotreibstoffen«.[92] Er hält sie nämlich für ausgemachten Schwindel.

Als ich ihn in Rom, am Rande der Präsentation der italienischen Übersetzung seines Buches treffe, habe ich einen bescheidenen Mann von ungefähr siebzig Jahren vor mir, mit grauen, verwuschelten Haaren, einem leicht zerknitterten Jackett und weißen Turnschuhen, die schon deutliche Gebrauchsspuren aufweisen. Brown erweckt den Anschein des zerstreuten, in die Jahre gekommenen Alt-Achtundsechzigers. Er bewegt sich etwas verlegen vor den Kameras der Fernsehteams und lächelt angestrengt bei den Fotoaufnahmen, zu denen er von den Pressebeauftragten der Veranstaltung genötigt wird. Er verbirgt seinen Ärger nicht. Ich warte nur darauf, dass er plötzlich unter einer Entschuldigung verschwindet, ein Taxi anhält und so weit wie möglich wegfährt. Aber sobald er spricht, ändert sich seine leicht distanzierte Art und er überzeugt durch die Kraft seiner Argumente.

Der Mann weiß, wovon er spricht. Er nennt Zahlen und Fakten. Rattert Berechnungen herunter. »Die Verwendung von Mais zur Herstellung von Äthanol schafft ein Problem weltweiten Ausmaßes. Dieses Jahr wurden im Mittleren Westen Amerikas ein Viertel der geernteten vierhundert Millionen Tonnen Mais nicht für Nahrung verwendet, sondern zur Energieerzeugung. Das hat ein Ungleichgewicht hervorgerufen, da sich die Reserven ohnehin verringert haben. In den letzten acht Jahren gab es in sieben davon ein Defizit bei der Getreideproduktion, und die Weltreserven haben mittlerweile den niedrigsten Stand seit achtunddreißig Jahren erreicht. Deshalb sind die Preise in die Höhe geschossen. In den letzten beiden Jahren hat sich an der Börse von Chicago der Preis für Mais mehr als verdoppelt. Ursache dafür ist einzig und allein die Äthanol-Euphorie, die die Produzenten im Mittleren Westen erfasst hat, nicht zuletzt dank der generösen Subventionen der US-Regierung.«

Ich halte ihm das Argument der Äthanol-Lobby von der Energie-Autarkie entgegen, die die Landwirte von Iowa so begeistert. Brown antwortet: »Das sind Argumente ohne faktische Begründung. Man muss sehen, dass selbst wenn man die gesamte vorhandene Anbaufläche der USA für die Äthanol-Produktion zur Verfügung stellen würde, man mit Mühe und Not auf sechzehn Prozent des gesamten Treibstoffbedarfs der amerikanischen Verbraucher käme. Und man muss auch sehen, dass die Energiebilanz von Äthanol sehr niedrig ist. Für jede bei der Produktion verbrauchte Energieeinheit werden höchstens 1,3 Energieeinheiten geschaffen.«

Kraft seiner Autorität hat Brown ein bisschen die Rolle des Sprechers der Bewegung »Nahrung gegen Treibstoff« übernommen. »Es besteht ein Wettbewerb zwischen achthundert Millionen Menschen, die ein Auto besitzen, und achthundert Millionen Menschen, die dem Risiko der Unterernährung ausgesetzt sind«, sagt er fast feierlich. »Wir stehen an einem Scheideweg. Um ein bisschen weniger für unsere Autos auszugeben, lassen wir Millionen Menschen auf der südlichen Erdhalbkugel hungern. Wir müssen der Realität ins Auge blicken: Sind wir bereit, ein solches Verbrechen zu begehen?«

»Kein Soldat nötig, um diese Felder zu verteidigen«

Die Argumente von Lester Brown sind keine Sondererscheinung. In vielen Teilen der Erde nehmen die Proteststimmen gegen Biotreibstoffe die Form eines lautstarken und vielstimmigen Chores an. Tierzüchter, Umweltschützer, Bauernverbände, Wissenschaftler und Beamte zweifeln in vielerlei Hinsicht an der Leistungsfähigkeit von Äthanol und Biodiesel, der aus Soja oder Palmöl gewonnen wird. Ihrer Meinung nach war die Entwicklung dieser Treibstoffe für den Preisanstieg verantwortlich, daher prangern sie – mit unterschiedlicher Akzentuierung – die Subventionspolitik der Vereinigten Staaten und teilweise auch Brasiliens an. Dort wird Äthanol jedoch aus Zuckerrohr gewonnen und hat eine weitaus bessere Energiebilanz als Mais, von der Lester Brown sprach.

Die Bilder großer amerikanischer Geländewagen verbinden sich für viele weltweit mit denen unterernährter Kinder. Ein großer Teil des Gipfeltreffens der FAO 2008 war dem Zusammenhang zwischen den neuen Treibstoffen und dem Preisanstieg für Lebensmittel gewidmet. Am Ende wurde, wie so oft bei solchen Tagungen, aber nichts entschieden. Im Abschlussdokument findet sich nur eine allgemeine Empfehlung, »ausführliche Studien durchführen zu lassen, um sicherzustellen, dass trotz Produktion und Verbrauch von Biotreibstoffen die weltweite Ernährungssicherheit die nötige Beachtung erfährt, um diese zu garantieren und zu erhalten«.[93]

In diesem Klima wachsender Feindseligkeit fühlen sich die amerikanischen Äthanol-Erzeuger zu Unrecht angeklagt, aus Gründen, die nicht sie betreffen. Sie lassen die Rollgitter herunter. Als ich bei der *Iowa Renewable Fuels Association* wegen der Besichtigung einer staatlichen Äthanol-Fabrik anfrage, schicken mir die Verantwortlichen eine Liste der Raffinerien und die Kontaktdaten der Betreiber. »Melden Sie sich direkt bei denen und fragen Sie dort, wann das möglich ist.« Etwas verwundert über die dürftige Unterstützung, beginne ich dennoch zuversichtlich meine Telefonate. Und stoße schnell auf eine undurchdringliche Mauer. Einige bitten mich, eine E-Mail zu schicken, auf die ich nie Antwort erhalte. Andere erklären mir, dass es zur Politik ihres Hauses gehört, keine Journalistenbesuche zuzulassen. Ein Dritter, dem ich einen ganzen Tag hinterher telefoniere, sagt mir am Ende mit verblüffender Ehrlichkeit, dass »wir es in diesem Augenblick bevorzugen, kein Aufsehen zu erregen, bis der Sturm sich gelegt hat. Daher vereinbaren wir derzeit keine Gesprächstermine mit Journalisten.«

Als ich schon fast aufgegeben habe, nach Dutzenden von E-Mails und ebenso vielen Telefonaten, nehme ich mir in einem Anflug von Verzweiflung vor, nun auch noch die letzte der auf der Liste verbliebenen Fabriken zu kontaktieren. Ich wähle die Nummer und wiederhole das, was mir bereits zur Standardformel geworden ist. »Hallo, ich bin Journalist und schreibe an einem Artikel über Biotreibstoffe und würde gern Ihre Fabrik besichtigen, um das Potenzial und die Vorteile Ihres Produktes besser zu verstehen.« Ich leiere das ziemlich mechanisch herunter, ohne Enthusiasmus, zermürbt von den vielen »Nein«, die ich in den letzten Stunden zu hören bekommen habe. Am andere Ende der Leitung fragt zu meiner Überraschung eine sehr freundliche Dame: »Wann wollen Sie denn vorbeikommen?« Ich bin einen Moment perplex, schweige ungläubig. Dann sage ich ihr, wann ich meiner Reiseplanung zufolge während der kommenden Woche in ihrem Bundesstaat sein werde, und füge hinzu, immer noch verblüfft über die unerwartet positive Antwort, dass mir jeder Tag recht sei. Dann vereinbaren wir einen Termin.

Die Fabrik befindet sich in West Burlington, einem verschlafenen Dorf an der Grenze zwischen Iowa und Illinois, in unmittelbarer Nähe des mächtigen Mississippi, der die Grenze zwischen beiden Staaten bildet. Die Raffinerie ist nicht zu übersehen. Ein stählerner Komplex, der wie eine gigantische futuristische Kathedrale inmitten der grünen Felder aufragt. Vor dem Eingang wartet eine scheinbar endlose Schlange von Lastwagen darauf, ihre Maisladungen loszuwerden. Ich gehe zum Empfang und treffe dort die Dame, mit der ich am Telefon gesprochen hatte. Sie bittet mich, einige Minuten zu warten, da ihr Chef gerade in der Mittagspause sei. »Er ist jeden Augenblick zurück«, ergänzt sie, bevor sie selbst sich in die Mittagspause verabschiedet. »Sie brauchen mich nicht, ich bin sicher, dass Sie Herrn Defenbaugh auf den ersten Blick erkennen.«

Wenige Minuten später fährt ein weißer VW New Beetle auf dem Platz vor dem Bürogebäude vor. Es ist das neue Modell, mit personalisierter Autonummer aus sieben Buchstaben: Ethanol. Die Fahrertür öffnet sich. Heraussteigt ein Riese von zwei Metern mit einem weißen Vollbart, der seine Brust bedeckt. Ray Defenbaugh hat strahlend blaue Augen, die einen lebhaften Geist verraten, eine Stimme, die aus den tiefsten Tiefen zu kommen scheint, und ein lautes Lachen, das wie Paukenschläge dröhnt. Er begrüßt mich mit einem festen Händedruck und sagt, als ich ihm zu dem schönen Auto gratuliere: »Den findet man nicht so häufig hier im Mittleren Westen. Hier fährt man hauptsächlich Geländewagen. Das ist ein europäisches Auto. Mit einem Unterschied: Es ist ein E85, er läuft mit fünfundachtzig Prozent Äthanol. Bei euch gibt es solche Autos gar nicht.«[94]

Erst nachdem wir uns schon einige Minuten unterhalten, fällt mir ein Detail auf, das mir bisher überraschenderweise entgangen war: Ray Defenbaugh hat nur einen Arm. Der rechte Arm endet am Ellenbogen in einem Stumpf, den er trotzdem bewegt, als wäre es ein normaler Arm. Weder verbirgt er ihn noch betont er ihn. Er benutzt den verkrüppelten Arm ganz selbstverständlich. An einem bestimmten Punkt, als er mir zeigen will, wo sich ein bestimmtes Lager befindet, benutzt er den Armstumpf, um auf die Position zu deuten: »Es liegt in dieser Richtung«, sagt er und zeigt mit seinem versehrten Arm dorthin. Durch die Art, wie er damit umgeht, fällt seine Behinderung kaum auf, und nach dem zu urteilen, was er damit machen kann, ist es möglicherweise gar keine Behinderung. Während der Stunden, die ich mit ihm in der Fabrik verbringe, schaffe ich es nicht, ihn zu fragen, wie und wann er den Arm verloren hat. Vielleicht weil ich eine Antwort wie diese befürchte: »Den Arm verloren? Was willst du damit sagen?«

Defenbaugh ist ein extrem umgänglicher Mensch. Er lädt mich auf einen Kaffee ein. »Wenn du ein bisschen früher gekommen wärst, hätte ich dir zum Mittagessen einen Laden gezeigt. Da bekommt man das richtige Fleisch des Mittleren Westens«, sagt er mit großer Herzlichkeit. Er trägt abgewetzte Jeans, ein weißes T-Shirt unter einem Hemd mit Karomuster und scheint weniger der Direktor einer der wichtigsten Äthanol-Fabriken Iowas als vielmehr ein einfacher Bauer zu sein. Und so sieht er sich auch selbst. »Wir sind eine kleine Bauern-Kooperative hier aus der Gegend. Vor einigen Jahren haben wir uns zusammengesetzt und beschlossen, dass es die Mühe wert ist, sich auf dieses Abenteuer einzulassen. Die Fabrik produziert hundert Millionen Gallonen pro Jahr, die im ganzen Mittleren Westen verkauft werden. Wir haben 2005 aufgemacht, und seitdem haben wir jedes Jahr den Umsatz gesteigert«, erzählt er, während er sich durch den Bart streicht.

Die Produktion von Mais-Äthanol wird hauptsächlich von zwei Investorengruppen betrieben: großen multinationalen Konzernen (darunter auch *Archer Daniels Midland*, mit Sitz in Illinois, der große Teile des Weltgetreidemarktes kontrolliert) auf der einen Seite und Kooperativen von Landwirten und Investoren auf der anderen. Die von Defenbaugh geleitete Fabrik gehört zu letzterer Kategorie. Er betont die ethischen Prinzipien, die ihn und seine Kollegen dazu gebracht haben, die Fabrik zu eröffnen: »Mais-Äthanol ist gut aus verschiedenen Gründen. Es erlaubt uns, den Wert einer Ware zu erhöhen, die wir hier in Hülle und Fülle haben. Mais wurde in einem solchen Überfluss produziert, dass der Verkaufspreis zuletzt unter dem Herstellungspreis lag. So hatten wir keine Zukunft. Indem wir aus Mais Äthanol machen, haben wir die Zukunftschancen unserer jungen Leute verbessert, die zurückkommen, um auf den Feldern zu arbeiten, und uns die Möglichkeit eröffnet, die Mittel zu erwerben, die zum Bau der notwendigen Infrastrukturen auf den Höfen notwendig sind.«

Dann fährt er fort, indem er seinen Blick über die Prärie von Iowa hinaus richtet, hin zu einer geopolitischen Gesamtperspektive: »Du bist auf unseren Straßen gefahren. Was hast du gesehen? Mais, Mais, Mais. Es gibt nichts anderes im Mittleren Westen. Wir haben den Mais und können Treibstoff produzieren: Aus einem Hektar Anbaufläche lassen sich jährlich fünfhundert oder mehr Gallonen Äthanol erzielen. Wenn du in Iowa oder Illinois herumfährst, siehst du diese Tausende und Abertausende Hektar, die mit Mais bepflanzt sind. Aber du siehst keinen einzigen Soldaten. Es gibt dieses ganze Äthanol, aber es braucht keinen einzigen Soldaten, um diese Felder zu verteidigen. Du wirst auch keinen jungen Mann und keine junge Frau tot in einem Plastiksack zurückkommen sehen, weil er oder sie diese Felder verteidigt hat. Also sage ich: Warum sollen wir unsere Kinder losschicken, um die Erdölfelder im Irak zu verteidigen, und zusehen, wie sie dort sterben, während wir hier zu Hause in Ruhe und Frieden unseren eigenen Treibstoff herstellen können?«

Ray ist nicht zu stoppen. Während er mich auf einem Rundgang durch die Fabrik begleitet, spricht er ohne Unterlass mit seiner Stentorstimme, die selbst den Lärm der Maschinen übertönt. Er zeigt mir den Ort, wo der Mais abgeladen wird. Er nimmt eine Handvoll Körner, schaut sie an, prüft die Qualität. Er erklärt mir die verschiedenen Verarbeitungsschritte, er zeigt mir die verschiedenen Behälter, in denen der Mais destilliert wird, er überschüttet mich mit technischen Einzelheiten über den Grad der Raffinierung. Er nimmt mich mit ins Labor, wo mit Hilfe eines computergesteuerten Systems Schritt für Schritt die Produktionsphasen überwacht werden.

Dann reicht er mir das Endprodukt: ein Fläschchen Äthanol, farblos und durchsichtig, von unbestimmtem Geruch. Er schaut es lächelnd an. »Das ist die Zukunft, machen wir uns nichts vor. Das Erdöl wird versiegen. Der Mais wird per Definition niemals aufgebraucht sein, er wächst nach.« Der Mann ist ein Pionier. Er hat angefangen, Biotreibstoffe zu produzieren, als noch niemand daran glaubte. Heute weist er jede Kritik daran entrüstet zurück. »Vor einigen Wochen kam ein Fernsehteam von Al Dschasira hierher, um für einen Beitrag zu drehen. Sie haben drei Tage in der Fabrik verbracht. Wir waren zehn Stunden am Tag zusammen. Und sie haben mir drei Tage lang immer wieder dieselbe Frage gestellt: Sehen Sie nicht, dass das, was Sie hier machen, Millionen Menschen auf der ganzen Welt in den Hunger treibt?« Während er mir davon erzählt, denke ich, dass das gerade die Frage war, die ich ihm als Nächstes stellen wollte. Ich lasse ihn weiterreden. »Diese Kritiken sind falsch und ungerecht. Der Preisanstieg bei Grundnahrungsmitteln ist auf verschiedene Faktoren zurückzuführen, etwa auf den Anstieg des Ölpreises und die Verteilungsmechanismen. Wir sind nur eine kleine Variable in einem weitaus größeren System, das wir ganz sicher nicht dominieren.«

»Viele sagen, dass das Äthanol nur aufgrund der Subventionen funktioniert und dass die Energiebilanz für die Herstellung dieses Treibstoffs alles andere als zufriedenstellend ist«, werfe ich ein.

»Sie sagen, dass das Äthanol nicht effizient ist. Dass die Produktionskosten höher sind als die Einnahmen. Wenn das wahr wäre, wie erklärt es sich, dass wir immer noch hier sind?«, fragt

Ray aufgebracht zurück. »Es würde auch nicht erklären, warum alle Äthanol-Fabriken bauen, nicht nur im Mittleren Westen, sondern in den gesamten Vereinigten Staaten.«

Tatsächlich unterstützt die Subventionspolitik der Regierung nicht direkt die Hersteller, sondern die Unternehmen, die Äthanol an den Tankstellen vertreiben. Wie auch immer man es betrachtet, die Zusammenhänge zwischen Ursache und Wirkung sind häufig schwer zu verstehen. Die Subventionen steigern die Nachfrage. Die Steigerung der Nachfrage führt zu einer Vergrößerung der Anbauflächen für Mais auf Kosten anderer Kulturen und steigert so die Preise für alle anderen landwirtschaftlichen Produkte. Die Importländer leiden unter der Preiserhöhung. Die Bewohner der Entwicklungsländer kämpfen ums Überleben und demonstrieren in den Straßen. Die kleine Variable, von der Defenbaugh spricht, kann diesen Prozess sehr wohl beeinflussen und blockieren.

Ein integriertes System

Zurück in Chicago erklärt mir ein junger *Trader*, den ich zufällig in der Cafeteria der Börse treffe, auf präzise, fast schon unterrichtsmäßige Weise das System der Variablen. Ich trinke gerade einen Kaffee, während ich auf ein Sandwich warte. Der junge Mann setzt sich neben mich. Er hat die ehrliche Miene eines Sprösslings aus guter Familie, ein eckiges Gesicht, blonde Haare und eine Brille, die ihm ein seriöses Aussehen verleiht. Er ist höchstens achtundzwanzig. »Anstrengender Tag?«, fragt er mich, als er Platz nimmt.

»Ich bin hier nur zu Besuch. Ich bin Journalist«, antworte ich. Sein Gesicht hellt sich auf.

»Und was hast du von dem verstanden, was sich hier abspielt?«

»Ich versuche hinter die Zusammenhänge zwischen Biotreibstoffen, Spekulation und Nahrungsmittelkrise zu kommen.«

»Das ist doch ein alter Hut«, antwortet er. »Möchtest du, dass ich es dir erkläre?«

Ohne meine Reaktion abzuwarten, nimmt er eine Serviette und beginnt rasch, ein Schema zu skizzieren. Er zeichnet Quadrate. In eines schreibt er »Mais«, in ein anderes »Weizen«, in ein drittes »Soja«. Zwischen die Quadrate malt er ein paar Pfeile. Auf den Pfeil, der Richtung »Mais« zeigt, schreibt er »Biotreibstoff«. Vom Quadrat mit dem Mais geht der nächste Pfeil zum Weizen, von dort zeigt ein weiterer Pfeil entschieden nach oben.

»Das Ganze funktioniert so«, beginnt er seine Erklärung. »Im Augenblick wollen alle Mais, es ist das Produkt mit der höchsten Nachfrage. Aber inzwischen sind sie zu spät dran. Den Mais hätte man vorher kaufen müssen, als der Markt weniger überlaufen war. Jede *commodity* ist Teil eines Systems. Wenn der Ölpreis steigt und man über Biotreibstoffe zu sprechen beginnt, kaufen alle Mais. Aber in der Zwischenzeit gibt es auch kleinere Produkte wie Weizen, die im Preis steigen, nur weil Anbauflächen, auf denen vorher Weizen angebaut wurde, jetzt für Mais vorgesehen sind, für das Äthanol, für die Biotreibstoffe. Also wird es weniger Weizen geben, der mehr wert sein wird. Wer jetzt Geld hat, sollte Weizen kaufen.«

»Hast du heute Weizen gekauft?«, frage ich.

»Ich habe Soja gekauft, weil es heute kleine Gewinnspannen gab. Ich arbeite nicht für mich. Ich bin Angestellter, das, was sie einen ›angemieteten *Trader*‹ nennen. Sie geben mir ein bisschen Geld, aus dem ich in kurzer Zeit mehr machen muss. Wenn ich es für mich selbst tun würde und eigenes Geld zur Verfügung hätte, würde ich es anders investieren.«

»In was?«

»Ich persönlich glaube, dass die zukunftsträchtigsten Investments nicht Rohstoffe, sondern Anbauflächen sein werden. Das Spiel mit den Rohstoffen wird Gegenstand kleiner Spekulationen sein, mit denen man durch die konjunkturellen Schwankungen der *futures* verdienen kann. Die echten Investitionen, mit sicherer und möglicherweise weitaus höherer Rendite, werden die Anbauflächen sein, vor allem in Ländern, in denen Anbau und Produktion sehr wenig kosten. Heute ist der Markt für Rohstoffe spekulativ überhitzt, aber das wird nicht bis in alle Ewigkeit anhalten. Es ist weitaus sicherer und gewinnbringender, in Anbauflächen zu investieren.«

In den Monaten nach meinem Ausflug in den Mittleren Westen der USA veränderte sich die Situation tatsächlich. Die Preise für Grundnahrungsmittel begannen zu sinken, wenn auch nicht bis auf das Niveau, das sie vor dem Hoch von 2007 hatten. Der Ölpreis pendelte sich auf einen erträglichen Stand ein und machte damit Investitionen in Äthanol weniger attraktiv. Die Krise des Bankensektors führte zu einem Rückgang der Kredite, wodurch viele Firmen, die auf die Produktion von Biotreibstoff gesetzt hatten, ihre Produktion zurückfahren und in einigen Fällen sogar aufgeben mussten. Die Blase war zwar nicht geplatzt, sie hatte aber deutlich an Luft verloren. Und die großen Investoren richteten ihre Aufmerksamkeit nun auf etwas, das greifbarer ist als Grundnahrungsmittel: auf Anbauflächen, den Rohstoff per Definition, die sichere *und* gewinnbringende Investition.

Es kam also genau so, wie es der junge *Trader* aus Chicago vorhergesagt hatte. Sofern er jemanden gefunden hat, der ihm sein Gehör schenkte und etwas Geld zur Verfügung stellte, wird er heute die Früchte seiner treffenden Vorhersage an einem exotischeren Ort als der Cafeteria im Untergeschoss des Wolkenkratzers des *Chicago Board of Trade* genießen.

5. BRASILIEN
Die Herrschaft der Agrokonzerne

Der Alte hat eine hohe Stirn, sein Teint ist von der Sonne tief-
braun gefärbt, seine Gesichtszüge glatt geschmirgelt von einem
Leben auf den Feldern. Sein Gesicht leuchtet und ist gezeichnet
von einer einzigen senkrechten Falte, die seine rechte Wange wie
ein Graben teilt. Seine schwieligen Hände gleichen zwei Schau-
feln, die er in großen Kreisen bewegt, um dann auf einen fernen
Punkt zu zeigen. »Bis in die sechziger Jahre war hier alles Wald,
es gab Bäume, es gab Tiere. Es war eine andere Welt. Sie haben
uns unsere Welt weggenommen.«

Der Alte gehört zum Indianerstamm der Guaraní. Er ist ihr
Häuptling, das lebende Gedächtnis der Gruppe, derjenige, der
erinnert und weitergibt. Er spricht im Namen aller. Seine erwei-
terte Familie, die mich am Eingang der Siedlung empfangen hat,
ist um ihn versammelt und hört ihm aufmerksam zu. Auf einer
Holzbank und auf einigen abgewetzten Plastikstühlen sitzen
etwa zehn Kinder sowie einige Männer und Frauen mit eckigen
Gesichtern und einem sanftem Lächeln, kaum gezeichnet von
ihrem schwierigen Leben. Sie leben alle in den paar Holzhütten
hinter ihnen. Ein Junge mit vorstehenden Wangenknochen und
strahlend weißen Zähnen liest völlig vertieft in einem Magazin.
Auf dem Umschlag ist ein Indio: Es sieht aus wie ein Bild, das
von einem Spiegel reflektiert wird. Ein Kind weint, es ist gerade
hingefallen und hat sich die Stirn mit Matsch beschmiert. Eine
Frau macht es mit einem Lappen sauber. Das Kind weint weiter.

Der Alte spricht und spricht. Neben ihm sitzt noch ein älterer
Mann, der ihm regungslos zuhört. Er versteht zwar kein Portu-
giesisch, aber kennt den Inhalt dieser Rede. Ab und zu schreckt

er aus seiner scheinbaren Benommenheit hoch und sagt etwas, wie um seinen Nebenmann dazu zu veranlassen, noch weitere Details hinzuzufügen, um den Gedankengang zu komplettieren. Der Alte starrt mich an und erzählt von seinem langen Leben voller Qualen und Übergriffe. »Sie haben uns das Land genommen. Und jetzt sind wir hier, mit nichts in der Hand, an diesem Ort, wo wir zu Hause waren.«

Der Bundesstaat Mato Grosso do Sul, im äußersten Westen Brasiliens gelegen, grenzt an Paraguay. Die Landschaft ist grün, aber eintönig. Es gibt keine Bäume, nur Plantagen bis zum Horizont. Früher war hier das *cerrado*, es gab eine tropische Vegetation, einer Savanne ähnlich, ein Ökosystem mit großer Artenvielfalt. Heute wird hier großflächig Soja angebaut. Mato Grosso do Sul bildet zusammen mit seinem nördlichen Pendant Mato Grosso, Paraguay, Teilen von Bolivien und dem östlichen Argentinien die sogenannte Vereinigte Soja-Republik, die sich über Millionen von Hektar erstreckt, auf denen man die »Wunderpflanze« anbaut, deren Samen auf der ganzen Welt als Tierfutter benutzt werden, zu Öl gepresst oder in verschiedenen menschlichen Nahrungsmitteln Verwendung finden. Brasilien ist der zweitgrößte Soja-Exporteur der Welt. Die Sojafelder sind im Laufe der letzten Jahrzehnte entstanden, als Folge eines Wettlaufs Richtung Westen, der aus der Nähe betrachtet an die Erschließung des amerikanischen Wilden Westens erinnert.

Weiße Siedler, ausgerüstet mit Traktoren und Kettensägen, haben die Bäume gefällt, das Land besetzt, die Felder gepflügt. Sie kamen aus den reichen Südstaaten Brasiliens und haben sich hier mit ihren Familien niedergelassen. Sie haben diejenigen vertrieben, die vorher hier lebten. »Heute ist der überwiegende Teil der Anbauflächen in ihrer Hand. Sie sind eines Tages mit einem Stück Papier in der Hand erschienen, das besagte, dass dieses Land ihnen gehört, und sie haben uns gesagt, wir sollen verschwinden. Wir haben keine Urkunden. Wir haben dieses Land nicht gekauft. Wir sind hier geboren. Wir sind ein Teil davon. Für uns ist das

Land Mutter und Vater. Das Land ist alles. Es gibt uns das Essen und das Leben«, sagt der Alte, blickt mir tief in die Augen und bewegt seine Hände, um mir zu zeigen, wie weit das Land reichte, auf dem seine Vorfahren frei lebten, pflanzten und jagten.

Vertrieben vom eigenen Land, verbannt in enge Reservate, häufig als billige Arbeitskräfte missbraucht, werden die Indios nicht müde, wenn auch mit wenig Aussicht auf Erfolg, die Rückgabe des ihnen laut Gewohnheitsrecht gehörenden Landes zu fordern, das nun von Großgrundbesitzern, den sogenannten *fazenderos* besetzt ist. Die noch etwa elftausend Guaraní von Mato Grosso do Sul, die heute in einem Reservat von dreieinhalbtausend Hektar leben, sind buchstäblich umzingelt von Großplantagen, in denen Soja angebaut wird. Wer sich gegen das auflehnt, was die ehemalige brasilianische Umweltministerin und führende Umweltpolitikerin Marina Silva ohne Zögern als »soziale Apartheid« bezeichnet, bezahlt häufig mit dem Leben. 2008 wurden sechzig Indios in Brasilien ermordet, davon zweiundvierzig Guaraní aus Mato Grosso do Sul.[95] Zusätzlich führt die Auflösung der traditionellen Stammesordnung in den Reservaten häufig zu internen Auseinandersetzungen sowie zu einer Selbstmordrate, die weltweit zu den höchsten zählt.[96]

Der Alte lässt die Etappen seiner Stammesgeschichte Revue passieren. Es ist eine lange Erzählung, typisch für die Kultur der mündlichen Überlieferung, die wiederholt, um nicht zu vergessen. Als ich ihn frage: »Seit wann ist das so?«, beginnt er in seiner Antwort mit dem sechzehnten Jahrhundert und der Ankunft der ersten Weißen. Er spricht von den Missionssiedlungen der Jesuiten, die in diesem Teil Lateinamerikas bis zur Vertreibung des Ordens 1767 florierten. Dann erzählt er von der Unabhängigkeit Brasiliens und dem Krieg der Dreier-Allianz (Brasilien, Uruguay, Argentinien) gegen Paraguay, in dessen Folge die Guaraní wegen angeblicher Kollaboration mit dem Feind vielen Schikanen ausgesetzt waren. Erst nach einem Umweg von einer guten halben Stunde kommt er in der Gegenwart an, beim großflächigen Abholzen der Wälder und den Großgrundbesitzern, die die Indios endgültig ihres Landes beraubten. Die Jahre vermischen sich und geraten ihm durcheinander, aber der Kern der Darstellung ist klar, konkret und fast physisch greifbar. Es reicht, einen Blick auf die Umgebung des Dorfes zu werfen, um den Sinn dieser Worte zu verstehen und die grausame Realität der Gegenwart zu erkennen. Einige Hundert Meter weiter beginnt ein mustergültig angelegtes Feld, das sich erstreckt, so weit das Auge reicht. Die Erde ist frisch gepflügt. Die hochmodernen Traktoren machen gerade Pause. »In einigen Tagen werden sie mit der Sojaaussaat beginnen«, sagt der Alte.

Die Bewohner der Hüttensiedlung nehmen mich mit, um mir den kleinen Streifen Land zu zeigen, auf dem sie das wenige anbauen, von dem sie leben müssen: Kartoffeln, Karotten, Salat. Auf einer Tenne sind fünf oder sechs Hühner. Dieses Stückchen Erde haben sie mit Zähnen und Klauen erkämpft. Sie kamen nachts und haben es besetzt. Dann bauten sie ihre Hütten und fingen an, das Land zu bewirtschaften. »Wir sind gekommen, um uns zurückzuholen, was einmal uns gehörte.«

Der *fazendero*, der die Eigentumsrechte an diesem Land besitzt, lässt sie im Augenblick gewähren, vielleicht weil sie nur einen winzigen Teil seines Landes besetzen. »Wir sind immer auf der Hut. Wir wissen, dass er von einem Moment zum nächsten seine Leute oder die Polizei schicken kann, um uns zu vertreiben.«

Ich schaue den alten Mann an, die Familie um ihn herum, ihre resignierten Blicke, ihre armseligen Pflanzungen, und ich merke, wie ich denke, dass ihr Kampf völlig aussichtslos ist. Das siegreiche Modell ist ringsum zu sehen: die agroindustrielle Großplantage. Die Indios sind in diesem Modell nicht vorgesehen, höchstens als Tagelöhner, landwirtschaftliches Proletariat, das nicht mehr über seine Produktionsmittel verfügt. Die Niederlage scheint mir endgültig: Der Alte und seine Angehörigen sind die Übriggebliebenen einer Welt, die zum Untergang bestimmt ist. Die Großplantagen sind die Zukunft, die sie hinwegfegen wird.

Mato Grosso do Sul ist ein Zukunftslaboratorium. Es ist eines der Gebiete, in denen seit mehr als zwanzig Jahren die großen multinationalen Agrokonzerne tätig sind. Auf der Straße, die von Norden her zur Stadt Dourados führt, einer großen Grenzgemeinde, etwa hundert Kilometer von der Grenze zu Paraguay entfernt, sieht man zwischen dem Grün der Sojafelder, die sich in einer scheinbar endlosen Folge lückenlos aneinanderreihen, die riesigen Bauten der Branchenführer: aus den USA *Cargill, Archer Daniels Midland (ADM), Bunge,* aus Frankreich *Louis Dreyfus.* Es sind Lager- und Verarbeitungsanlagen.

Diese Konzerne kontrollieren zusammen mit einer Handvoll anderer fast den gesamten Weltmarkt an Grundnahrungsmitteln – Soja, Weizen und Mais. Sie kaufen die Ernten auf und verkaufen sie in alle Welt. Sie kontrollieren meist nicht direkt die Anbauflächen, abgesehen von besonders ertragreichen Sonderfällen. Damit vermeiden sie Verluste in schlechten Jahren, die stattdessen die Landwirte tragen. Trotzdem haben sie den Produktionsprozess von Anfang bis Ende in der Hand, vom Anbau bis zum Verkauf, und erzielen so immense Gewinne aus dem Handel mit diesen Produkten.

Ihre multinationale Struktur erlaubt es ihnen, ihre Beschaffungspolitik auf der Basis ökonomischer Vorteile zu gestalten, indem sie von Fall zu Fall die Exportförderungen der jeweiligen Länder in Anspruch nehmen, aus denen sie exportieren, und indem sie die Zölle der Länder, in die sie importieren, häufig umgehen. Ihre gigantischen Lagerkapazitäten erlauben es ihnen, dann zu verkaufen, wenn die Preise auf den internationalen Märkten ihren Höhepunkt erreicht haben – und so manchmal auch diese Preise selbst mitzubestimmen.

Was sie da aufgebaut haben, ist ein echtes Oligopol. Beim Soja zum Beispiel kontrollieren fünf Konzerne (*Cargill, ADM, Bunge,*

Louis Dreyfus und der brasilianische Konzern *Avipal*) sechzig Prozent des brasilianischen Marktes und achtzig Prozent der Exporte nach Europa. Schaut man darüber hinaus weitere Bereiche an, so beherrschen allein *Cargill* und *ADM* fünfundsechzig Prozent des Weltgetreidemarktes.[97] Andere Großkonzerne, die häufig entweder direkt zu diesen Gruppen gehören oder mit ihnen in mächtigen, einträglichen Syndikaten verbunden sind, kontrollieren den *Input*: Dünger, Pestizide und Saatgut. Wie es der Delegierte des Verwaltungsrats von *Cargill* ausdrückte: »Wir produzieren Phosphordünger in Tampa, Florida. Dieser wird von uns in den USA und in Argentinien beim Sojaanbau eingesetzt. Das Soja wird von uns weiterverarbeitet zu Tierfutter und Öl. Das Futter wird nach Thailand geschickt, um damit Hühner zu füttern, die wir verarbeiten, kochen und verpacken, um damit Supermärkte in Japan und Europa zu beliefern.«[98]

Man muss sich nur umschauen, um den Grad an Durchdringung zu verstehen, den diese Konzerne untereinander erreicht haben. Auf der Straße, die quer durch das Bundesland Mato Grosso do Sul, von der Hauptstadt Campo Grande nach Dourados führt, steht neben jedem Feld ein Schild, auf dem der Name der angebauten Kultur und eine ausführliche Beschreibung der unterschiedlichen Sorten festgehalten sind. Es handelt sich dabei durchweg um genetisch verändertes Hybridsaatgut, und jede Sorte trägt das eingetragene Warenzeichen von *Syngenta* oder *Monsanto*. Aufgrund des politischen Drucks dieser agroindustriellen Großkonzerne hat sich Brasilien dem Anbau gentechnisch veränderter Pflanzen geöffnet,[99] der in der Europäischen Union dank des »Vorsichtsprinzips« bislang noch verboten ist.[100]

Die Macht der multinationalen Konzerne ist enorm, ihr Umsatz märchenhaft, ihre Möglichkeiten, die Politik ganzer Staaten zu beeinflussen, sehr groß. Daher nennen die *fazenderos* der Gegend, die mit ihren Großplantagen selbst nicht schlecht verdienen, die Unternehmen, die Soja aufkaufen, die »Fünf Schwestern«.[101]

»Die Bauern sind wie in einem Schraubstock gefangen, sie haben keine Wahl«, sagt Erminio Guedes dos Santos, ein Ingenieur, der eine Art Gewerkschaft der Erzeuger landwirtschaftlicher Produkte von Dourados leitet. »Die ganze Macht liegt bei den multinationalen Konzernen. Die Landwirte sind nicht in der Position, Preise festzusetzen. Sie finden sich damit ab. Auch wenn die Preise auf den Weltmärkten hoch sind, wird der mögliche Gewinn durch die sogenannten Flaschenhälse, also Engpässe, reduziert. Wenn wenige Konzerne den *Input* kontrollieren und den Handel betreiben, bleiben dem, der im Produktionsprozess steht, nur kleine Profitmargen.«

Erminio ist mittelgroß, jovial, um die fünfzig. Er schielt, und sein Silberblick verstärkt sich jedes Mal, wenn er lacht. Als ich ihn am Sitz seiner Gewerkschaft aufsuche, zeigt er sich von Anfang an sehr hilfsbereit. Kaum bin ich ohne Terminvereinbarung in seinem Büro angekommen, einem kleinen Zimmer mit Computer und Holztisch, auf dem sich ohne erkennbare Ordnung Berge von Papieren stapeln, und habe ihm mein Anliegen vorgebracht, zieht er schon sein Jackett an, schlägt mir auf die Schulter und sagt: »Zeit fürs Mittagessen. Gehen wir zum Messegelände. Unterhalten wir uns beim Essen.«

Auf dem Messegelände findet gerade eine große Landwirtschaftsausstellung statt, die jedes Jahr in Dourados auf einem brachliegenden Stück Land vor der Stadt veranstaltet wird, nur wenige Hundert Meter neben einer großen Anlage von *Cargill*. Das Werk begrüßt Besucher mit beeindruckenden Silos und riesigen Schriftzügen auf großen Schildern, weitaus größer als die Schilder, die die Touristen in der Stadt willkommen heißen. In den Ausstellungszelten werden an Ständen modernste Traktoren verkauft. Andere stellen Düngemittel aus, wieder andere Maschinen für die Aussaat und Bewässerung. Es gibt ein einfaches Restaurant mit Tischen und Stühlen aus Plastik, einen Schirm, um sich vor der Sonne zu schützen, und Teller beladen mit Bergen von appetitlich aussehendem Fleisch.

Während wir auf unser Essen warten, beschreibt Erminio seine Arbeit, die einem verzweifelten Unterfangen gleicht. »Wir versuchen gerade, das Monopol dieser Konzerne zu brechen. Wir sind dabei, eigene Lagerkapazitäten aufzubauen, die uns größere Unabhängigkeit verschaffen. Aber die Konzerne stecken häufig mit den großen *fazenderos* unter einer Decke, denen sie ganz gezielt bessere Preise anbieten, um die Front der Landwirte aufzubrechen. Mit dem Ergebnis, dass den Kleinbauern die Zukunft genommen wird. Am Ende bleibt ihnen nichts übrig, als an die Großgrundbesitzer zu verkaufen.«

Bestes Beispiel für einen großen *fazendero* in Brasilien ist Blairo Maggi, besser bekannt als »Sojakönig«. Als Besitzer von Ländereien, die sich über mehr als dreihunderttausend Hektar erstrecken und auf denen vorwiegend Soja angebaut wird, wählte man ihn 2003 zum Gouverneur des Bundesstaates Mato Grosso, dem Herzstück seines Unternehmens. Maggi, von Greenpeace mit der »Goldenen Motorsäge« ausgezeichnet für seine Mitwirkung an der Abholzung seines Bundesstaates sowie an der Ausweitung des Sojaanbaus vom *cerrado* bis an die Grenze der Regenwälder des Amazonas, hat die Wahlen gewonnen, eben weil er die Interessen des agroindustriellen Großkapitals vertritt, das sich auf den Großgrundbesitz stützt.

»Das ist«, fährt Erminio fort, während er ein äußerst schmackhaftes Rindersteak verzehrt, das in der Zwischenzeit auf seinem Teller gelandet ist, »eines der Grundübel Brasiliens: die Konzentration des Grundbesitzes. In den Soja-Anbaugebieten hier im Mato Grosso do Sul, im Mato Grosso, in den Bundesstaaten Rondônia bis hin nach Santarém im Pará, schon mitten im Amazonas, gibt es eine Anhäufung von Großgrundbesitz von teilweise mehr als tausend Hektar. Das ist ein weltweiter Spitzenwert.«[102] Nach dem Essen schlendern wir zwischen den Verkaufsständen

herum. Auf einem Bildschirm läuft ein Video, das die Leistungsfähigkeit einer Düngemaschine demonstriert. Ein paar Kinder
klettern auf einem Traktor herum. Wir verabreden uns für den
Abend, um unsere Unterhaltung fortzusetzen.

Nach Sonnenuntergang ist die Ausstellung noch voller. Jugend-
liche sind gekommen, Familien mit Kindern, Bauern mit dicken
Bäuchen, die riesige Fleischberge vertilgen und sie mit Litern von
Cachaça begießen, dem süßen, hochprozentigen Schnaps Brasiliens. Es sind auch einige Guaraní-Indios zu sehen, die sich etwas
verloren in der Menge bewegen und ohne große Überzeugung
versuchen, kunsthandwerkliche Produkte zu verkaufen.

Es ist wie ein Querschnitt von Dourados. Ein Ort, im Zuge
des brasilianischen »Landwirtschaftswunders« entstanden, in einer Grenzregion, schnell gewachsen, ohne ausreichende soziale
Absicherung. Auf den Straßen der Kleinstadt fahren die neuesten
Geländewagen und die brandaktuellsten Motorräder. Jeden Tag
drängeln sich beim Toyota-Händler die Interessenten. Die Geschäfte quellen über vor teuren Haushaltsgeräten. Abseits der
Hauptstraßen bewegen sich die Mitbürger mit der etwas dunk-
leren Hautfarbe – die wenigen, die sich in die Stadt wagen – zu
Fuß oder höchstens über den Lenker eines klapprigen Fahrrads
gebeugt. Das Klassenverhältnis zeigt man hier ohne Scham und
genau entlang der ethnischen Grenzlinien.

Die Herren hier sind weiß, sie kamen von anderswo und nah-
men sich mit Gewalt und unter Duldung der Behörden, die von
ihnen kontrolliert werden, das, was anderen gehörte. Die Besiedlung ist mittlerweile abgeschlossen. Die Fakten, was das Land
betrifft, sind geklärt: Die, die hier schon immer gelebt haben,
scheinen sich damit abgefunden zu haben, die Krümel aufzu-
lesen, die armseligen Reste jenes Festes, das auf ihre Kosten gefeiert wird. Sie leben am Rande der Gesellschaft, von dem wenigen, das ihnen gelassen wurde, oder von nichts, und flüchten
sich in Alkoholismus oder versinken in Depressionen.

Sie sind die Besiegten, die inzwischen nicht mehr die Kraft

haben, aufzubegehren. Anastácio Peralta, ein Indio, der Anthropologie studiert hat und mich in den Hüttensiedlungen herumführt, formuliert es so: »Es gab eine Zeit, da existierten weder Brasilien noch Bolivien noch Argentinien. Das war alles unser Land. Sie haben es uns weggenommen, und wir haben sie gewähren lassen. Wir haben nicht genug gekämpft. Es ist nicht einfach, mit diesem Gefühl der Niederlage leben zu müssen.«

»Jemand muss die Drecksarbeit machen«

»Sei willkommen«, begrüßt mich mit einer Umarmung Celso Dal Lago, ein beeindruckender Mann, stark wie ein Baum, mit himmelblauen Augen, einem kleinen Mund und schütterem Haar, das sich gerade noch unter dem Cowboyhut erahnen lässt, der hier das Erkennungszeichen für geachtete Landbesitzer zu sein scheint. Celso ist ein *fazendero*. Erminio stellt ihn mir auf der Landwirtschaftsmesse vor, erläutert ihm kurz, was ich hier mache. Celso ist gern bereit, mir seine Ländereien zu zeigen. Er gibt mir einen Termin am nächsten Morgen um sieben Uhr, wohl um zu verdeutlichen, dass hier auch Großgrundbesitzer hart arbeiten und wenig schlafen. Pünktlich auf die Minute holt er mich am nächsten Morgen mit seinem Auto vom Hotel ab, einem riesigen weißen Geländewagen, mit dem er durch die noch verlassenen Straßen Dourados' rast. Wir fahren ungefähr eine halbe Stunde, während der er mir erzählt, wie er nach Mato Grosso gekommen ist.

Seine Familie emigrierte aus dem Hinterland von Venedig nach Brasilien. Sie ließ sich zuerst in Rio Grande do Sul, dem Agrarstaat im Süden des Landes nieder, der zwischen dem Ende des neunzehnten und der ersten Hälfte des zwanzigsten Jahrhunderts einen Großteil der italienischen Auswanderer aufnahm. Dann packte sein Vater wieder die Koffer. Er hatte sich entschlossen, die Chancen zu ergreifen, die die »jungfräulichen Landschaften des Westens« boten. Er formuliert es wirklich genau so, mit einer Rhetorik, die einer Saga über den Goldrausch von Klondike entnommen zu sein scheint. »Er kam in den fünfziger Jahren nach Dourados, als es hier noch nichts gab. Er hat nur mit seinen Händen ein Imperium aufgebaut.«

»Hier ist das Imperium«, sagt er und biegt nach rechts ab, auf eine unbefestigte Straße, »wir haben gerade unser Land betreten.« Es gibt weder Zäune noch Wegweiser. Stattdessen sieht man Hektar um Hektar Land, auf dem Zuckerrohr angebaut wird. Wir durchqueren es mit dem Auto: Die grünen Rohre erreichen eine Höhe von bis zu zwei Metern. Sie bedecken das Land bis zum Horizont und hindern den Blick daran, abzuschweifen. Wir fahren eine weitere Viertelstunde, ohne einer Menschenseele zu begegnen. Diese Ländereien scheinen endlos zu sein. Dann biegt Celso erneut rechts ab und steuert ein Feld an, auf dem zwischen den Ackerfurchen eine riesige Maschine steht, ein Koloss aus Metall, hinter dem sich Berge von klein geschnittenem Zuckerrohr stapeln, die für eine Neubepflanzung vorgesehen sind.

»Hier ist die Ernte fast abgeschlossen. Wir sind jetzt dabei, wieder zu pflanzen.« Während wir uns unterhalten und zusammen über das Feld gehen, hilft eine Gruppe von Guaraní, das Zuckerohr zu stecken. Die Indios richten die von der Maschine in die Furchen gedrückten Setzlinge exakt aus. Ihre Gesichter sehen müde aus. Ihre langen Haare haben sie zu einem Zopf gebunden. Sie tragen langärmelige Hemden und Gummistiefel und grüßen ihren Chef mit einer Handbewegung. Er grüßt zurück.

Ich beschließe, Celso zu provozieren. Ich sage ihm, dass einige Gruppen und Organisationen die These vertreten, dass das Land, auf dem wir hier stehen, eigentlich den Indios gehört. Er sieht mich an, ohne mit der Wimper zu zucken. Er zeigt sich nicht im Mindesten verärgert über meine Kampfansage. Dann sagt er: »Wenn wir die Geschichte betrachten, gehörte ganz Lateinamerika den Ureinwohnern. Ganz Brasilien wäre dann ein Eingeborenenstaat. Man muss jedoch berücksichtigen, dass es in der Zwischenzeit eine Weiterentwicklung gab. Das Land ist gepflügt worden. Die Felder sind bestellt worden. Dank unserer Anstrengungen ist Brasilien jetzt Teil eines globalen Systems, und von diesem Fortschritt profitieren alle, auch die Ureinwohner. Wer sagt, dass diese Landflächen an die Indios zurückgegeben werden sollen, lebt auf einem anderen Planeten. Das kann nur jemand sagen, der eine vereinfachende Sicht auf die Dinge hat oder eine nostalgische. Er möchte ins sechzehnte Jahrhundert zurück, die Indianer im Urzustand sehen. Schau dich doch mal hier um: Sie arbeiten, sie verdienen Geld, sie sind in ein produktives System eingebunden.«

Ich entgegne, dass die Arbeit hier auf den Zuckerrohrfeldern anstrengend ist, teilweise sogar als Sklaverei bezeichnet wird. Celso regt sich auch diesmal nicht auf. »Es gibt ganze Abhandlungen darüber, dass diese Arbeit hier die Menschen kaputtmacht«, antwortet er. »Natürlich ist das eine anstrengende Arbeit, aber sicher nicht schlimmer als die Arbeit eines Bergmanns, der in ein Bergwerk einfährt, um Kohle zu schürfen. Alles hat seinen eigenen ökonomischen Aspekt: Jeder verdient hier entsprechend seiner Arbeitsleistung und seinem Bildungsgrad. Jemand muss ja auch arbeiten. Wenn nicht, wenn wir uns alle in klimatisierten Räumen die Zeit vertreiben würden, gäbe es keinen Weizen mehr, kein Zuckerrohr, kein Fleisch, gar nichts. Wir hätten nicht mal Fernseher, wenn nicht jemand die Handarbeit verrichten würde. Das ist der Punkt: Wenn wir Fernseher haben wollen, wenn wir Klimaanlagen haben wollen, brauchen wir jemand anderes, der die Drecksarbeit macht.«

Dal Lago macht keinen Hehl aus seiner Überzeugung. Er versteckt sich nicht hinter politisch korrekten Wendungen. Er will die Ungleichheit, die die Arbeitsbeziehungen und auch das gesamte Produktivsystem prägt, nicht wegdiskutieren. Im Gegenteil, er stellt sie fast als eine Art Verdienst dar. Die Tatsache, sich auf der Seite der Sieger wiederzufinden – derjenigen, die Fernseher und Klimaanlagen haben –, ist Beleg des Erfolges, eines tapferen Kampfes, einer Besiedlung, die es einer besitzlosen Familie von Emigranten – vielen Familien von Emigranten – erlaubte, richtiggehende Agrarimperien aufzubauen.

Solche Aussagen in unserem aufklärungstrunkenen und gleichheitsverliebten Europa vorzutragen wäre unmöglich, fast schon ein Verbrechen, in einem Europa, in dem ausbeuterische Beziehungen mit heuchlerischen Formulierungen von »geteilter Verantwortung« und »Teilhabe am Fortschritt« bemäntelt werden. Hier in Südamerika ist die Welt klarer unterteilt. Sie ist Schwarz und Weiß. Es gibt den *fazendero*, der Befehle erteilt, und es gibt die Indios oder die Tagelöhner, die für einen Hungerlohn arbeiten.

An einem bestimmten Punkt gesteht mir Celso, dass er eigentlich auch ohne dieses Heer von Hungerleidern auskommen könnte. »Ich muss eine bestimmte Anzahl von ihnen aufgrund eines Vertrags mit den lokalen Behörden beschäftigen. Dabei ist das Land hier flach. Die ganze Ernte oder Aussaat könnte man ausschließlich mit Maschinen durchführen.«

Das Zusammenleben dieser beiden Welten ist schwierig. Die Indios hassen die *fazenderos*; die ihrerseits die Verachtung, die sie für die Eingeborenen empfinden, nicht verbergen, denn sie halten sie für träge Kreaturen, fast schon für unterentwickelt. Der Rassismus ist hier mit Händen zu greifen, auch wenn die Landbesitzer nicht nur die an den Rand der Gesellschaft gedrängten Indios im Visier haben, sondern auch Organisationen wie den *Conselho Indigenista Missionário* (Missionsrat der Ureinwohner / CIMI) oder die *Fundaçao Nacional do Indio* (Nationale Indiostiftung / FUNAI), die sich auf staatlicher bzw. Bundesebene für die Anerkennung der Rechte der Indios einsetzen. Sie gehören zu den von Dal Lago erwähnten »Nostalgikern«. Sie sind die wahren Feinde. Seinen Worten ist zu entnehmen, dass er sie für echte Verräter hält. Denn sie schmähen jenen Fortschritt, den die Großgrundbesitzer gebracht haben wollen.

Die Epoche der Eroberung des brasilianischen Westens ist noch sehr präsent in den Köpfen. Und die Siedler mit den provinziellen Agrarimperien sind nicht bereit, zu akzeptieren, dass eine Handvoll Weiße (Umweltschützer und Indio-Hilfsorganisationen), in den angenehmen Küstenregionen des Landes behütet aufgewachsen, die noch nicht einmal wissen, wie Erde riecht, hierher kommen, um sie zu belehren. Daher betonen die *fazenderos* ostentativ ihre Macht, erheben sie quasi zu einem integralen Bestandteil ihrer gesellschaftlichen Stellung. Als wir auf der Rückfahrt nach Dourados an einer Polizeistreife vorbeikommen und ich nach dem Sicherheitsgurt greife, um mich anzuschnallen, gibt mir der mittlerweile unbefangene Dal Lago Zeichen, das sein zu lassen. Er sagt, während er mich unter seinem Cowboyhut ansieht: »Brauchst du nicht. Wir bestimmen hier, nicht sie.«

Celso lenkt das Auto weiter durch die Felder. Dann steuert er eine Hütte an. Es ist das Büro der *fazenda*: drei Zimmer, ein Sofa, ein paar Schreibtische, ein Computer und wenig anderes. Die Wände sind kahl, der Boden gefliest. Hier wird kein Luxus ausgestellt, kein Reichtum dreist vor Augen geführt. Im Unterschied zu den Großgrundbesitzern in Rio Grande do Sul oder zum Bundesstaat São Paulo, wo die Kolonisierung früher einsetzte und längst etabliert ist, gibt es hier keine prachtvollen Herrenhäuser. Es gibt hier auch keine Scharen von livrierten Bediensteten und Kellnern, wie ich mir vorgestellt hatte. Hier ist die Grenze. Die *fazenderos* leben in der Stadt und schlafen, wenn sie sich auf dem Land aufhalten, angezogen auf einem Sofa, wenn nicht auf dem Boden. Die Hütte ist das Symbol eines erst kürzlich erworbenen Reichtums, der seine bäuerlichen Wurzeln nicht vergessen hat.

Wir verlassen das Büro, bleiben neben einem Lattenzaun stehen. Dal Lago erzählt, wie er die Anbausorten wechselte. Zuerst pflanzte er Soja an, wie alle hier in Dourados. Mittlerweile hat er sich auf Zuckerrohr verlegt, das einen Großteil seines unermesslichen Landbesitzes bedeckt. »Ich hab damit vor einigen Jahren angefangen. Das Zuckerrohr, das du hier siehst, ist Teil eines

Projekts, das es uns ermöglichen soll, in jeder Saison ungefähr drei Millionen Tonnen davon zu produzieren, aus denen man sechs Millionen Liter Äthanol und hundertfünfunddreißigtausend Tonnen Zucker gewinnen kann. Die gesamte Produktion, vor allem das Äthanol, ist zunächst nur für den nationalen Markt bestimmt. Aber unser Hauptziel ist es jetzt, das Äthanol zu exportieren, speziell in asiatische Länder wie China und Japan.«

Dal Lago scheint die aktuellen Bestrebungen seines Heimatlandes vollkommen zu unterstützen, den Anbau von Zuckerrohr für Biotreibstoffe zu forcieren. Mato Grosso do Sul ist die letzte Grenze des aus Zuckerrohr gewonnen Äthanols – traditionell hauptsächlich im Bundesstaat São Paulo angebaut – und des aus Soja erzeugten Biodiesels. Der Conab *(Companhia Nacional de Abastecimento)* zufolge, einer brasilianischen Regierungsorganisation des Landwirtschaftsministeriums, gab es 2007 und 2008 einen Zuwachs von einundfünfzigtausend Hektar Zuckerrohr-Feldern im Bundesstaat, also umgerechnet zweiunddreißig Prozent mehr im Vergleich zum Vorjahr. Im August 2008 sagte André Puccinelli, der Gouverneur des Staates: »Im Laufe der nächsten sieben Jahre wird Mato Grosso do Sul der größte Äthanol-Hersteller der Welt werden.«[103]

Dal Lago berichtet, dass viele seiner Freunde und Kollegen mittlerweile ebenfalls auf Zuckerrohr umgestellt haben. »Es ist ein äußerst vielversprechendes Produkt.« Ich frage ihn, an wen er seine Erträge verkauft. Er sagt, dass er Anteile an einer Raffinerie erwerben möchte, die sie gerade in der Nähe errichten. Dass er aber im Moment nur an die üblichen »Fünf Schwestern« verkauft. Vor allem *Cargill, ADM* und *Bunge* sind in das Geschäft mit den neuen Treibstoffen eingestiegen und halten Anteile an den örtlichen Raffinerien, nicht nur in Mato Grosso do Sul. Sie haben über einige Beteiligungsgesellschaften Flächen aufgekauft, die direkt für den Anbau von Kulturen für die Herstellung von Biotreibstoffen genutzt werden sollen. »Brasilien ist Teil des globalen Geschehens, und diese Großkonzerne, die im Handel tätig sind, wollen nun auch in die Produktion einsteigen. Eine neue Tendenz. Vorher haben sie sich darauf beschränkt, die Produkte aufzukaufen«, ergänzt er.

Auch im Brasilien der Großgrundbesitzer vollzieht sich derzeit eine stille Landverschleuderung, weniger dreist und ungerecht als in Afrika, aber ebenfalls so besorgniserregend, dass sich die Bundesregierung im August 2010 gezwungen sah, ein Limit von fünftausend Hektar beim Landkauf durch Ausländer einzuführen. Dem *Instituto Nacional de Colonização e Reforma Agrária* (Nationales Institut für Besiedlung und Agrarreform / INCRA) zufolge, einem öffentlichen Institut, das eine Art Kataster der Anbauflächen unterhält, sind bereits knapp zwölf Prozent der Anbauflächen in Mato Grosso do Sul in den Händen ausländischer Unternehmen, deren Hauptziel es ist, Biotreibstoffe für den Export herzustellen.

Die neue Äthanol-Gesellschaft

»Ich glaube, der Trend ist unumkehrbar. Das Großkapital investiert in Äthanol, weil das der Treibstoff der Zukunft ist.« Roberto Rodrigues ist ein Mann mit vielen Interessen, der es liebt, in großen Zusammenhängen zu denken und langfristige Vorhersagen zu machen. Während der ersten Regierungszeit von Luis Inácio »Lula« da Silva war er Landwirtschaftsminister und gilt mittlerweile als unangefochtener Anführer der Pro-Äthanol-Lobby wie auch als führender Kopf der gigantischen PR-Aktion der brasilianischen Regierung und speziell des Ex-Präsidenten Lula da Silva zugunsten von Biotreibstoffen. Da Silva hat wiederholt und bei verschiedenen internationalen Treffen »die Vorteile [des Äthanols] bei der Reduktion der Treibhausgase« propagiert und jegliche Hypothese eines angeblichen Zusammenhangs zwischen dem wachsenden Äthanol-Verbrauch und dem Anstieg der Lebensmittelpreise als Unsinn zurückgewiesen.

Brasilien verfügt über eine lange Erfahrung in der Herstellung von Biotreibstoffen. Es hat mit der Produktion in großem Maßstab schon Mitte der siebziger Jahre begonnen, im Zuge des sogenannten *Proálcool*-Programms, das während der Militärdiktatur eingeführt wurde, um den Anstieg des Ölpreises und das Sinken des Zuckerpreises auf dem Weltmarkt aufzufangen.[104] Mit Subventionen und zinslosen Krediten wollten die regierenden Militärs damals zwei Fliegen mit einer Klappe schlagen: das Energieproblem lösen sowie die soziale und wirtschaftliche Krise bekämpfen, die dem Land als Folge des dramatischen Wertverlusts des brasilianischen Exportgutes Nummer eins – Zucker – drohte.

Damit schufen sie eine neue Industrie. In diesen Jahren entstanden Dutzende von Raffinerien, und der Anteil der mit Zuckerrohr bebauten Flächen erhöhte sich. 1986 fuhren neunzig Prozent der verkauften Neuwagen mit Äthanol. Auf die Jahre der Euphorie folgte jedoch die kalte Dusche: Die Party wurde durch den Preisverfall bei Rohöl vorerst beendet. Ende der neunziger Jahre produzierte fast niemand mehr Äthanol in Brasilien, so dass man sogar anfing, Äthanol aus den Vereinigten Staaten zu importieren. Der Anteil der äthanolbetriebenen Neuwagen fiel auf ein Prozent. Der Treibstoff aus Zuckerrohr schien Geschichte von gestern.

In den letzten zehn Jahren haben zwei Faktoren dazu beigetragen, das Projekt wieder in Schwung zu bringen. Einerseits die neuen Rekordpreise für Erdöl, andererseits die Entwicklung der Flexfuel-Technik, die es erlaubt, Autos sowohl mit Benzin als auch mit Äthanol zu betanken, so dass der Konsument sich direkt an der Zapfsäule entscheiden kann. In wenigen Jahren stieg die Produktion von Äthanol wieder an und erreichte 2009 fünfundzwanzig Milliarden Liter.

Heute ist das Land weltweit zweitgrößter Produzent von Äthanol, nach den Vereinigten Staaten, wo die Branche aber hauptsächlich aufgrund der staatlichen Subventionen überlebt. In

Brasilien dagegen trägt die Produktion sich selbst, sowohl weil die Produktionskosten niedriger sind, als auch weil der Energiegehalt des Zuckerrohrs den von Mais bei weitem übertrifft. Auch die Diskussion »Nahrungsmittelvernichtung versus Biotreibstoff-Produktion«, die in Amerika die Schlagzeilen beherrscht, lässt sich in Brasilien nicht mit denselben Argumenten führen. Die Anbaufläche von Zuckerrohr beträgt hier sieben Millionen Hektar, die zur einen Hälfte für die Zuckerproduktion und zur anderen für die Produktion von Äthanol genutzt wird. Das heißt, dass der Anteil der Anbauflächen, die für Biotreibstoff verwendet werden, insgesamt nur fünf Prozent der dreiundsechzig Millionen Hektar genutzter Anbauflächen in Brasilien beträgt, und nur ein Prozent der theoretisch nutzbaren Anbauflächen von dreihundertvierzig Millionen Hektar ausmacht.

So wird verständlich, dass das Geschäft nicht nur das Interesse der »Zuckerbarone« geweckt hat, der großen Familien, die seit jeher den Sektor kontrollieren, sondern auch dasjenige internationaler Unternehmen, die in Brasilien hauptsächlich im Hinblick auf die Expansion des lukrativen Exportmarkts produzieren wollen. Der Anstieg der Nachfrage in den asiatischen Ländern und die Selbstverpflichtung der Europäischen Union, zehn Prozent des Benzinverbrauchs im Transportbereich bis 2020 durch alternative, erneuerbare Treibstoffe zu ersetzen, generieren gewaltige Investitionen, mit denen die Produktion ausgeweitet werden kann, was eine Ausweitung des Exports von Treibstoff »made in Brasil« ermöglicht.[105]

Schwierigkeiten bereitet der US-Markt. Um die Konkurrenz durch das brasilianische Äthanol auszuschalten, das sehr viel effizienter ist als die eigene, auf Mais basierende Produktion, erheben die Vereinigten Staaten eine Steuer von vierundfünfzig Cent auf die Gallone Import-Äthanol. Die brasilianischen Produzenten verlangen regelmäßig die Abschaffung dieser Steuer, was bisher aber immer abschlägig beschieden wurde. Trotz dieser Konflikte stehen die USA und Brasilien auf derselben Seite der

Barrikade, wenn es um den weltweiten Einsatz für Biotreibstoffe geht. Im März 2007 wurde zwischen beiden Ländern sogar eine richtiggehende »Allianz für Äthanol« geschlossen, besiegelt während des Staatsbesuchs von George W. Bush in São Paulo, mit seiner offiziellen Unterschrift, mit ausuferndem Händeschütteln und Umarmungen vonseiten Lula da Silvas.

Die »Allianz« sieht die gemeinsame Nutzung von Technologie und Kapital für die Produktion von Äthanol in in den Ländern Zentralamerikas vor, die mit den USA den Freihandelsvertrag CAFTA (*Central America Free Trade Agreement*/Zentralamerikanisches Freihandelsabkommen) abgeschlossen haben.[106] Auf diese Weise kann der dort produzierte Biotreibstoff in die USA eingeführt werden, ohne dass die Exporteure Strafzölle zahlen müssen. Im Austausch stellen beide Länder auf neutralem Boden Technologien, Know-how und Kapital zur Verfügung und umgehen damit die vom Kongress der Vereinigten Staaten aufgrund des Drucks der Mais-Lobby des Mittleren Westens errichteten Einfuhrbarrieren.

Hinter dem von Bush und da Silva geschlossenen Vertrag und den wiederholten Pro-Äthanol Aufrufen Bushs, angefangen mit der Rede zur Lage der Nation 2006 bis zur vor kurzem noch verabschiedeten Gesetzgebung zugunsten der Erhöhung des Anteils der erneuerbaren Energien, steckt ein Interessenverband, der sowohl in Brasilien wie in den Vereinigten Staaten aktiv ist und dabei kontinentale Ziele im Auge hat: die Interamerikanische Äthanol-Kommission (*Inter-American Ethanol Commission*, mittlerweile umbenannt in *International Ethanol Commission*).

Ihr erklärtes Ziel ist es, »Regierungen der westlichen Hemisphäre davon zu überzeugen, den Verbrauch an Biotreibstoffen zu steigern«. Die Gründer dieser privatwirtschaftlich organisierten Kommission sind niemand anderes als Roberto Rodrigues und Jeb Bush, Ex-Gouverneur von Florida und jüngerer Bruder des ehemaligen US-Präsidenten. Es ist kein Geheimnis, dass es die guten Vermittlerdienste der Kommissionsmitglieder gewesen

sind, die die Treffen, die Vertragsunterzeichnung und den Handschlag zwischen Bush und Lula ermöglicht haben. Es ist ebenso
wenig ein Geheimnis, dass hinter diesem Abkommen der Wunsch
steckt, sich von den erdölexportierenden Ländern unabhängig
zu machen und das Energiegleichgewicht in der Welt neu zu
definieren.

Roberto Rodrigues ist der Mann, mit dem man sprechen muss,
wenn man sich diese Mechanismen erklären lassen möchte. »Wir
haben nur mit unseren jeweiligen Präsidenten gesprochen und
ihnen ein paar Ratschläge gegeben«, spielt er das Ganze herunter,
als ich ihn an einem frühen Morgen an der Universität von São
Paulo treffe, wo er ein Forschungsprogramm zu Biotreibstoffen
leitet. Es ist halb acht. Als ich ihn am Vortag anrief, bat mich der
Ex-Minister, ihn um diese Uhrzeit in seinem Büro zu treffen.
»Wenn es für Sie nicht zu früh ist«, fügte er in einem herzlichen
Ton hinzu und gab mir damit zu verstehen, dass es keine Alter-
nativen gab.

Das Gebäude liegt einsam und verlassen. Der Angestellte am
Empfang schreibt mit noch verschlafenem Gesicht meinen Namen auf ein Kärtchen. Er verabschiedet mich – *Bom Dia* – und
gibt mir einen Besucherausweis. Ich steige die Treppen hinauf
und gelange zu einem kleinen Raum, ein kleiner Tisch, zwei
Stühle und eine Sekretärin, die schon an der Arbeit ist, trotz der
frühen Stunde. »Bitte, Professor Rodrigues erwartet Sie schon«,
sagt die junge Frau und öffnet mir die Tür zu einem weitaus
größeren Zimmer, das von breiten Fenstern erhellt wird, mit einem langen Schreibtisch im Hintergrund, Regalen voller Bücher,
an den Wänden Fotos, Zeugnisse, Dankesschreiben, Ehrendoktorwürden und so weiter.

Rodrigues ist klein, hat ein rundes Gesicht und tiefliegende
Augen, mit denen er mich aufmerksam betrachtet. Er ist um die
sechzig. Die Fotos hinter dem Schreibtisch zeigen eine ganze
Reihe von Kindern und Enkelkindern. Er kommt mir lächelnd
entgegen. Er trägt ein langärmeliges Hemd und Krawatte. Auf

der Brusttasche des Hemdes sind klein, aber deutlich lesbar seine Initialen – R. R. – gestickt. Er entschuldigt sich für die Uhrzeit unseres Treffens. »Aber ich breche gleich zu einem langen Familienwochenende in unser Haus auf dem Land auf.«

Angesichts der frühen Stunde noch nicht ganz auf der Höhe beginne ich, ihn zu der Kommission, die er mitgegründet hat, zu befragen. Er möchte eine Vorbemerkung machen, die Antwort auf eine Frage, die ich ihm gar nicht gestellt habe, die aber überall diskutiert wird. »Diese Kontroverse, Nahrung gegen Biotreibstoffe, ist eine falsche Kontroverse. Biotreibstoffe sind eine völlig andere Sache als Nahrungsmittel. Sie brauchen sehr viel mehr Sonne. Sie wachsen nicht in der gleichen Umgebung.«

»Das gilt vielleicht für Zuckerrohr, aber nicht für Mais«, entgegne ich.

»Ich habe unseren amerikanischen Freunden zu erklären versucht, dass Mais zur Herstellung von Biotreibstoffen völlig ungeeignet sei, aber sie haben ein schwerwiegendes innenpolitisches Problem, und im Augenblick schaffen sie es nicht, ihre Politik zu ändern.«

Das »schwerwiegende innenpolitische Problem« besteht offenbar aus der Lobby der Maisbauern im Mittleren Westen, die ebenfalls Äthanol herstellen und nur dank der staatlichen Subventionen und dank der Importschranken für ihren direkten Konkurrenten, den brasilianischen Biotreibstoff, überleben können. Rodrigues hält die Zollbarrieren für ein temporäres Problem. »Sie ergeben keinen Sinn. Die Vereinigten Staaten müssen sich für Äthanol aus dem Ausland öffnen, weil es gar keine andere Möglichkeit gibt, um die vom Kongress vorgegebenen Ziele zu erreichen. Als Nächstes müssten sie die eigene Produktion von Brennstoff aus Zuckerrohr forcieren, in den Südstaaten, wo das Klima für den Anbau dieser Pflanzenart geeignet ist.«

Der Ex-Minister spricht nur ungern über den »Zoll-Krieg« zwischen den Vereinigten Staaten und Brasilien. Zum einen weil die Beibehaltung der Strafzölle ein deutlicher Beleg dafür ist, dass die Bauern des Mittleren Westens mächtiger sind als seine Kommission mit ihren zahllosen Bemühungen, diese aufzuheben. Zum anderen – und nach und nach erkenne ich, dass das der Hauptgrund ist – weil er sie für eine lästige Kleinigkeit hält, eine nicht weiter erwähnenswerte Sache innerhalb einer grandiosen und unendlich schöpferischen Vision, die seiner Ansicht nach das Schicksal des gesamten Planeten verändern wird.

»Die heutige Zivilisation ist ein Gigant auf tönernen Füßen«, sagt er emphatisch, jedes Wort betonend. »Sie basiert auf einer endlichen Energiequelle: den fossilen Brennstoffen. Das ergibt alles keinen Sinn.« Rodrigues fixiert mich mit seinen tiefliegenden Augen und fährt fort. »Ich denke, dass es bald eine neue Gesellschaft geben wird und dass ihre treibende Kraft die Biotreibstoffe sein werden.« Seine Idee besteht darin, dass die erneuerbaren Energien, speziell jene, die aus der Landwirtschaft stammen, der Ausgangspunkt einer epochalen geopolitischen Veränderung sein werden, deren Initiator Brasilien werden muss.

Beide Hände in entgegengesetzte Richtungen bewegend, als ob sie mit einem Zauberwürfel von Rubik beschäftigt wären, erläutert Rodrigues detailliert seine Zukunftsvision: »Biotreibstoffe und Agroenergie werden sich zwischen dem Wendekreis des Krebses und dem des Steinbocks entwickeln, auf einer Fläche, die ganz Lateinamerika, Afrika südlich der Sahara und einen guten Teil der armen Länder Asiens einschließt. Das, was sich ändern wird, ist das weltweite landwirtschaftliche Paradigma. Aber ändern wird sich auch die weltweite Geopolitik, weil diese tropischen Länder ärmere Länder sind, mit weniger Arbeit und weniger Reichtum. Das heißt, wir haben zwischen diesen beiden Wendekreisen Anbauflächen, Wasser, Sonne und verfügbare Arbeitskräfte. Allerdings kein Kapital. Das Kapital wird aus dem Norden kommen, der einen Großteil der Energie verbrauchen wird.«

In der Vision von Rodrigues werden es die Staaten des Nordens sein, die damit aufhören müssen, Erdöl zu völlig überzogenen Preisen von Ländern zu kaufen, die häufig instabil und nur wenig vertrauenswürdig sind. Stattdessen sollten sie anfangen, direkt in die Produktion der Biotreibstoffe in den Ländern des Südens zu investieren, die »die Umwelt weniger verschmutzen, günstiger sind und vor allem unendlich«. Der Plan basiert auf einer wichtigen Voraussetzung, die der Ex-Minister sofort selbst nennt. »Ich bin der Meinung, dass die Biotreibstoffe zur wichtigsten *commodity* des 21. Jahrhunderts werden. Aber um das zu erreichen, muss ihre Produktion ausgebaut werden, sie müssen diversifiziert und in mehr Erdteilen produziert werden, genau wie das Erdöl.«

Das Ziel Brasiliens dabei ist das folgende: Aus dem Äthanol eine *commodity* zu machen, einen Rohstoff, dessen Wert auf den internationalen Märkten ausgehandelt wird. Um das zu erreichen, ist es notwendig, nicht nur den Kreis der künftigen Konsumenten auszuweiten, sondern auch den der Lieferanten, der nicht zu begrenzt sein darf. So erklärt sich auch das Abkommen zwischen Bush und Lula, in Zentralamerika zu produzieren, und die diversen Vorstöße, in Subsahara-Afrika eine Produktion aufzubauen, »in der Region, die zwischen dem Wendekreis des Krebses und dem des Steinbocks liegt«. Daher rührt auch die Idee eines neuen »landwirtschaftlichen Paradigmas« ebenso wie die Notwendigkeit, den brasilianischen Äthanol-Markt für die großen multinationalen Konzerne der Welt zu öffnen, denen der Agrarindustrie wie auch denen aus der Erdöl-Branche.

Das Projekt ist ehrgeizig, aber es ist nicht wirklich vermessen. Die Vereinigten Staaten und die Europäische Union haben sich verbindliche und kurzfristige Ziele bezüglich der Steigerung des Biotreibstoff-Verbrauchs gesetzt. Die Erdölvorräte gehen zur Neige und sind außerdem in Regionen und Ländern konzentriert, die von wenig vertrauenswürdigen Regierungen geführt werden. Der Vorschlag des Ex-Ministers könnte eine wertvolle Alternative sein. Aber ein Element berücksichtigt er nicht: Brasilien hat die Größe eines Kontinents und unendlich große Anbauflächen, von denen es zumindest einen Teil für die Produktion von Biotreibstoffen zur Verfügung stellen kann.

Nicht alle Länder zwischen dem Wendekreis des Krebses und dem des Steinbocks, von denen Rodrigues spricht, tatsächlich sogar keines vielleicht mit Ausnahme der Demokratischen Republik Kongo, die jedoch von Wäldern bedeckt ist und der jegliche Infrastruktur fehlt, weisen die notwendigen Charakteristiken auf. So gesehen ist die Diskussion »Nahrungsmittel versus Biotreibstoffe« eben kein »falsches Problem«. Sie betrifft unmittelbar die Existenz von Millionen Menschen, die auf diesen Anbauflächen leben und arbeiten und die nun von einem Tag auf den anderen ihr Ackerland aufgeben, ihre Gewohnheiten ändern sollen, um die Geburt jener »neuen Gesellschaft« zu befördern, von der sie ziemlich sicher nicht als Erste profitieren werden.

»Die teuflische Allianz des Großkapitals«

João Pedro Stedile ist ein hochgewachsener Mann mit grauem Bart, tiefblauen Augen und einer tiefen, volltönenden Stimme, die von Zeit zu Zeit in ein durchdringendes Lachen ausbricht. Er ist der Sprecher einer der berühmtesten sozialen Bewegungen der Welt, des *Movimento dos Trabalhadores Rurais Sem Terra* (MST / Bewegung der landlosen Landarbeiter). Sie stand im Mittelpunkt der großen Kämpfe um eine Agrarreform und von denkwürdigen Landbesetzungen, zusammen mit anderen Organisationen, die sich dem Kampf gegen die Großgrundbesitzer und die agroindustriellen Konzerne verschrieben haben. Nach dem, was er sagt, hat die Bewegung seit ihrer Gründung 1984 die Enteignung von vierzehn Millionen Hektar Land aus Großgrundbesitz bewirkt und fast vierhunderttausend Familien dabei unterstützt, ihr Recht auf Land durchzusetzen.

Ehemals ein enger Weggefährte von Lula, der selbst aus der gewerkschaftlichen Basisorganisation kommt, sieht Stedile den

Ex-Präsidenten heute als Geisel des agroindustriellen Großkapitals. Um Stedile zu treffen, fahre ich nach São Paulo, zum Sitz der Bewegung, einem kleinen, ein wenig heruntergekommenen Haus im Stadtzentrum. Ich gehe hinein und werde in ein Wartezimmer gebracht, ein kleiner Raum mit zwei Sofas, ein paar Stühlen und abbröckelndem Putz an den Wänden, die mit ein paar vergilbten Plakaten verschönert wurden. Im Vorraum steht ein einfacher Schreibtisch, der als Empfang dient und auf dem ein Telefon unablässig klingelt. Eine junge Frau ist ganz alleine für den Telefondienst zuständig. Kaum hat sie aufgelegt, klingelt es schon wieder.

Ich sehe ihr zu, wie sie spricht und wieder auflegt, spricht und wieder auflegt, und denke daran, wie ich einige Tage vorher aus Rom angerufen habe, um mit der Verantwortlichen für internationale Beziehungen zu sprechen und einen Termin mit Stedile zu vereinbaren. Ich verbrachte eine Stunde damit, immer wieder eine ständig besetzte Nummer anzurufen, bevor es mir gelang, durchzukommen. Während ich an diesem römischen Nachmittag ziemlich sauer auf sie gewesen war, betrachte ich die junge Frau jetzt mit einer Mischung aus Mitleid und Sympathie. Sie arbeitet wie eine Maschine, leitet Anrufe an die zahlreichen Nebenstellen weiter oder erteilt selbst Auskünfte. Ich schlafe fast ein, als ich so auf dem Sofa sitze und ihren mit einer erstaunlich gleichbleibenden Freundlichkeit vorgetragenen Antworten zuhöre. Nach rund einer Stunde erscheinen zwei Mitglieder des MST und teilen mir mit, dass wir den Ort wechseln müssen. »Der Genosse João Pedro hat gerade eine Besprechung beendet und erwartet dich, aber nicht hier. Wir gehen zu ihm.«

Ich steige mit ihnen in einen Kleinbus. Sie platzieren mich hinten, ich kann nicht sehen, wo wir hinfahren. Der Bus rast los. Nach zwanzig Minuten kommen wir an einem Gebäude an, das aussieht wie eine verlassene Schule. Es handelt sich um ein zweistöckiges Gebäude mit einem kleinen Garten. Im Erdgeschoss befindet sich ein langer Saal mit einem großen Besprechungstisch aus grobem Holz. Oben gibt es zwei Räume, einen für Versammlungen und einen für die Kurse, die die Bewegung für ihre Mitglieder veranstaltet. In einem der beiden Räume, mit vielen aufeinandergestapelten Stühlen an den Wänden, einer Wandtafel, auf der noch ein paar Besprechungspunkte stehen, und der unvermeidlichen Flagge Brasiliens mit dem Motto *Ordem e Progresso* (Ordnung und Fortschritt) empfängt mich Stedile.

Er begrüßt mich mit einer freundschaftlichen Umarmung, vielleicht weil ich ihm von einer gemeinsamen Freundin empfohlen worden bin, die inoffizielle Vertreterin von MST in Italien ist. Er entschuldigt sich für die Verspätung – mittlerweile sind schon zwei Stunden seit dem vereinbarten Termin vergangen. »Eine Versammlung hat sich länger hingezogen. Ich hoffe, das macht dir nichts aus.« Ich lächle ihn an und sage, dass ich froh bin, ihn zu sehen. Tatsächlich bin ich kurz davor, aus Schlafmangel umzukippen, weil ich morgens direkt aus Italien angekommen bin und den ganzen Tag in São Paulo unterwegs war; es ist jetzt neun Uhr abends, und wenn man die Zeitverschiebung berücksichtigt, ist es für mich jetzt ein Uhr nachts.

Ich sammle meine Kräfte, um mit dem Interview zu beginnen. Stedile ist gut gelaunt und zugänglich. Man merkt, dass er gerne redet. Er beginnt von seinem Verhältnis zu Italien zu erzählen. Auch er stammt eigentlich aus dem Veneto. Auch er ist, wie Celso Dal Lago und Millionen anderer Brasilianer, Kind der Massenemigration Ende des neunzehnten und Anfang des zwanzigsten Jahrhunderts. Er sagt, dass auch er ins Land seiner Vorfahren gereist sei, aus dem seine Großväter stammen, wo er einige entfernte Verwandte getroffen habe. Er betont, dass er mehrfach in Italien gewesen sei, aber leider »spreche ich eure schöne Sprache nicht, auch wenn ich sie zumindest verstehe«.

Stedile ist oft unterwegs. Er und die anderen Führungsmitglieder von *Sem Terra*, den Landlosen, sind Mitglied bei *Via Campesina*, jener Gruppe von Landarbeiter- und Bauernverbänden, die für das Überleben einer kleinbäuerlichen Landwirtschaft kämpfen, die nachhaltig für die Umwelt und das Land ist. Sie kommen bei großen internationalen Veranstaltungen der Organisation zusammen und bei Tagungen zur Ernährungssouveränität, während derer sie ihre eigenen Kämpfe mit denen der Bauernbewegungen von Ostafrika, Südostasien und Zentralamerika koordinieren.

Die *Sem Terra* teilen mit der *Via Campesina* die Grundpositionen. Für sie sind die neuen Bestrebungen zur Förderung von Biotreibstoffen nichts als eine »neue Etappe der Vertreibung der Bauern von ihrem Land«.

»Also seid ihr gegen die Biotreibstoffe?«, frage ich ihn.

»Wir sind nicht von vornherein gegen Biotreibstoffe. Wir betrachten Erdöl als das schlimmere Übel und sind der Meinung, dass das gegenwärtige System des Individualverkehrs mit einem absurden Treibstoffverbrauch und einem unglaublichen Ausstoß von Treibhausgasen und anderen Schadstoffen kritisch überprüft werden muss. Was die Biotreibstoffe angeht, so sind wir tatsächlich gegen die Art und Weise, wie ihr Ausbau vorangetrieben wird. Hier in Brasilien werden wir gerade Zeugen der Entstehung einer teuflischen Allianz mit dem Ziel, die Interessen der drei großen Sektoren des internationalen Großkapitals zu vereinen: der Ölkonzerne, der multinationalen Konzerne, die den Agrarhandel und das gentechnisch veränderte Saatgut kontrollieren, und der Automobilhersteller.«

Stedile spricht nicht in Schlagworten. Er liefert Daten und Zahlen. Dank des Netzwerks seiner Aktivisten und sympathisierender Wissenschaftler ist er in der Lage, eine detaillierte Übersicht über die neuen Entwicklungen auf diesem Gebiet zu geben. »Das Abkommen vom März 2007 war das Startzeichen für den rundum abgesicherten Einmarsch des internationalen Großkapitals in Brasilien. Vierzehn Milliarden Dollar sind in kurzer Zeit hier angelegt worden. Darüber hinaus werden zwei Pipelines für Äthanol gebaut, eine von Cuiabá nach Paranaguá und eine von Goiás nach Santos. Entlang dieser beiden Pipelines entstehen derzeit siebenundsiebzig neue Äthanol-Raffinerien. Ein großer Teil von ihnen gehört dem internationalen Großkapital.«

Ich höre dem Anführer dieser Basisbewegung zu und denke wieder an Roberto Rodrigues. Die beiden sind Antipoden. Stedile benutzt stellenweise dieselben Worte wie der Ex-Landwirtschaftsminister, aber mit entgegengesetzter Bedeutung. Das von der Interamerikanischen Äthanol-Kommission aufgestellte Zukunftsprogramm bedeutet für ihn die schlimmste Sache, die der Menschheit passieren kann. »Es gibt einen großen Plan, Biotreibstoffe nicht nur in Brasilien, sondern auf der gesamten Südhalbkugel zu produzieren, wo dafür angeblich die besten Voraussetzungen bestehen, weil es mehr Sonneneinstrahlung gibt und mehr freie Anbauflächen. Das bedeutet aber letztlich nichts anderes als einen weiteren Ausbau der Plantagen und Monokulturen, betrieben vom Großkapital, in denen landwirtschaftliche Erzeugnisse, die für den menschlichen Verzehr vorgesehen sind, für die Produktion von Treibstoffen genutzt werden. Sie wollen ein Modell, dessen schädliche Auswirkungen in Brasilien bereits unübersehbar sind, auch noch nach Afrika und Südostasien exportieren.«

Ich halte ihm die Argumente von Rodrigues und der Äthanol-Industrie entgegen. »In eurem Land gibt es gar keine Notwendigkeit, sich zwischen Nahrung und Treibstoff zu entscheiden. Die mit Zuckerrohr bepflanzten Anbauflächen betragen gerade mal fünf Prozent der Gesamtfläche.« Es zuckt kurz rund um Stediles blaue Augen. Ich merke, dass er überrascht ist, aber ich kann seine Gedanken nicht lesen. Ich weiß nicht, ob ihn die dreiste Äußerung ärgert oder ob er mir dankbar ist für meine Vorlage, die es ihm erlaubt, Inhalte zur Sprache zu bringen, die ihm besonders am Herzen liegen.

Er überlegt kurz, dann formuliert er seine Antwort: »Das ist nicht ganz wahr, was du da sagst. Die mit Zuckerrohr bepflanzte Anbaufläche bewegt sich auf das Landesinnere zu, wo die fruchtbarsten Böden sind. Das Zuckerrohr verdrängt bereits den Anbau von Bohnen und Mais und die Weiden, die für Milchvieh und Fleischproduktion genutzt werden. Dies wird erhebliche Probleme für die Nahrungsmittelproduktion Brasiliens verursachen. Einmal ganz abgesehen von einem anderen Aspekt, der in der Landwirtschaft wirksam wird: Wenn ein Produkt besonders hohe Profite abwirft, werden alle anderen teurer. Da Äthanol den durchschnittlichen Profit in der Landwirtschaft erhöhte, sind die Preise für alle anderen, mengenmäßig im Anbau deswegen reduzierten landwirtschaftlichen Produkte gestiegen. Das ist der perverse Aspekt dessen, was sich aus ökonomischer Sicht gerade in Brasilien abspielt. Der Preis für Anbauflächen ist gestiegen, der Preis für landwirtschaftliche Produkte ist gestiegen, bis zum derzeitigen Durchschnittspreis, der sich aufgrund des Äthanols erhöht hat.«

Ich höre Stedile zu und denke wieder an Rodrigues. Sie sind Antipoden, wie man es auch betrachtet. Physisch ist der eine robust und großgewachsen, der andere klein und ein bisschen dicklich. Auf der formalen Ebene empfängt dich einer spätabends mit zwei Stunden Verspätung in einem Raum voller aufgestapelter Stühle. Der andere empfängt dich frühmorgens bei Sonnenaufgang, absolut pünktlich, in seinem mit Auszeichnungen übersäten Büro. Ihre Erfahrungen, ihr Lebensstil, ihre Ideen sind völlig gegensätzlich. Einer hat sein Leben damit zugebracht, Kämpfe von unten zu organisieren, eine Bewegung zu schaffen, die aus der Landbesetzung eine Waffe gemacht hat und aus der Agrarreform ihre wichtigste Forderung. Der andere ist Repräsentant des Großkapitals, das in die Landwirtschaft investiert.

Es sind die perfekten Vertreter zweier völlig gegensätzlicher Lager, die nicht miteinander kommunizieren und nur selten in Berührung miteinander kommen. Sie beziehen sich auf zwei Referenzmodelle, zwei Weltanschauungen und haben daher zwei Vorstellungen von der Zukunft Brasiliens und des gesamten Planeten, zwischen denen es keinerlei Verbindung gibt. Sie vertreten zwei Gruppen, eine mächtig und reich, die andere dafür zahlenmäßig größer. Auf der einen Seite also die agroindustriellen Multis, die Investoren, die ich in Genf sah, die Großgrundbesitzer aus Mato Grosso do Sul, Personen, deren Interessen nicht immer übereinstimmen, die aber alle den ökonomischen Dominoeffekt als Referenzpunkt hochhalten, die Steigerung der Produktivität, die Eroberung ausländischer Märkte. Auf der anderen Seite die Kleinbauern wie die, deren kurze Performance ich beim Gipfeltreffen der FAO in Rom ansah, die auf der gesamten Südhalbkugel in Ruhe weiter ihre Böden bearbeiten wollen, ohne von den Vertretern der ersten Gruppe vertrieben zu werden. Stedile ist das brasilianische Pendant zum Indonesier Henry Saragih: hartnäckig, kämpferisch, überzeugt von den eigenen Ideen. Aus seinen Worten – und jenen, die ich in Gesprächen mit anderen Anführern oder Aktivisten in den Regionen von São Paulo und Mato Grosso do Sul wechselte – konnte ich eine klare, gesicherte, unauslöschliche Erkenntnis ziehen. Im Unterschied zu den Guaraní-Indios, die ihren eigenen Zustand als Besiegte verinnerlicht zu haben scheinen, verfügen die Vertreter der *Sem Terra* über die Kraft und den Willen zu kämpfen. Sie haben ein klares Gesellschaftsmodell.

Bewegungen wie die *Sem Terra* und viele andere auf der ganzen Welt, vom Netzwerk der Bauernorganisationen und der Agrarproduzenten Westafrikas (ROPPA) über die Bauernvereinigung Ostafrikas bis zum Indonesischen Bauern- und Landarbeiterverband Saragihs, versuchen die Kleinbauern von der Notwendigkeit zu überzeugen, auf ihrem Land zu bleiben und dem Druck der großen Multis oder der neuen Investoren, die sich auf die Landwirtschaft verlegt haben, zu widerstehen. Indem sie sich zusammenschließen, versuchen sie sich der Übermacht und den Argumenten von Männern wie Roberto Rodrigues entgegenzustemmen, den Unterstützern der Kernthesen der Agroindustrie: ausufernde Plantagenwirtschaft, weitere Verbreitung von Monokulturen, kommerzielle Landwirtschaft und Konzentration auf den Export.

Das ist ein schwieriger Kampf, der in den kommenden Jahren noch härter werden wird. Eine Schlacht, in der vermutlich kein Kompromiss zu erzielen sein wird. Beide Gruppen, ideal repräsentiert durch Stedile und Rodrigues, sind dazu bestimmt, immer häufiger aufeinanderzuprallen, da sie, obwohl unterschiedlichen Universen angehörend, in ein und derselben Welt leben und deshalb um ein einziges Gut konkurrieren: die Anbauflächen, von denen es immer weniger geben wird und die deshalb immer wertvoller werden.

Während ich noch über die Gespräche mit Stedile und Rodrigues nachdenke, über ihre jeweilige Logik und ihre Argumente, denke ich, dass die Situation in Brasilien etwas vorwegnimmt, das bereits heute häufig passiert und in den kommenden Jahren weltweit noch sehr viel häufiger der Fall sein wird. Mit dem immensen, in wenigen Händen konzentrierten Großgrundbesitz und der außerordentlichen Marktbeherrschung durch die agroindustriellen Multis sind die bäuerlichen Regionen seit vielen Jahren eine Brutstätte für Bewegungen, die eine Agrarreform fordern, und ein Brennpunkt des Kampfes um Anbauflächen. Diese Konflikte werden sich auf globaler Ebene immer mehr ausweiten, mit immer härteren Zusammenstößen zwischen den Vertretern der Kleinbauern und denen des Großkapitals. Der Ausgang dieses Kampfes wird aller Wahrscheinlichkeit nach darüber entscheiden, wie der Planet aussehen wird, auf dem wir im einundzwanzigsten Jahrhundert leben werden.

6. TANSANIA
Die Grenze der Biotreibstoffe

Reihen neben Reihen, lang und ordentlich, erstrecken sich bis an den Horizont. Die Plantage bedeckt die gesamte Ebene, erstreckt sich über die angrenzenden Hügel und verliert sich im Dunst der Ferne. Es sind achttausend Hektar, also so viel wie zwölftausend Fußballfelder. Es gibt keine Umzäunung, nur hier und da einige weiße Schilder mit roter Aufschrift: »Kein Zutritt«. Dahinter eine Monokultur. Eine Pflanze, kaum einen Meter hoch, mit breiten Blättern, die von einem gut im Boden verwurzelten Stiel abgehen. Die Blätter, von einem verwaschenen Grün, sehen irgendwie krank aus.

Aber das ist unwichtig. Bald werden sie abgeschnitten, die Stiele herausgerissen, um den Samen zu ernten, den eigentlich wertvollen Bestandteil dieser Pflanze, deren Namen die Bauern der Gegend bereits auswendig kennen: die Jatropha oder Purgiernuss. Sie wächst auch auf den schlechtesten Böden, auch bei absolutem Wassermangel. Diese unscheinbare Pflanze ist für viele der Treibstofflieferant der Zukunft, denn aus dem Samen kann man ein Öl gewinnen, das als Brennstoff für Motoren verwendet werden kann.

Die Böden hier sind weder schlecht noch trocken. Wir sind im Distrikt Kisarawe, rund siebzig Kilometer von Daressalam entfernt, der politischen und wirtschaftlichen Hauptstadt Tansanias. Rundum liegen grüne Hügel, auf denen Maniok und Kartoffeln angebaut werden. Die unbefestigten Straßen werden von Bäumen und Pflanzen aller Art gesäumt. Bananenstauden mit der typischen lila Blüte und den grünen Blättern, die sich zur Seite neigen, hochgewachsene Kokospalmen, Avocadobäume voller

Früchte, große Mangos, die sich vom Himmel abheben. Die Gegend ist äußerst fruchtbar. Der Boden leuchtend rot.

Auf den Straßen sieht man Lastwagen mit Wassertanks und Fahrradfahrer, die Kohle transportieren, die Hauptenergiequelle in dieser Gegend ohne elektrischen Strom. Die schwarzen Brocken sind in kunstvolle, aus Palmblättern gefertigte Säcke gepackt, die hinten auf dem Fahrrad befestigt sind. Bis an den Rand gefüllt, sind diese Säcke bis zu drei Meter hoch, und von weitem sieht es so aus, als ob viele bewegliche Türme auf zwei Rädern durch die Gegend schwankten. Die Radfahrer treten kräftig in die Pedale, sie fahren im Zickzack um die Wasserpfützen herum. Der Weg ist schlammig. Es hat erst gestern geregnet. Auf den Feldern sind die Bauern bei der Arbeit. Männer und Frauen mühen sich zwischen den Ackerfurchen ab. Sie schwingen die Hacke. Sie graben und säen. Sie haben keine Pflüge. Es gibt keine Bewässerungssysteme. Es ist eine Landwirtschaft, die nur dem Lebensunterhalt dient. Einen Teil ihrer Ernte verbrauchen sie selbst, den Rest verkaufen sie auf den Märkten der Region.

Das Dorf Muhaga ist eine Ansammlung von ungefähr hundert Holzhütten, die zwischen den Feldern verstreut liegen. Auf einem Stück unbebautem Land spielen Kinder Fußball, als Tore dienen zwei in der Erde vergrabene Lkw-Reifen. Auf der einen Seite steht eine Reihe von Gemeinschaftstoiletten. Auf einem etwas größeren freien Platz unter einem Laubdach ein gemauertes Gebäude, solider als die anderen, mit blauen Außenwänden: die Dorfschule, errichtet dank der finanziellen Unterstützung irgendeines Entwicklungsprogramms. Hier empfangen mich die Dorfbewohner. »Karibu!, Willkommen!«, rufen sie im Chor auf Suaheli.

Es sind ungefähr zehn: Der Dorfvorsteher, dazu vier Männer und fünf Frauen unterschiedlichen Alters. Eine ganz alte Frau mit abwesendem Gesichtsausdruck, gekleidet in eine große gelbe Tunika mit der Karte Afrikas als Muster. Ihr Gesicht ist unter einem Meer von Falten begraben, sie hat ein vorstehendes Kinn und scheint zu schlafen. Ein Mann neben ihr klimpert mit einem Schlüsselbund. Ich frage mich, wozu sie dienen. Hier fahren keine Autos, und die Hütten haben keine Schlösser.

Ein junger Mann um die dreißig starrt mich lächelnd an. Er macht mir mit dem Kopf ein Zeichen, fordert mich auf, ihn anzublicken. Er kramt in seinen Taschen und zieht dann eine grüne Frucht hervor, rund, kaum größer als eine Murmel. Er öffnet sie. Er schält sie. Heraus kommt eine trockene, braune Nuss. »Das ist Purgiernuss-Samen. Das bauen sie auf den Feldern an, die früher mal uns gehörten.«

Nachdem sich alle vorgestellt haben, ergreift der Dorfvorsteher, Athumani Mkambala, das Wort. Ein kleiner Mann um die fünfzig in Arbeitskleidung: eine etwas zu große Hose, ein weiß-blaues Hemd, ein paar Schuhe ohne Schnürsenkel. Er hat ein winziges Gesicht und einen langen Hals. Und einen Gesichtsausdruck, der vage an eine Schildkröte erinnert, was sich jedes Mal verstärkt, wenn er lacht und dabei die Zähne bis zum Zahnfleisch entblößt. Der Mann hat mich gerade auf der Plantage herumgeführt. Er stieg mit mir zur Spitze des Hügels hinauf, wo man die besten Fotos von der Gegend machen kann. Er ist mit mir sogar bis zum Tor des großen Agrarbetriebs gegangen, als ich versuchte, mit jemanden von dem Unternehmen zu sprechen, das hier Purgiernüsse anbaut. Eine lächerliche Szene, in der ich mich auf Anraten von Athumani als Bekannter eines Dorfbewohners ausgab, den ich in Daressalam getroffen hätte, und nun aus Neugier die Plantage besichtigen will. »Wenn du sagst, dass du Journalist bist, jagen sie dich gleich fort.« Stattdessen haben sie mich nach drei Minuten weggejagt.

»Heute ist niemand da, komm morgen wieder«, sagte ein Wachmann, der vermutlich nicht eine Sekunde an die Geschichte des ausländischen Touristen mitten in der tansanischen Provinz geglaubt hat.

Aber dennoch ist niemand eingeschritten, als wir die Plantage kreuz und quer durchstreiften, mit Notizblock und Fotoapparat.

Die Anlage war offen und unbewacht, abgesehen von den »Kein Zutritt«-Schildern, die wir ignorierten. Vielleicht weil es unmöglich ist, achttausend Hektar einzuzäunen oder zu kontrollieren. Während unseres gesamten Rundgangs, der ungefähr eine Stunde dauerte, hat mir Athumani Orte gezeigt, mir Fotomotive vorgeschlagen. Er hat mir technische Einzelheiten der Felder erläutert und auf der Karte veranschaulicht. Aber auf meine wiederholten Fragen, wie viel Anbaufläche denn enteignet worden sei, wann und warum das geschehen sei, wollte er nicht antworten.

Erst äußerte er sich nur vage dazu, dann hat er die Unterhaltung einfach abgebrochen. »Jetzt ist es Zeit, sich umzusehen. Wir haben nachher noch Zeit zum Reden.« Also hörte ich auf zu fragen, schaute die Reihen der Purgiernuss-Pflanzen an, die Wasserpumpe, die Schilder, die auf ein Lagerhaus in anderthalb Kilometern Entfernung hinwiesen. Ich betrachtete diese enorme Plantage trockener Pflanzen und versuchte mir all die Fragen zu merken, die ich Athumani stellen wollte, aber für die ich auf die »Zeit zum Reden« warten musste.

Zurück im Dorf gehen wir direkt zur Schule. Einige Mitglieder des Begrüßungskomitees erwarten uns schon. Andere kommen nach einigen Minuten. Kaum habe ich das Gebäude betreten, verstehe ich die Zurückhaltung meines Begleiters. Der Dorfvorsteher möchte in Anwesenheit seiner Gemeinschaft sprechen. Er möchte, dass dieses Ereignis von anderen geteilt wird. Er möchte nicht wie jemand erscheinen, der sich allein mit dem Journalisten *mzungo*, dem Weißen, der aus Europa kam, unterhalten hat. Jetzt sitzt Athumani auf einer Bank, ist von seiner Gemeinschaft umgeben, fühlt sich offensichtlich wohler und eröffnet nun offiziell das Treffen.

Er erzählt, wie die Fremden ins Dorf kamen und wie sie angefangen haben, diese kleine Pflanze anzubauen, die jetzt die gesamte Landschaft dominiert. Er spricht langsam, versucht sich jedes Detail zu vergegenwärtigen. Hin und wieder schaltet sich jemand ein, um ihn an eine Sache, ein Ereignis zu erinnern. Sie sprechen teilweise fast im Chor, was immer »im Chor sprechen« bei einer Diskussion bedeuten mag, wenn alles, was sie sagen, für mich vom Suaheli ins Englische übersetzt werden muss.

Die Erzählungen von Athumani und den anderen zeichnen eine Geschichte der Enteignung nach, die auf Betrug basiert, auf nicht eingehaltenen Versprechungen, auf kleiner und alltäglicher Korruption, in die öffentliche Stellen in unterschiedlichem Umfang verwickelt sind. Alles fing an im Jahr 2006. Ein Parlamentsabgeordneter des Distrikts Kisarawe kam nach Muhaga. Er sagte, ein Investor sei daran interessiert, hier Purgiernüsse anzubauen. Er bat die Dorfgemeinschaft, auf einen Teil ihres Landes zu verzichten und ihn dem Geschäftsmann zu überlassen. »Es ist eine einmalige Gelegenheit für die Entwicklung. Die ausländische Firma wird eine Schule bauen, ein Krankenhaus, eine Wasserpumpe, neue Straßen. Alle Familien werden von ihr Geld als Entschädigung erhalten. Und es werden neue Arbeitsmöglichkeiten geschaffen.«

Es gab eine Dorfversammlung. Viele waren nicht einverstanden. Der Abgeordnete kam noch einmal ins Dorf. Er sagte, dass der Geschäftsmann an den Äckern von insgesamt elf Dörfern interessiert sei und zehn davon schon zugestimmt hätten. »Er hat uns mitgeteilt, dass nur wir noch fehlten. Ende 2008 haben wir unsere Zustimmung gegeben. Dann haben wir entdeckt, dass der Abgeordnete auf diese Weise alle elf Dörfer reingelegt hat.«

Mehr als zwei Jahre später haben die Bewohner von Muhaga immer noch keine befestigten Straßen, kein Krankenhaus, nur das Schulhaus mit einem Klassenzimmer, in dem wir miteinander sprechen, und keine Wasserpumpe für fließendes Wasser. Und das Geld kam auch nicht an. »Nur zwei Familien haben eine Entschädigung erhalten«, sagt Athumani. Das einzige Versprechen, das eingehalten wurde, betrifft die Arbeitsmöglichkeiten. Einige Hundert Menschen aus den betroffenen Dörfern sind auf der Plantage angestellt, für hundertundachttausend Schilling im Monat (ungefähr zweiundfünfzig Euro). Diese Summe liegt über dem von den tansanischen Gesetzen vorgesehenen Mindestlohn. Aber die Arbeitsbedingungen sind hart.

»Wir arbeiten von halb acht Uhr morgens bis halb sechs Uhr abends«, erzählt der junge Mann, der mir den Samen gezeigt hat und der seit rund einem Jahr auf der Plantage angestellt ist. »Sie geben uns eine Stunde Mittagspause, das Essen müssen wir uns von zu Hause mitbringen. Wir sind die ganze Zeit in der Sonne. Es gibt keine Toiletten. Wir versprühen Pestizide ohne Atemschutz. Die Firmenchefs haben kein großes Interesse an unserer Gesundheit.«

Die betreffende Firma heißt *Sun Biofuels*, ein britisches Unternehmen, das seit einigen Jahren Biotreibstoffe in Ostafrika produziert. Neben der Konzession für Tansania haben sie noch eine für Mosambik und eine kleinere für Äthiopien, die nicht für die Produktion, sondern nur für Versuche genutzt wird. In Kisarawe haben sie die besagten achttausend Hektar bekommen, mit einer Laufzeit von neunundneunzig Jahren. Eigentlich wollten sie achtzehntausend Hektar. Die Einwohner von Muhaga haben den Vertrag nie gesehen. Sie haben nie irgendetwas unterschrieben. Sie wissen nicht einmal, wie viel Land insgesamt an die *Sun Biofuels* vergeben wurde. Bis jetzt haben sie mehr als siebzehnhundert der rund fünftausendachthundert Hektar verloren, die ihnen zur Verfügung standen. Ein Drittel ihrer Anbauflächen. »Aber künftig könnten sie sich noch mehr Land nehmen. Niemand hat uns irgendwas gesagt.«

Die anderen zehn Dörfer haben alle mehr oder weniger Land in der gleichen Größenordnung abgetreten: zwischen dreißig und fünfundvierzig Prozent. Einige Entschädigungen wurden ausbezahlt. Aber weder sind die Kriterien klar, nach denen der Wert des Bodens festgelegt wurde, noch ist klar, warum einige Dörfer und einige private Grundbesitzer Entschädigungen erhalten haben und andere nicht. »Wir haben jedenfalls kein Geld gesehen«, wiederholt Athumani. »Wir warten immer noch.«

Dem Gesetz zufolge, das den Grundbesitz in Tansania regelt, werden Grund und Boden in drei Kategorien eingeteilt: Die Schutzgebiete, die unantastbar sind, wozu Nationalparks sowie Natur- und Wasserschutzgebiete gehören; das Allgemeingut, über das die Regierung nach Gutdünken verfügen kann, und als letzte Kategorie das Dorfgut, das nach dem Gewohnheitsrecht der Dorfgemeinschaft gehört, die es nutzt. Kein Ausländer kann Grundbesitz erwerben. Er kann allerdings Anbauflächen für bis zu neunundneunzig Jahren pachten. Das verpachtete Land muss in diesem Fall laut Gesetz der Kategorie Allgemeingut angehören.

Nach dem *Village Land Act* von 1999, dem Gesetz, das den Grundbesitz von Dörfern regelt, ist es verboten, Ländereien zu verpachten, die Dorfgemeinschaften gehören. Es gibt nur eine Möglichkeit, solches Land zu nutzen: sein Status muss geändert werden, es muss von der Kategorie Dorfgut in die Kategorie Allgemeingut überführt werden.[107] Dafür müssen die Zustimmung der betroffenen Dorfgemeinschaften und die vorherige Zahlung einer Entschädigung vorliegen. Da der überwiegende Teil der Anbauflächen in Tansania zur Kategorie Dorfgut gehören, war das Vorgehen der internationalen Investoren, die in den letzten Jahren im Land investiert haben, immer dasselbe: Das Placet der Dorfgemeinschaft einholen, häufig mit Unterstützung der Zentralregierung oder eines örtlichen Vertreters, wie im konkreten Fall der des Parlamentsabgeordneten von Kisarawe, dem es gelang, von elf Dorfgemeinschaften freie Bahn für die Konversion zu erhalten, indem er elfmal die Einheimischen mit dem gleichen Trick hinters Licht führte.

In vielen Fällen ist die Prozedur, die nach Recht und Gesetz ziemlich kompliziert ist, praktisch vereinfacht worden, und es sind Abkürzungen ins Verfahren eingebaut worden. Die Änderung der Kategorie kann jetzt auch durch eine mündliche Zustimmung der Dorfgemeinschaft erfolgen, ohne eine schriftliche Bestätigung. Bis heute wissen viele Dorfgemeinschaften nicht, wie viel Bodenfläche sie tatsächlich abgetreten haben und ob sie jemals eine Entschädigung bekommen werden, sei es als Geldleistung oder als Infrastrukturleistungen, die ihnen versprochen worden sind. Denn auch diese Versprechungen wurden nur mündlich gemacht, ohne eine formale Bestätigung. Das einzige Dokument, das die Einwohner von Muhaga bis heute bekommen haben, ist eine Absichtserklärung auf offiziellem Papier. Sie besagt, dass der Plan, der den elf Dörfern sauberes Wasser garantiert, demnächst verabschiedet werden wird. »Jedoch haben wir nie etwas davon gesehen«, ruft wütend eine Frau mit rundem Gesicht und einer Tunika in leuchtendem Orange, die neben dem Dorfvorsteher sitzt.

Auf meine Fragen gibt diese temperamentvolle, fröhliche Frau immer dieselbe Antwort, und sie lacht, während sie wiederholt: »Nein, nein, nein, niemand kam, hier hat sich niemand blicken lassen, niemand hat sich unserer Sache angenommen.«

»Hat euch ein Vertreter von *Sun Biofuels* besucht?«

»Nein.«

»Kam jemand von der Distriktverwaltung?«

»Niemand.«

»Habt ihr den Abgeordneten von Kisarawe noch mal gesehen?«

»Nein.«

»Sind euch irgendwelche Daten genannt worden, wann die Wasserpumpe installiert werden soll?«

»Nie.«

Die Abfolge von *hapana* (»nein«), *hakuna kitu* (»nichts«) und *hakuna mtu* (»niemand«) kommt wie aus der Pistole geschossen, nachdrücklich, man versteht es auch so, ohne Übersetzung. Die anderen nicken zustimmend. Besser gesagt, auch sie machen das Zeichen für »nein« mit dem Kopf, auf jedes *hapana*, das die Frau wiederholt, akzentuiert, schreiend, ohne wütend zu sein, einfach um die Sache zu verdeutlichen. »Sie haben uns nur gesagt, dass

das Wasser in naher Zukunft kommen wird«, fügt der Dorfvorsteher an. Aber die Einwohner von Muhaga haben gelernt, dass
»in naher Zukunft« ein dehnbarer Begriff ist, zumal wenn es um
Dinge geht, von denen sie profitieren sollen.

Zwischen den Wendekreisen des
Krebses und des Steinbocks

Tansania ist in den letzten Jahren zum bevorzugten Ziel ausländischer Konzerne geworden, die sich für den Aufbau von Plantagen zur Herstellung von Biotreibstoffen interessieren. Die
Gründe dafür sind ganz unterschiedlich, teilweise komplemen-
tär. Zu ihnen gehört die Selbstverpflichtung der Europäischen
Union, die verlangt, dass bis 2020 zehn Prozent des im Straßenverkehr benutzten Treibstoffs aus erneuerbaren Energien kommen,
was dem Markt ausgezeichnete und äußerst lukrative Perspektiven eröffnet. Daneben ist ein den Anforderungen entsprechen-
der und sicherer Hafen in Daressalam vorhanden, um das Produkt zu exportieren. Und es herrscht politische Stabilität: Das
Land ist eines der wenigen in der Region, das in den letzten
Jahrzehnten keine Bürgerkriege oder bewaffnete Auseinandersetzungen nach Wahlen erlebte. Nicht zu vergessen die optimalen
klimatischen Bedingungen und die niedrigen Löhne. Zu diesen
attraktiven Konditionen kommen noch die Vergünstigungen,
die viele der afrikanischen Länder anbieten, um Investitionen
anzuziehen: keine Importzölle auf Maschinen, Steuerbefreiung
für fünf Jahre, in denen das Unternehmen keine Steuern auf Gewinne zahlt, und viele weitere Anreize.
Tansania ist also das perfekte Beispiel für jene Länder »zwischen den Wendekreisen des Krebses und des Steinbocks«, von
denen der brasilianische Ex-Landwirtschaftsminister Roberto
Rodrigues sprach: »Reich an Anbauflächen, Sonne und Arbeits-
kräften, aber ohne Eigenkapital.« Die Vision von Rodrigues

– »das Kapital wird vom Norden kommen« – ist im ländlichen Tansania längst Realität, vor allem in den Küstenregionen, von denen aus der Export am leichtesten zu organisieren ist.

Neben *Sun Biofuels*, die mit ihrer Produktion 2009 begannen, gibt es eine ganze Reihe anderer, hauptsächlich europäischer Firmen, die in diesem Sektor aktiv sind. Einige bauen Purgiernüsse an, andere Zuckerrohr für die Herstellung von Äthanol, wieder andere Ölpalmen. Alle haben ihre Anbauflächen von Dorfgemeinschaften erhalten. Alle sind noch in der Anfangsphase ihrer Projekte und haben mit dem Export noch nicht begonnen, weshalb die tatsächliche Höhe ihrer Gewinne noch nicht abgeschätzt werden kann. In einigen Fällen sind Entschädigungen gezahlt worden, die alle zufriedenstellen. In anderen Fällen, wie in Muhaga, sind Gerichtsverfahren anhängig.

Auch die Nutzung der Böden ist unterschiedlich. Manche Firmen haben die Bauern der Gegend direkt in die Produktion eingebunden, manche beschäftigen sie als Tagelöhner, wie in Kisarawe. Und dann gibt es noch die Firmen, die von ihren gepachteten Anbauflächen einfach alles, was wertvoll ist (Tropenholz!), geplündert haben und sich mit dem unrechtmäßig erworbenen Gut abgesetzt haben. So im Fall der niederländischen Firma *BioShape*, an die vierunddreißigtausend Hektar im Distrikt Kilwa an der Nordküste des Landes auf neunundneunzig Jahre verpachtet wurden. *BioShape* ebnete das Trockenwaldgebiet ein, fällte alle Bäume – wertvolles tropisches Hartholz –, verkaufte das Holz mit Gewinn und suchte anschließend das Weite. Mit dem Ergebnis, dass die Gegend – vorher von Wäldern bedeckt – heute eine Wüstenei ist. Und paradoxerweise ist sie auch nicht kultivierbar, denn die Nutzung des Landes steht ja offiziell für die nächsten knapp hundert Jahre dem Unternehmen *BioShape* zu, das vermutlich nichts (mehr) damit machen wird.[108]

Nach tansanischem Recht kann das Land auch nicht mehr an das Dorf zurückgegeben werden, da der Wechsel zur Kategorie Allgemeingut nicht umkehrbar ist. Die Anbauflächen können nur über ein kompliziertes juristisches Verfahren dem tansanischen Präsidenten übertragen werden, der das Land nur an einen anderen Investor verpachten kann. Davon abgesehen haben die Dorfgemeinschaften im Fall von *BioShape* nur vierzig Prozent der Entschädigungszahlungen erhalten, die restlichen sechzig Prozent gingen an die Bezirksregierung für nicht näher spezifizierte Dienste.

Der von der niederländischen Firma begangene Betrug ist völlig legal. Die Verpachtung der Anbauflächen erfolgte unter Einhaltung aller geltenden Vorschriften. Die Firma ist mittlerweile formal bankrott und hat sich aus Tansania zurückgezogen. Aber einigen Zeitungsberichten nach zu urteilen, war die gesamte Biotreibstoff-Unternehmung ohnehin nur Tarnung, wollten die Investoren von Anfang an nur schnelles Geld mit dem Verhökern des wertvollen Tropenholzes machen.[109]

Das bestätigt Finnigan Wa Simbeye, einer der tansanischen Journalisten, die das Thema Biotreibstoffe mit am intensivsten verfolgen. »Die Regierung ist korrupt und verfolgt nur ihre Interessen«, sagt er ohne weitere Erläuterungen, als ich ihn in der Hauptstadt treffe. Finnigan ist ein gut gelaunter Mann um die vierzig, der seit zehn Jahren als investigativer Journalist für die Zeitung *The Daily News* arbeitet und in unregelmäßigen Abständen auch für die spezialisierten Newsletters *Africa Confidential* und *The Africa Report* schreibt, englischsprachigen Publikationen der Pariser Redaktion von *Jeune Afrique*.

Nachdem ich seine detaillierten Reportagen im Internet gelesen habe, entschließe ich mich, einen ehernen journalistischen Grundsatz zu verletzten: »Rufe niemals einen Kollegen an und bitte ihn um einen Gefallen, außer du kennst ihn persönlich.« Ich wollte ihn nach einigen zusätzlichen Informationen über die von ihm so trefflich geschilderten Vorgänge fragen, speziell zur Firma *Sun Biofuels* in Kisarawe, wo ich danach hinfahren wollte. Am Telefon war er sehr freundlich, und wir vereinbarten einen Termin für acht Uhr abends am Millenium Tower, einem Einkaufszentrum an einer der Hauptverkehrsadern Daressalams. Ich bin pünktlich am vereinbarten Treffpunkt. Das dreistöckige Einkaufszentrum, ein Gebäude, das von Ferne vage an Art déco erinnert, ist geschlossen. Der Ort ist völlig verlassen.

Ich setze mich in ein kleines Straßencafé nebenan und bestelle eine Limonade. Sofort bin ich von Myriaden von Nachtfaltern umgeben, wahrscheinlich angezogen von der einzigen Licht- quelle weit und breit. Es sind Hunderte. Sie umschwirren mich und die beiden anderen unglücklichen Besucher des Lokals, die vermutlich ebenfalls auf jemanden warten. Sie sind überall: Sie schlagen mit den Flügeln auf den Block, auf den ich meine No- tizen schreibe, sie sind auf dem Tisch, sie krabbeln auf meinen Beinen. Anfangs versuche ich noch, sie mit der Hand zu vertrei- ben. Dann gewöhne ich mich an ihre Anwesenheit und beachte sie nicht mehr. Ich lege den Block zur Seite und trinke die Limo- nade, wobei ich nach jedem Schluck den Deckel der Flasche wieder sorgfältig verschließe, damit kein Nachtfalter darin endet.

Finnegan trifft mit vierzig Minuten Verspätung ein. Er setzt sich, ohne etwas zu bestellen, entschuldigt sich kurz und gibt mir zu verstehen, dass er nicht viel Zeit hat. Er beantwortet meine Fragen zu Kilwa und Kisarawe, ohne mir zusätzliche Details zu den Informationen zu liefern, die ich schon in seinen Artikeln gelesen habe. Er sagt schließlich, dass die Verantwortlichen von *Sun Biofuels* »Banditen« seien, die ihn sogar bedroht haben, wie er in einem seiner Artikel ausführlich beschrieb.[110] Als ich ihn nach Kontakten in Kisarawe frage, sagt er, dass er ihre Nummern leider verloren habe. Nach nicht einmal zwanzig Minuten verab- schieden wir uns mit dem geheuchelten Versprechen, »in Kon- takt zu bleiben«.

Ich sehe ein, dass man die goldene Regel beachten sollte, einen Lokaljournalisten in einem fremden Land nur dann anzurufen, wenn man ihn vorher schon kennt, ihm eine konkrete Zusam- menarbeit anbieten möchte oder ihn als »fixer«, als Unterstüt- zung vor Ort, engagieren will. Ich kann Finnegan nicht mal einen Vorwurf daraus machen, dass er so kurz angebunden war. Ich denke, dass ich mich wahrscheinlich auch nicht anders verhalten hätte, wenn irgendein ausländischer Kollege aus dem Nichts in Mailand erschienen wäre, mit einem großen Rechercheprojekt zu einem Thema, auf das ich mich spezialisiert habe. Journalisten sind eine sehr eifersüchtige Spezies, was die Ergebnisse eigener Recherchen und die Nutzung eigener Quellen betrifft. Der Journalist betrachtet sie als eine Art Privateigentum, und niemals würde er sie einem Kollegen zur Verfügung stellen, wenn er dafür nicht etwas im Tausch bekommt.

Ich stürze mich jetzt ins Nachtleben von Daressalam, mache mir Vorwürfe wegen meiner Naivität und denke kurz an die Tugenden und Laster von uns Journalisten, neugierigen, aber egozentrischen Menschen, von Natur aus misstrauisch, aber auch fähig zu großen Leidenschaften und Solidarität. Vor allem gegenüber jenen Menschen, die es uns ermöglichen, an eine Exklusivgeschichte zu kommen.

Von Berlin nach Daressalam

Am Tag darauf treffe ich mich mit Abdallah Mkindi. Klein, kurze Haare, leise Stimme, die fast nicht zu hören ist. Abdallah ist einer der Repräsentanten von *Envirocare*, einer NGO, die sich mit der Umwelt und Menschenrechten beschäftigt und seit Jahren die Entwicklung der ausländischen Investitionen in die Landwirtschaft verfolgt. Ich traf ihn auf einer Konferenz in Berlin zum Thema Landraub, wo er den aktuellen Stand der unterschiedlichen Projekte zum Anbau von Pflanzen für die Herstellung von Biotreibstoffen in Tansania vorstellte. Die Konferenz wurde von mehreren Organisationen veranstaltet, die sich ebenfalls mit dem Thema Landraub beschäftigen.[111] Zusammen mit einem südamerikanischen Aktivisten wurde Mkindi wie ein Star empfangen, als Kämpfer von der südlichen Hemisphäre, der gekommen war, um den Europäern von den Übeltaten der Kapitalisten ihrer Länder zu erzählen.

Er fungierte als Ankläger des Neokolonialismus, als lebender Zeuge für ein Phänomen, von dem die Mehrzahl der Teilnehmer – der Saal war mit mehr als dreihundert Personen bis auf den letzten Platz besetzt – bisher höchstens aus Zeitungsartikeln erfahren hatte. Auf derselben Tagung wagte sich Thomas Koch, Vertreter eines deutschen Investmentfonds, bewunderungswürdig für seinen Mut, allein in ein als feindselig noch zurückhaltend umschriebenes Umfeld und ließ ein Feuerwerk von äußerst aggressiven Fragen zu seinen Aktivitäten und dem Mangel an Moral der von ihm finanzierten Geschäfte über sich ergehen.

Der Nachmittag, den ich in diesem überfüllten Raum verbrachte, war unterhaltsam und sehr lehrreich. Ich hatte dem Zusammenprall zweier gegensätzlicher und auf eine bestimmte Art gleichermaßen ideologischer Visionen beigewohnt. Auf der einen Seite Koch, der die Verfechter der »grünen Revolution« vertrat, der Investitionen in großem Stil in die Landwirtschaft der Entwicklungsländer. Auf der anderen Seite, im Saal, die deutliche Mehrheit, Aktivisten europäischer Organisationen, die jeden ausländischen Eingriff in die Länder der südlichen Halbkugel prinzipiell als Raub betrachten.

Koch hatte einiges Gelächter und Pfiffe ausgelöst, als er sagte, dass nach dem Zweiten Weltkrieg viele Milliarden Dollar als ausländische Investitionen auch nach Deutschland geflossen seien. Den Marshall-Plan mit den Investitionen europäischer Fonds in die Landwirtschaft der Entwicklungsländer zu vergleichen war natürlich ein Fauxpas. Aber der Mann zeigte dieselbe feste Überzeugung, dasselbe unerschütterliche Vertrauen, das ich in den Augen der Investoren gesehen hatte, die ich nur wenige Tage zuvor in Genf getroffen hatte.

Er zitierte dann die üblichen Prinzipien des »verantwortlichen Investierens« der Weltbank wie eine Art unfehlbaren Leitfaden, um all die Probleme zu vermeiden, die alle anderen Vortragenden

– neben den beiden ausländischen Gästen sprachen auch Journalisten, Professoren und Wissenschaftler – dargestellt hatten. Während ich den Vorträgen zuhörte, beobachtete ich die Reaktionen im Saal. Diese Tagung war das exakte Gegenstück zur Konferenz in Genf. Koch war in Berlin der Eindringling, so wie in dem Schweizer Hotel die Umweltaktivisten eingedrungen waren, die die unverantwortlichen Investitionen in die Landwirtschaft der Südhalbkugel kritisierten und deren Vorträge strategisch ans Ende der Veranstaltung gesetzt worden waren. Berlin war die andere Seite von Genf.

Diese beiden Veranstaltungen bestätigten für mich die Aussagen, die einige Zeit zuvor ein Funktionär der FAO – »*off the record, please!*«, unter dem Siegel strengster Verschwiegenheit – mir gegenüber gemacht hatte. »Das Problem ist, dass in diesen Diskussionen der Mittelweg fehlt. Es gibt nur die beiden Extreme: die, die Investitionen um jeden Preis wollen, und die, die jede Investition als Beispiel für Neokolonialismus betrachten«, hatte er gesagt und trotz allem die Position seiner eigenen Organisation als »zu unkritisch und unausgewogen gegenüber dem ersteren Extrem« bezeichnet. Verbindlichere Töne zwischen diesen beiden Polen waren selten und erregten eben deshalb meine Aufmerksamkeit.

Mkindi könnte man zu diesen zählen. In seinem Vortrag hatte er detailliert von den Enteignungen, den räuberischen Aktivitäten der europäischen Firmen in Tansania berichtet, ergänzt durch eine Vielzahl von Fotos und Folien. Aber er hatte auch betont, dass sein Land gerade eine tiefe Krise durchmache, weil die Preise für sogenannte *cash crops* (»Bargeld-Pflanzen«, für den Export bestimmte Agrarprodukte), in diesen Gegenden meist Baumwolle und Kaffee, auf dem Weltmarkt zusammengebrochen seien, so dass sowohl die direkten Einnahmen der Bauern als auch die Deviseneinnahmen, von denen die Regierung durch den Export dieser Güter profitiert, stark gesunken seien.

Mkindi gab mir zu verstehen, dass die Landwirtschaft in Tansania derzeit tatsächlich in einer Krise stecke, und zwar aufgrund struktureller Probleme und nicht nur wegen des Vorgehens der ausländischen Firmen. In einem Land, in dem der Agrarsektor achtzig Prozent der Arbeitskräfte beschäftigt, fünfundachtzig Prozent des Exports stellt und fünfundzwanzig Prozent des Bruttoinlandsprodukts ausmacht, muss diese Angelegenheit ohne ideologische Scheuklappen angepackt werden. Mkindi hat keine Lösungen angeboten – das war auch nicht seine Aufgabe. Aber er hatte ein aktuelles Problem angesprochen und klar gemacht, dass dieses Thema komplexer und dringlicher ist, als es aus den vereinfachten Darstellungen der beiden gegensätzlichen Lager hervorging: jenem der Genfer Investoren (in Berlin vertreten durch Koch) und dem der Vertreter der Zivilgesellschaften, die in der deutschen Hauptstadt an einem kalten und regnerischen Novembernachmittag zusammengekommen waren.

Am Ende seines Vortrags ging ich zu Mkindi, stellte mich vor und sagte ihm, dass ich in zwei Monaten sein Land besuchen wolle, um genau zu den Themen Landverpachtung an Ausländer und Biotreibstoff-Anbau zu recherchieren. »Ruf mich an, sobald du in Daressalam bist«, sagte er lebhaft. »Ich helfe dir gern.«

Sofort nachdem ich in der tansanischen Hauptstadt gelandet bin, rufe ich ihn also an. Mit seiner leisen, kaum hörbaren Stimme sagt er, dass er sich gut an mich erinnere, und lädt mich ein, ihn am Nachmittag in seinem Büro zu besuchen. »Wir können uns um halb fünf treffen. Dann habe ich etwa eine halbe Stunde Zeit«, sagt er kurz angebunden, ein ganz anderer Ton als der, in dem er mir in Berlin seine Visitenkarte gegeben, mich verabschiedet und »wir sehen uns in Dar« gesagt hatte.

Zum verabredeten Zeitpunkt fahre ich in den Vorort, in dem *Envirocare* ihren Sitz hat. Eine fast unendlich erscheinende Reise, zuerst in einem *dala-dala* – einem der etwas mitgenommenen, aber effizienten Kleintransporter, die den öffentlichen Nahverkehr auf den langen und staubigen Straßen von Daressalam sicherstellen –, und dann noch mal in einem Taxi, bringt mich zu einer unbefestigten Straße, die zu einem relativ steil abfallenden Grundstück führt, an dessen unterem Ende ein kleines Holzhaus steht, umgeben von einem gepflegten Garten. Der Sitz von *Envirocare* ist einladend. Er besteht aus zwei Räumen voller Computer und einer Bibliothek, in der einige Studenten sitzen.

Abdallah Mkindi stellt mich seinen Kollegen vor, und wir beginnen, uns über mein Projekt zu unterhalten. Der Mann ist mir gegenüber von widersprüchlicher Haltung. Er ist kühl und abweisend. Er hört mir nicht gerade sehr aufmerksam zu und scheint in Eile, als ob er es nicht erwarten könne, dass ich sein Büro wieder verlasse. Als ich jedoch sage, dass ich auch nach Kisarawe fahren möchte, starrt er mich einen Augenblick lang an und sagt dann: »Warte einen Moment.« Er beginnt auf seiner Tastatur herumzutippen und sucht die Telefonnummer eines Bewohners von Muhaga heraus. Er ruft ihn an und erklärt ihm, wer ich bin und was ich will. Dann gibt er mir den Hörer. Der Mann spricht ein wenig Englisch und sagt, dass er zum Zeitpunkt meines Besuchs nicht im Dorf sein werde, aber die anderen über meine Ankunft informieren werde. Das Ganze dauerte weniger als drei Minuten. Ich beende das Gespräch und bedanke mich bei Abdallah für seine Hilfe, jene Hilfe, um die ich Finnigan vergeblich gebeten hatte, als ich naiverweise auf die Solidarität unter Kollegen vertraut hatte.

Während ich mich von Abdallah verabschiede und mich nochmals bei ihm bedanke, denke ich, dass der Mann gar nicht so abweisend ist. Er ist einfach ein Pragmatiker, der sich nicht mit Gequatsche aufhält.

»Ich würde gern mit dir mitkommen«, sagt er, und überrascht mich erneut, während er mich zur nächstgelegenen *dala-dala*-Haltestelle begleitet. »Aber im Augenblick habe ich leider zu viel zu tun.«

Das Ministerium für Energie und Bodenschätze sitzt in einem eindrucksvollen siebenstöckigen Gebäude mitten im Zentrum von Daressalam, nicht weit vom Hafen entfernt. Ein riesiger zweisprachiger Schriftzug zieht sich über die Fassade, von einer Gebäudeseite bis zur anderen: *Wizara ya Nishati na Madini – Ministry of Energy and Minerals.* Darunter sind auf einem weißen Plakat die »Visionen« und die »Missionen« des Ministeriums aufgelistet. Es handelt sich um: »Eine effiziente Institution sein, wesentlich zum sozioökonomischen Fortschritt beitragen, durch nachhaltige Entwicklung und die Nutzung von Energie und Bodenschätzen.« Und: »Durchsetzung und Überwachung der Umsetzung der Politik, der Strategien und Gesetze für die Nachhaltigkeit der Energiewirtschaft und der Bodenschätze, mit dem Ziel des Wachstums und der Entwicklung der Wirtschaft.« Ich bin hier, um Styden Rwebangila zu treffen, Leiter der Abteilung für Biotreibstoffe des Ministeriums. Der Termin ließ sich mit einer Mühelosigkeit vereinbaren, die mich angenehm überraschte. Ich rief die Telefonzentrale des Ministeriums an und ließ mich mit der Abteilung für Biotreibstoffe verbinden. Ein Mann nahm den Hörer ab, ich erklärte ihm, wer ich bin, und fragte, ob ich mit dem Abteilungsleiter sprechen könne. Da dieser nicht im Büro war, überlegte mein Gesprächspartner kurz und gab mir dann Rwebangilas Mobilfunknummer. Ich rief ihn gleich an, und er antwortete mir nach einem kurzen Moment der Verblüffung auf mein Interviewanliegen: »Können Sie in einer Stunde im Ministerium sein? Sie können direkt zu mir heraufkommen, Raum 512.«

Zur vereinbarten Zeit komme ich am Ministerium an. Ich betrete das Gebäude, ohne dass irgendjemand mich anhält. Ich gehe Richtung Aufzug, als der Portier mir Zeichen gibt, zu ihm zu kommen. Er zeigt mir das Besucherbuch. Er bittet mich nur, meinen Namen und die Uhrzeit meiner Ankunft im Ministerium darin einzutragen. Keine Kontrolle. Keine Fragen. Keine Überprüfung der Personalien. Nur ein handschriftlich vermerkter Name in einem Heft. Nachdem mir der Mitarbeiter Rwebangilas schon die Handynummer seines Chefs gegeben hatte, ohne dass ich ihn darum gebeten hatte, überzeugt mich diese letzte Szene endgültig davon, dass Tansania ein äußerst entspanntes Land ist.

Ich gehe zum Büro Rwebangilas und klopfe an die Tür. Mir öffnet ein Mittdreißiger in einem dunklem Hemd, unter dem sich eine beginnende Korpulenz abzeichnet, Hose ohne Gürtel, Turnschuhe. »Danke, dass Sie mich so kurzfristig und ohne vorherige Anmeldung empfangen«, beginne ich. Er antwortet: »Kein Problem. Es freut uns, wenn wir unsere Arbeit der internationalen Presse vorstellen können.« Die von ihm geleitete Abteilung für Biotreibstoffe wurde 2005 von der Regierung geschaffen, um einen Sektor zu regulieren, den es bis zu diesem Zeitpunkt noch nicht gab.

Tatsächlich ist Rwebangila die Nummer zwei der Abteilung. Ihr Direktor ist auf Dienstreise in Malawi, deshalb ist er zwischenzeitlich für die Abteilung verantwortlich. Er ist ein junger Ingenieur mit einem Master des Imperial College in London, der eingestellt wurde, um sich mit Biotreibstoffen zu beschäftigen, ein Gebiet, von dem er – nach eigenem Eingeständnis – »wenig bis gar nichts wusste« zu diesem Zeitpunkt. »In diesen Jahren haben wir viele Dinge gelernt und für uns Bereiche qualifiziert, in denen wir intervenieren wollen. Wir haben bei null angefangen und sind jetzt schon ein bisschen weiter.«

Die *task force* »Biotreibstoffe« setzt sich zusammen aus Verantwortlichen der Abteilungen des Energieministeriums, des Landwirtschaftsministeriums, der Tansania-Investment-Agentur und Vertretern der Privatwirtschaft. Das bedeutendste Ergebnis ihrer Arbeit in den sechs Jahren ihres Bestehens ist eine achtzehnseitige Broschüre, die mir Rwebangila als Erstes in die Hand drückt. Es handelt sich um die »Leitlinien für eine nachhaltige Entwicklung der Biotreibstoffe in Tansania«. Die Entstehungsgeschichte dieser Informationsschrift ist lang und kompliziert, das Ergebnis ermüdender Verhandlungen und ständiger Überarbeitungen.

»Es gab Druck von allen Seiten. Von den Investoren, die einen Handlungsrahmen wollten, in dem sie vor Kritik geschützt agieren konnten, und von den Organisationen der Zivilgesellschaft, die eine strenge Regulierung des Sektors forderten.« Die Leitlinien sind tatsächlich sehr fortschrittlich. Sie besagen, dass Konzessionen für die Produktion von Biotreibstoffen auf maximal fünfundzwanzig Jahre begrenzt sind, mit einer Probezeit von fünf Jahren. Sie befürworten nachdrücklich das *contract farming*, das heißt die direkte Beschäftigung von Kleinbauern auf den Plantagen. Sie verbieten die gewaltsame Vertreibung der Bevölkerung, und sie zwingen den Investor, eine Machbarkeitsstudie in Rücksprache mit allen regionalen und nationalen Behörden vorzulegen. Diese Leitlinien haben nur einen Haken: Sie sind nicht verbindlich. Sie haben keine Gesetzeskraft. »Sie sind ein nützliches Instrument, um die Debatte voranzubringen«, befindet Rwebangila, wohl wissend, dass seine Arbeit nur einen begrenzten Einfluss auf die Entwicklung des Biotreibstoff-Anbaus in seinem Land hat.

Ein großer Teil der Entwicklungsprojekte für Biotreibstoffe, die in den letzten Jahren in Tansania begonnen wurden, verstößt eklatant gegen diese Leitlinien. Es kam zu gewaltsamen Vertreibungen der Bevölkerung, es wurden Verträge mit einer Laufzeit von neunundneunzig Jahren abgeschlossen, die örtlichen Behörden wurden wenig oder überhaupt nicht einbezogen, und es gab keine Machbarkeitsstudien. Ich frage Rwebangila, ob man diese Leitlinien bei den aktuellen Projekten überhaupt noch in Anwendung bringe. Er antwortet, dass dies die Regierung entscheide, eventuell noch die Justizbehörden. »Wir sind Techniker, wir stellen ein Bild der Situation zur Verfügung und schlagen Handlungsstrategien vor«, sagt der Ingenieur, während er vermutlich einen Hauch von Verblüffung in meinem Blick erkennen kann.

»Wie viele Biotreibstoff-Projekte gibt es denn derzeit in Tansania?«, frage ich ihn dann.

Rwebangila legt die Stirn in Falten. »Das kann ich nicht mit Sicherheit sagen«, erwidert er.

Ich bitte ihn um Informationen über das Kilwa-Projekt (das überhastet von der niederländischen Firma *BioShape* verlassen wurde, nachdem sie das gestohlene Tropenholz außer Landes gebracht hatte) und das Projekt in Kisarawe, das ich erst am Vortag gesehen hatte.

»Wir sind uns bewusst, dass es Probleme gibt. Aber die liegen nicht in unserer direkten Zuständigkeit. Wir sind damit beauftragt worden, den Sektor zu analysieren, und wir haben daraufhin die Leitlinien formuliert, auch auf Grundlage der Erfahrungen der letzten Jahre.« Tatsächlich gibt es in der Broschüre eine Passage, die wie eine direkte Reaktion auf den *BioShape*-Skandal wirkt: »Die Anbauflächen werden dem Investor anvertraut unter der Bedingung, dass dieser sie ausschließlich zum vereinbarten Zweck nutzt.«

Es wird mir zunehmend schleierhaft, was die eigentliche Aufgabe der Abteilung Rwebangilas ist. Ebenso unklar ist die Strategie, die diese Abteilung in den sechs Jahren ihrer Existenz ausgearbeitet hat. In unserer Unterhaltung sagt Rwebangila einiges, aber auch das genaue Gegenteil davon. Er sagt, dass die Biotreibstoffe die neue *cash crop* Tansanias werden könnten, fügt aber hinzu, dass die Investitionen in diesen Sektor auch Gefahren mit sich bringen würden, wenn sie die Ernährungsautarkie des Landes bedrohten und dem Landraub Vorschub leisteten, der sich als katastrophal herausstellen könnte.

Abschließend sagt er, dass das Ministerium Plantagen von mittlerer Größe bevorzuge, die auf durchschnittlich fruchtbaren Böden angelegt würden. Er gibt aber gleichzeitig zu, dass die überwiegende Mehrheit der aktuellen Projekte Großplantagen seien, die auf bestem Ackerland angepflanzt würden. Er sagt, dass die Regierung diese Investitionen nicht fördere, spricht aber dann von einer direkten Zusammenarbeit mit dem brasilianischen Öl-giganten *Petrobras*, um die eigenen Kenntnisse auf diesem Gebiet zu vergrößern. Es ist für mich nicht erkennbar, welche persönliche Haltung der Ingenieur zu Biotreibstoffen hat. Vielleicht hat er gar keine. Oder er zwingt sich, die Abteilung, die er leitet, zu repräsentieren, während er sich ihrer strukturellen Grenzen bewusst ist. Während er mit mir spricht, knetet er pausenlos das grüne Büchlein mit den Leitlinien in den Händen, als ob es sein Rettungsanker wäre, der Beleg, dass seine Abteilung existiert und Resultate vorweisen kann.

»Wir sind nur ein Steinchen in einem großen Mosaik. Wir versuchen unser Bestes zu geben«, sagt er, fast als ob er sich rechtfertigen wollte, während wir uns verabschieden. Ich verlasse das Gebäude. Die Gluthitze Daressalams umfängt mich wieder, und ich denke an die Begegnungen, die ich am Vortag in Muhaga hatte. An die enorme Kluft zwischen den Kleinbauern, die es erleben mussten, dass man ihnen ihr Land wegnahm, und den Angestellten der Regierungsbehörde für Biotreibstoffe, die nicht einmal wissen, wie viele Projekte dieser Art es in Tansania gibt. Ich drehe mich um und werfe einen letzten Blick auf die Fassade. Wieder fällt mir der Schriftzug ins Auge. »Vision: wesentlich zum sozioökonomischen Fortschritt beitragen, durch nachhaltige Entwicklung.« Ich lese ihn immer wieder, bis ich merke, dass er überhaupt nichts bedeutet.

Das Geschäft mit dem Emissionsrechtehandel

»Die Abteilung für Biotreibstoffe des Energieministeriums ist ein großer Bluff. Sie haben sie geschaffen, um den Investoren einen Gefallen zu tun.« Yefred Myenzi ist der Direktor von *HakiArdhi*, einem in Tansania sehr bekannten Forschungszentrum, das sich mit Bodenrecht befasst. Ich treffe ihn an einem besonders schwülen Morgen mit weißem Himmel, der die Stadt fest im Griff eines Tiefdruckgebietes hält. Yefred ist ein kräftiger Mann mit breiten Schultern, dem Gesicht eines Kämpfers, das dem von Mike Tyson ähnelt, allerdings ohne dessen Kampf- und Lebensspuren. Er hat ein plumpes, aber offenes Gesicht. Eine dröhnende Stimme. Einen selbstbewussten Händedruck. Er ist makellos gekleidet: schwarzes Hemd mit silbernen Manschettenknöpfen, gelbe Krawatte, Mokassins.

Sein Büro ist einfach, aber ohne Zweifel das eines Chefs. Ein großer massiver Holzschreibtisch, ein moderner Computer, ein Telefon auf einem anderen Schreibtisch und ein weiteres Tischchen, an dem er mir einen Platz anbietet. Und es gibt eine Klimaanlage, die hier wie überall in Afrika vor allem ein Zeichen der Macht ist. Yefred lässt sie auf mittlerer Stufe laufen. Sie erlaubt ihm, perfekt gekleidet zu bleiben trotz der mörderischen Hitze im Freien. Er entschuldigt sich dafür, dass er mich warten ließ.

»Ich bin erst gestern aus Dakar zurückgekommen, deshalb ist eine Menge Arbeit liegengeblieben.« Yefred hat am *World Social Forum* (Weltsozialforum) in der senegalesischen Hauptstadt teilgenommen, ein Treffen, bei dem sich jedes Jahr Gruppen der Bürgerrechtsbewegung vieler Länder treffen. Die Premiere fand im Jahr 2000 im brasilianischen Porto Alegre statt. Inzwischen ist daraus eine etwas eintönige Veranstaltung geworden, die viel von der Aufbruchsstimmung der ersten Zusammenkunft verloren hat.

Ich habe selbst nur eines dieser Foren besucht, 2006 in Bamako, der Hauptstadt von Mali. Schon damals hatte ich den Eindruck, dass sich diese Form des Treffens etwas überlebt hat. Die Diskussionen waren geprägt von Redebeiträgen, die sich in Tiraden gegen den herrschenden Neoliberalismus verloren, aber nicht in der Lage waren, konkrete Vorschläge zu machen oder etwas anspruchsvollere Analysen anzustellen.

Mir kam das Treffen damals wie ein Jahrmarkt ohne Bezug zur umgebenden afrikanischen Realität vor. Es waren viele Europäer anwesend, die zum ersten Mal einen Fuß auf den schwarzen Kontinent gesetzt hatten. Einige wollten sich als Führungsfiguren betätigen. Andere waren politische Einzelgänger. Aber vor allem waren auffallend wenig junge Menschen da. Was bei mir den Eindruck einer allgemeinen Gleichförmigkeit hinterließ und mein angeborenes Misstrauen gegen Versammlungen verstärkte, an denen Menschen teilnehmen, die zu sehr einer Meinung und übertrieben überzeugt von der Richtigkeit der eigenen Ideen sind.

Um das Eis zu brechen, frage ich Yefred, wie das Treffen in Dakar war. Er sagt, dass solche Tagungen immer eine gute Gelegenheit seien, neue Leute kennenzulernen und Kontakte zu pflegen. Aber, fügt er dann hinzu und senkt dabei den Blick, »diese Veranstaltungen sind wirkungslos, sie sind zu selbstbezogen«. Das macht ihn mir sofort sympathisch. Ich erzähle kurz von meinen Erfahrungen in Bamako. Er sagt, dass er ebenfalls dort gewesen sei, wie auch bei der Veranstaltung in Nairobi im Jahr darauf. Und noch nie hätte er so stark wie in diesem Jahr, in dem das Forum gleichzeitig mit der ägyptischen Revolution stattfand, die den Präsidenten Hosni Mubarak stürzte, »den Eindruck bekommen, in einer Art Elfenbeinturm zu sitzen, weit entfernt von den Ereignissen und den Massen«.

»Aber kommen wir zum Thema. Du bist ja sicher nicht hergekommen, um über das Sozialforum zu sprechen«, fügt er dann lächelnd hinzu. Seine Position zu den Biotreibstoffen ist klar und eindeutig. »Die Regierung spielt falsch, sie betrügt die Kleinbauern und verschleudert ihr Land für einen Kanten Brot und ein bisschen Schmiergeld.« Yefred sagt, dass Landraub in Tansania eine Realität ist und dass es einfach nicht wahr ist, dass die Regierung ausländische Investitionen nicht speziell fördert. Er erzählt, dass seine Frau als Begleitung einer stellvertretenden Ministerin zu einer Konferenz nach Südafrika reiste, auf der die Ministerin für Investitionen in die Landwirtschaft mit folgendem Hinweis warb: »Das Land in Tansania ist fruchtbar, und die

Löhne sind sehr niedrig.« Ich sage, dass ich diese Worte auch in Riad gehört hätte, von den Vertretern anderer afrikanischer Länder, und erzähle ihm von der Unterbietungskonkurrenz in der saudischen Hauptstadt, bei dem die Anbieter von Anbauflächen sich gegenseitig mit immer größeren Preisnachlässen oder sonstigen Förderungen aus dem Feld zu schlagen versuchten. Da ich weiß, dass sein Forschungsinstitut alle Projekte zur Gewinnung von Biotreibstoffen sehr genau kartiert, frage ich ihn nach der Situation in Tansania.

Er beschreibt die verschiedenen Projekte, die bereits umgesetzt wurden oder die noch in Verhandlung sind. »Bis jetzt hat das *Tanzania Investment Center* sechshundertvierzigtausend Hektar an Ausländer verpachtet. Es gibt drei Projekt-Typen: Die wichtigsten betreffen die Herstellung von Biotreibstoffen. Dann gibt es welche, die für den Anbau von Nahrungsmitteln für den Export bestimmt sind und die vor allem von Investoren aus den Golfstaaten und Südkorea betrieben werden. Und dann gibt es noch die Projekte, die mit dem Emissionsrechtehandel zusammenhängen.«

Letztere betreffen einen weniger bekannten Aspekt des Landraubs. Nach dem *Clean Development Mechanism* (Mechanismus für saubere Entwicklung / CDM), der im Protokoll von Kyoto[112] enthalten ist, kann ein Unternehmen in einer Industrienation, das seine Quoten für die Emission von Kohlendioxid ausgeschöpft hat, *carbon credits* kaufen, Emissionsrechte für CO_2. Diese Einnahmen kommen Projekten zur Reduktion von Treibhausgasen in Entwicklungsländern zugute. Das entsprechende Unternehmen kann also seine übermäßige Umweltverschmutzung durch die Reduktion von Treibhausgasen in einem anderen Teil der Welt kompensieren.

Dieser Mechanismus funktioniert folgendermaßen: Die reichen Länder des Nordens finanzieren so die nachhaltige Entwicklung des Südens, nicht zuletzt dank der geringeren Kosten, die entstehen, um diese Programme zu unterstützen, gemessen an den Aufwendungen, die erforderlich wären, um tatsächlich die eigenen Emissionen zu senken.

Aber das System läuft keineswegs rund. Da die Unterzeichnerstaaten des Kyoto-Protokolls verpflichtet sind, einige Ziele bis 2012 zu erreichen, ist der *carbon credit* selbst eine *commodity* geworden, eine Ware, die den Mechanismen der Finanzspekulation unterworfen ist. Als solche wird sie an vielen Börsen der Welt gehandelt, zusammen mit vielen anderen *futures* und *options* mit einjähriger Laufzeit.

Die Finanzierung des Sektors – und die offenen Perspektiven hinsichtlich der vom Kyoto-Protokoll vorgegebenen Ziele für die Unterzeichnerstaaten – veranlasste einige Privatfirmen, in ein vielversprechendes Geschäft zu investieren: den Kauf von *carbon credits* in den Entwicklungsländern, um sie auf dem Markt wieder zu verkaufen.

Einige dieser Firmen pachten Anbauflächen und pflanzen dort Bäume an mit dem ausschließlichen Ziel, »Reduktionszertifikate« zu erwerben, deren Wert ihrer Planung nach umso mehr steigen wird, je näher die Fälligkeit der *credits* Ende 2012 rückt. Andere versuchen, zwei Fliegen mit einer Klappe zu schlagen, indem sie Plantagen für die Produktion von Biotreibstoffen anlegen und diese als Projekte zur Reduktion der Treibhausgase gemäß CDM zertifizieren lassen. Auf diese Weise können sie sowohl den erzeugten Biotreibstoff wie auch die Emissionsrechte mit Gewinn verkaufen.[113]

An sich ist die Finanzierung des Systems und die Integration der Emissionsrechte in einen rein marktwirtschaftlichen Mechanismus nichts Schlechtes, wenn da nicht die damit verbundene Deregulierung des Sektors wäre – und wenn da nicht einige Projekte umgesetzt worden wären, ohne die Auswirkungen vor Ort zu bedenken. So wird ein Teil dieser »Wiederaufforstungen« nur durchgeführt, um Emissionsrechte zu erwerben, in aller Eile und mit wenig Rücksicht auf die realen Umweltbedingungen. Sie werden beispielsweise in Gegenden vorgenommen, die bisher nicht bewaldet waren, sondern als Anbauflächen oder Viehwei-den dienten.

So geschehen im Fall der Region Mufindi im Süden Tansanias, wo die norwegische Firma *Green Resources* knapp dreitausend Hektar mit Eukalyptusbäumen bepflanzt hat, wobei das Land »Dorfgut« war und eigens zu diesem Zweck von den Dorfgemein-schaften zur Verfügung gestellt wurde. Ein Fall, den Yefred gut kennt, weil er aus dieser Region stammt. »Sie haben das Land gepachtet, die Bäume gepflanzt. Die Dorfbewohner sind alle zu-frieden. Alle haben für ihre Anbauflächen Geld bekommen. Aber sie sind sich nicht darüber im Klaren, dass sie ihr wichtigstes Gut verloren haben. Das Geld wird irgendwann zu Ende gehen, und ihnen bleibt dann nichts, als den Bäumen beim Wachsen zuzu-sehen, ohne die Möglichkeit zu haben, etwas auf diesem Land anzubauen.«[114] Er schweigt einen Moment, trommelt mit den Fingern auf dem Tisch und stellt dann die rhetorische Frage: »Wo liegt denn, alles in allem, der Vorteil für die Dorfgemein-schaften?«

»Sie könnten doch die Kompensationszahlungen investieren«, schlage ich vor. Yefred lächelt. Dann runzelt er die Stirn und wird ernst. »Sicher, das könnten sie machen. Aber oft haben sie nicht die Möglichkeiten und die Bildung, in langfristige Projekte zu investieren, wirklich an die Zukunft zu denken.« Yefred erzählt mir von dem Beispiel eines Dorfes, das Kompensationszahlun-gen erhielt. Da sie nicht genau wussten, was sie mit dem Geld anfangen sollten, kauften sie einen gebrauchten Lkw und grün-deten ein Transportunternehmen. Nach sechs Monaten gab der Lkw den Geist auf. Das Unternehmen musste schließen. »Heute haben die Dorfbewohner einen unbrauchbaren Lkw am Straßen-rand, aber kein Ackerland mehr.«

Yefred verfügt über ein umfassendes Wissen zur aktuellen Si-tuation. Er kennt die Lage in Tansania sehr genau und kann sie in einen größeren Kontext einordnen. »Das Problem ist kom-plex«, sagt er, »weil es einen globalen Trend repräsentiert. In der heutigen Welt sind Anbauflächen zu einer Handelsware geworden. Es gibt Gruppen von Spekulanten, die den Kauf von einer bestimmten Anzahl Hektar Anbauflächen und deren Nutzung für eine Profitmöglichkeit ohne größere Risiken halten. Da sitzt dann vielleicht so ein Typ in Washington, der entscheidet, dass dieses bestimmte Landstück in Tansania eine bessere Investition ist und vielleicht sogar noch sicherer, als Aktien einer Internet-Firma zu kaufen. Also steckt er sein Geld in die Landwirtschaft. Er kommt her. Verspricht das Blaue vom Himmel. Und wenn er dann den Gewinn gemacht hat, verschwindet er wieder. Das ist alles. Die Bauern, die ihr Land verlieren oder sich täuschen lassen, sind nur ein Kollateralschaden in einem Spiel, das viel größer ist als sie.«

Yefred verurteilt die Investoren nicht, »die machen ihre Arbeit«. Dafür hasst er die verantwortlichen Politiker von ganzem Herzen. »Die Regierung handelt sehr kurzsichtig. Sie erlaubt oder ermöglicht aktiv Investitionen, die sich als verheerend herausstellen können. Sie tun das entweder, weil sie korrupt sind, oder weil sie tatsächlich davon überzeugt sind, dass die Förderung ausländischer Investitionen der Entwicklung des Landes dient. Damit machen sie sich aber zu aktiven Komplizen des Landraubs.« Yefred redet sich in Rage. Man merkt, dass ihn das Thema sehr bewegt. Sein Institut hat eine Vielzahl von Studien über die Landverpachtung und die mit dem ungeregelten Ausbau der Biotreibstoff-Produktion einhergehenden Risiken erstellt.

Ich frage ihn, was er von den *Leitlinien* des Energieministeriums zum Thema Biotreibstoffe hält. »Die Regierung hat damit doch eine Anstrengung unternommen, den Sektor zu regulieren«, versuche ich ihn zu provozieren. Er bricht in ein herzliches Lachen aus. Er zieht aus einer Schublade die Broschüre, die mir Rwebangila gezeigt hat. »Hast du sie gelesen?«, fragt er. Ich nicke.

»Und? Was steht hier drin? Nur Worte. Die Wirklichkeit ist anders. Die Menschen werden von ihrem Land vertrieben, die Entschädigungen werden nicht bezahlt. Die Verpachtungen laufen nicht fünfundzwanzig Jahre, sondern hundert. Es gibt keine wirkliche Kontrolle der Aktivitäten dieser ausländischen Unternehmen. Mit anderen Worten, die Broschüre ist Makulatur.«

»Aber warum wurde sie dann überhaupt veröffentlicht?«

»Wozu dienen deiner Meinung nach diese Leitlinien?«, fragt er. Dann fährt er fort, ohne eine Antwort abzuwarten, mitgerissen von seinen Überlegungen: »Sie dienen nur den Investoren, die damit ihr Gewissen beruhigen können. Sie können sagen: Wir haben die Leitlinien befolgt. Auch wenn das nicht stimmt. Und die Regierung ihrerseits kann Kritikern entgegenhalten, es ist nicht wahr, dass wir Land umsonst hergeben, wir haben sogar Leitlinien geschrieben!«

»Künftige Generationen werden eure Gräber verfluchen«

Vielleicht sind die Leitlinien wirklich dafür gedacht, Kritiker der ausländischen Investitionen in Biotreibstoffe zum Schweigen zu bringen. Sicher ist, dass diese Kritik, jedenfalls innerhalb Tansanias, nicht besonders vernehmbar ist. Abgesehen von den Organisationen, die ich besuchte, einigen Journalisten und Menschen, die direkt vom Phänomen betroffen sind, wie die Einwohner von Muhaga, sind alle anderen, mit denen ich sprechen konnte, selbst wenn wir nur in einem Café plauderten, nicht wirklich darüber empört, wenn sie überhaupt vom Landraub in ihrem Land wussten. Die Presse räumt dem Phänomen nicht besonders viel Platz ein. Man sieht es eher als ein weit entferntes Problem technischer Natur, das sich auf die ausbleibenden Kompensationszahlungen an die Dorfgemeinschaften bezieht. Im Unterschied zu Äthiopien, wo die verschiedenen Regierungsgegner im Ausland eine Bewegung zur Sensibilisierung der Öffentlichkeit ins Leben gerufen haben, spricht man hier nicht allzu viel davon.

Es mag paradox erscheinen: Tansania ist ein offenes Land mit relativ großer Presse- und Meinungsfreiheit. Alle können mehr oder weniger sagen, was sie wollen. Es besteht keine unmittelbare Gefahr, deshalb verhaftet zu werden oder die Arbeit zu verlieren wie in Äthiopien. Aber in Wahrheit ist es nur ein scheinbares Paradoxon. Wenn sie auch die Verbreitung von Informationen behindert, so befördert die politische Unterdrückung andererseits die Diskussion. In Äthiopien hätte ich niemals ein Dorf wie Muhaga besuchen und offen mit allen sprechen können. Weil es in jedem Dorf einen Regierungsvertreter gibt, der umgehend die vorgesetzten Behörden verständigt oder die Bewohner aufgefordert hätte zu schweigen. Außerhalb Äthiopiens gibt es jedoch internationale Kampagnen gegen den Landraub.

Unter einem quasi totalitären Regime wie in Äthiopien, in dem auch der geringste Widerstand im Keim erstickt wird, ist Opposition zum Landraub gleichbedeutend mit Opposition gegen die Regierung. Hier wissen alle über den Landraub Bescheid, auch wenn im Lande selbst niemand offen darüber zu sprechen wagt. In den Provinzen Tansanias konnte ich mit allen sprechen, konnte ich alle Informationen sammeln, die ich wollte. Aber dann habe ich gemerkt, dass – abgesehen von den Experten – niemand sich darüber aufregte oder öffentlich gegen die Politik der Landverpachtung der Regierung protestierte. Ich habe keine Bürgerbewegung gesehen, keinen sozialen Druck, keine nationale Solidarität.

Ich hatte den Eindruck, dass die Kleinbauern ihrem Schicksal überlassen wurden und Kräften ausgeliefert waren, die weitaus stärker sind als sie. Die Einwohner von Muhaga überraschten mich schon, als ich sie fragte »Und, was wollt ihr machen?« und sie »Nichts. Was können wir denn schon machen?« antworteten. Die Idee, in der Hauptstadt Demonstrationen zu organisieren, Rechtsanwälte zu kontaktieren, um ihre Rechte zu kämpfen, kam ihnen gar nicht in den Sinn. Sie haben noch nicht einmal Kontakt mit den anderen zehn vom gleichen Problem betroffenen Dörfern aufgenommen.

Anfangs war ich verblüfft von diesem absoluten Mangel an Initiative. Aber dann habe ich verstanden, dass ich meine urbane Denkweise auf einen Ort projiziert habe, an dem es weder fließendes Wasser noch Strom gibt. Für die Bewohner von Muhaga ist ihr Dorf die Welt. Die Zentralregierung ist eine ferne Behörde, die offensichtlich dazu da ist, ihnen Anweisungen zu geben. Sie wissen, dass sie vom Parlamentsabgeordneten von Kisarawe getäuscht worden sind, aber sie sehen diesen Betrug als Unglück, gegen das man nichts machen kann, vergleichbar mit einer von Hagelschlag zerstörten Ernte oder einem unbekannten Parasiten.

Die Resignation von Muhaga ist die sichtbarste Form des enormen Abstandes, der diese beiden Welten trennt. Die Kleinbauern, denen gar nicht bewusst ist, dass ihr Ackerland inzwischen eine Ware geworden ist, und der Investor aus Washington, der in seinem Büro sitzt und denkt, dass es besser sei, in Purgiernüsse zu investieren statt in Dotcom-Unternehmen.

Der Unterschied zwischen diesen beiden Welten verweist auf den Kern des Problems, den letzten Sinn, den ich aus den Unterhaltungen gewonnen habe, die ich führen konnte, aus den Personen, mit denen ich sprechen konnte, aus den Situationen, die ich rund um den Globus mit eigenen Augen gesehen habe. Das große Wettrennen um Anbauflächen ist vor allem die Folge eines Gefälles von Kenntnissen und Möglichkeiten, er wird ausgetragen in dem Graben, der die Landbevölkerung, die viele Jahre ungestört auf ihrem Land lebte, von den Personen trennt, die aus dem Nichts auftauchen und ihnen Entwicklung und Teilhabe am Wohlstand versprechen, was sie nur verführen kann.

Mit den unterschiedlichen Nuancen, den er je nach Fall und Breitengrad angenommen hat, ist der Landraub insgesamt ein großer Betrug an den Kleinbauern, die erleben müssen, wie ihnen ihr Land mit Unterstützung der Behörden weggenommen wird, wie in Äthiopien, oder mit Taschenspielertricks, wie in Tansania. In diesem Punkt bin ich mit den Teilnehmern der Berliner Tagung einer Meinung: Auf den Feldern der südlichen Halbkugel hält eine Form des Neokolonialismus Einzug. Die ehemaligen Kolonien sind Eroberungsziele geworden für alte und neue Metropolen. Wie zu Kolonialzeiten beschaffen sich diese in den Gebieten in Übersee, was sie brauchen, Nahrungsmittel für die eigene Bevölkerung und Treibstoff für ihre Autos. Ist die von König Abdullah in Saudi-Arabien ins Leben gerufene Initiative mit ihren Erkundungsmissionen im Ausland, ihren Agenten vor Ort, der aggressiven Überlassungspolitik für Anbauflächen etwa nicht vergleichbar mit dem Vorgehen der Ostindischen Kompanie? Die Investoren, die in Tansania Purgiernüsse anbauen wollen, sind sie nicht neue Eroberer, die die Einheimischen mit dem Versprechen einer Schule oder eines Krankenhauses umgarnen, ohne ihr Versprechen jemals einzuhalten?

Aber der eigentliche Punkt, der Kern der Frage, liegt anderswo. Yefred Myenzi hat recht. Die Hauptverantwortlichen für diesen ungezügelten Ausverkauf der Anbauflächen sind die nationalen Regierungen, die die Ressourcen für eine Handvoll Dollar verhökern oder, im schlimmsten Fall, für eine Gutschrift in Dollar, die auf einem ausländischen Konto landet. Die Kolonialzeit ist vorbei. Die Staaten sind unabhängig geworden. Nur kümmern sich die Regierungen nicht um die Interessen ihrer eigenen Bevölkerung. Als ich von *HakiArdhi* in die Innenstadt zurückfahre, ist der Himmel schwarz und ein Gewitter droht. Kaum bin ich aus dem *dala-dala* vor dem Hotel ausgestiegen, fängt es an zu tröpfeln. In wenigen Minuten wird daraus ein tropischer Wolkenbruch. Mein Hotel, nur fünfzig Meter entfernt, ist unerreichbar, der Zugang von Wasser- und Schlammmassen versperrt. Ich setze mich in ein kleines Café und warte das Ende des Unwetters ab. Ich sehe zu, wie der Regen fällt und welche verheerenden Auswirkungen er auf eine mangelhafte Infrastruktur hat.

Ich denke, dass ein Einwohner Daressalams offensichtlich andere Prioritäten hat, als Solidarität mit den Kleinbauern aus dem Landesinneren zu bekunden, die ihr Land verlieren. Hier ist sich jeder selbst der Nächste. Und zwar so sehr, dass die Regierung sich vorgaukeln kann, es sei sinnvoll, Investoren aus Europa die Aufgabe anzuvertrauen, die Landwirtschaft zu entwickeln, eine Aufgabe, die sie selbst in fünfzig Jahren Unabhängigkeit nicht gelöst hat.

Während ich den Sturzbach betrachte, der mich daran hindert, ins Hotel zurückzukehren, fällt mir wieder der Vortrag ein, den Abdallah Mkindi in Berlin hielt. Am Ende seines Beitrags hatte er ein paar beunruhigende Bilder gezeigt. Zuerst sah man eine grüne, mit endlosen Reihen von Purgiernuss-Pflanzen bebaute Ebene, die den Eindruck unendlicher Trostlosigkeit vermittelte. Dann, auf dem nächsten Bild, mit derselben Ebene im Hintergrund, sah man einen Schriftzug, der besagte: »Die künftigen Generationen werden eure Gräber verfluchen, weil ihr ihnen kein Land hinterlassen habt.«

Ich denke an die Kleinbauern von Muhaga. Die Bevölkerung wird wachsen. Aber sie haben nur noch zwei Drittel der Anbauflächen, die sie vor zwei Jahren hatten. Nicht ausgeschlossen, dass es in einem Jahr noch weniger ist. Einige ihrer Kinder werden keine Möglichkeit finden, dort zu überleben, wo sie geboren wurden. Vielleicht gehen sie weg, in die Stadt, um das endlose Heer derjenigen zu vergrößern, die sich mit Handlangerdiensten abrackern. Oder sie bescheiden sich damit, als Tagelöhner für die Betreiber der Plantagen zu arbeiten, die jetzt über das Land gebieten, das einmal ihnen gehörte. Ich weiß nicht, ob sie die Gräber ihrer Vorfahren verfluchen werden. Aber sie werden sich mit Sicherheit für immer an das Jahr erinnern, in dem die Dorfversammlung ihr Land für nichts hergab.

Anmerkungen

[AdÜ = Anmerkungen des Übersetzers]

1 FAO – *Food and Agriculture Organization* / Welternährungsorganisation der UNO mit Sitz in Rom. Vgl. *www.fao.org.*

2 *www.ethioinvest.org.*

3 Um eine Vorstellung vom Umfang des Al Amoudi-Imperiums zu gewinnen, genügt ein Blick auf die Homepage des Konsortiums: *www.midroc-ethiotech-group.com.*

4 *www.saudieastafricanforum.org.*

5 *Addis Fortune,* 12. Oktober 2009.

6 Für eine detaillierte Analyse der verschiedenen Arten des Grundbesitzes in Äthiopien – von der kaiserlichen Epoche Haile Selassies bis zur Verfassung von 1995 unter Einbeziehung der *Derg-*Phase – vgl. Wibke Crewett / Ayalneh Bogale / Benedikt Korf: »Land Tenure in Ethiopia – Continuity and Change, Shifting Rulers, and the Quest for State Control«. In: *Collective Action and Property Rights International* (CAPRI) der *Consultative Group on International Agricultural Research* (CGIAR). 91. Arbeitspapier [Hrsg. International Food Policy Research Institute, Washington, D. C.]. September 2008. Vgl. *www.capri. cgiar.org/pdf/capriwp91.pdf.*

7 Human Rights Watch: »One Hundred Ways of Putting Pressure. Violations of Freedom of Expression and Association in Ethiopia.« 24. März 2010. *www. hrw.org/en/reports/2010/03/24/one-hundred-ways-putting-pressure-0.*

8 *www.europa-eu-un.org/articles/en/article_9782_en.htm.*

9 Über den politischen Nutzen der humanitären Hilfe für die äthiopische Regierung vgl. den Essay von Helen Epstein: »Cruel Ethiopia«. In: *The New York Review of Books,* 14. April 2010. *www.nybooks.com/articles/archives/2010/may/13/cruel-ethiopia.*

10 Birtukan Mideksa wurde im Oktober 2010 freigelassen, nachdem sie ein Gnadengesuch stellte.

11 Für eine Kritik »von innen« dieser Herangehensweise und eine Bewertung der Schäden, die der Zufluss der Hilfsgelder in den letzten dreißig Jahren in Subsahara-Afrika angerichtet hat, vgl. Dambisa Moyo: *Dead Aid. Why Aid Is Not Working and How There Is Another Way for Africa.* London 2009.

12 *addisnegeronline.com.*

13 Wie ich selbst beobachten konnte (Addis Abeba, Mai 2010).

14 Noch vor dem Sturz Mengistus gründeten die Rebellen der *Tigrayan People's Liberation Front* (TPLF) die EPRDF und schlossen von dieser Platt-form aus eine Art Koalition mit drei ethnischen Parteien: dem *Amhara National Democratic Movement* (ANDM), der *Oromo People's Democratic Organization* (OPDO) und dem *Southern Ethiopia People's Democratic Movement* (SEPDM). Diese Parteien repräsentierten jene Eliten, die im Laufe der Jahre die faktische Vorherrschaft der Tigray im Land akzeptierten, im Tausch gegen weitgehende Machtbefugnisse in ihren Heimatregionen und einer eingeschränkten Mitge-staltung der Politik der Föderation. Zum »ethnischen Föderalismus« und seinen Auswirkungen vgl. den Bericht der International Crisis Group: *Ethiopia – Ethnic Federalism and its Discontents.* 4. September 2009. *www.crisisgroup.org/en/regions/africa/horn-of-africa/ethiopia-eritrea/153-ethiopia-ethnic-federalism-an-dits-discontents.aspx;* sowie, für eine historische und vergleichende Einordnung, David Turton (Hrsg.): *Ethnic Federalism – The Ethiopian Experience in Comparative Perspective.* London 2006.

15 [Das Management der ECT wurde im November 2010 vom alleinigen Eigentümer, dem äthiopischen Staat, der französischen Telefongesellschaft France Télécom gegen eine jährliche Gebühr von dreißig Millionen Dollar für zunächst zwei Jahre übertragen. Die ECT erhielt einen neuen Namen, *Ethio Telecom.* 2011 kam es zu Auseinandersetzungen über die geplante Entlassung von achttausend Angestellten. Vgl. *www.dailyethiopia.com/index.php?aid=969,* AdÜ.]

16 »Five more years«. In: *The Economist,* 20. Mai 2010.

17 »World Leaders Are Taking Notice of Land in Debre Zeit«. In: *Capital,* 28. Dezember 2009. *www.capitalethiopia.com/index.php?option=com_content&view=article&id=12046:global-village&catid=12:localnews&Itemid=4.*

18 COMESA *(Common Market for Eastern and Southern Africa)* ist die Be-zeichnung für eine Freihandelszone, der von Libyen bis Simbabwe neunzehn afrikanische Staaten angehören. Bisher haben aber nur die elf Länder mit Voll-mitgliedschaft alle Zölle aufgehoben. Äthiopien gehört bis jetzt noch nicht dazu, befindet sich aber in Verhandlungen. Vgl. *www.comesa.int.*

19 Jason McLure: »Ethiopian Farms Lure Investor Funds as Workers Live in Poverty«. In: *Bloomberg News,* 31. Dezember 2009. *http://farmlandgrab.org/10055.*

20 Ministry of Mines and Energy: »The Biofuel Development and Utilization Strategy of Ethiopia«. *http://phe-ethiopia.org/admin/index.php?news=84.*

21 *www.sunbiofuels.com.* Über die Aktivitäten dieses Unternehmens in Tansania, siehe Kap. 6.

22 Ein großer Teil der Informationen über die Entwicklung in Äthiopien auf dem Gebiet der Biotreibstoffe stammt aus einem Bericht von MELCA, einer NGO, die im Umweltschutz tätig ist. Vgl. MELCA: »Rapid Assessment of Biofuels Development Status in Ethiopia and Proceedings of the National Workshop on Environmental Impact Assessment and Biofuels«. September 2008, *www.melca-ethiopia.org/Biofuel%20Dev't.html.pdf.* Und aus einem Gespräch mit dem Direktor der Organisation, Million Belay, in Addis Abeba, Mai 2010.

23 Zu den Vorkommnissen rund um den Staudamm Gilgel Gibe II, von der Vergabe des Auftrags bis zum Einsturz des Tunnels, vgl. Stefano Liberti / Emilio Manfredi: »La diga di cartapesta«. In: *il manifesto*, 17. März 2010.

24 Gegen die Finanzierung des Gilgel-Gibe-III-Staudamms läuft derzeit eine internationale Kampagne, die von den NGOs *International Rivers* und der italienischen »Kampagne zur Reform der Weltbank« (*Campagna per la Riforma della Banca Mondiale*/ CRBM) getragen wird. Zu den Auswirkungen des Staudamms auf die örtliche Bevölkerung vgl. die detaillierten Berichte der CRBM *(www.crbm.org)* und auf der Website *www.stopgibe3.org.*

25 Terri Hathaway: »Silencing dam critics in Ethiopia«. In: *Ethiopian Review*, 27. April 2010. *www.ethiopianreview.com/content/27725.*

26 Die Studie ist online auf der Seite des äthiopischen Landwirtschaftsministeriums zu finden: *http://assets.survivalinternational.org/documents/194/SouthOmoAgrInvestmentAreas.pdf.*

27 Für genaue Angaben zur saudischen Weizenproduktion und den Subventionen vgl. die PowerPoint-Präsentation des Vortrags des stellvertretenden Landwirtschaftsministers Abdullah A. Al-Obaidi auf einer Konferenz zur Ernährungssicherung, die am 10. und 11. Mai 2009 in Salzburg (Österreich) stattfand: »Wheat Production in Saudi Arabia (A Three Decade Story)«. *www.agritrade.org/events/documents/Al-Obaid.pdf.*

28 Das ist der Preis, den die Sowjetunion 1979 für eine Tonne US-amerikanischen Weizens bezahlte. Zitiert nach Padma Desai: »Estimate of Soviet Grain Imports in 1980–85. Alternative Approaches.« Studie des *International Food Policy Research Institute*, Februar 1981.

29 Zu Details über die KAISAIA und den Bedarf an Nahrungsmittelimporten Saudi-Arabiens vgl. die Präsentation des Ingenieurs Taha A. Alshareef auf der Konferenz zur Ernährungssicherung in Salzburg 2009. *www.agritrade.org/events/documents/Alshareef.pdf.*

30 Souhail Karam: »Saudi-Based Partners Launch Africa Rice Farming Plan«. *Reuters*, 3. August 2009. *http://farmlandgrab.org/6636*.

31 Andrew England: »Riyadh Paves Way for Foreign Ventures«. In: *Financial Times*, 24. Mai 2009. *www.ft.com/cms/s/0/1dc63c04-488b-11de-8870-00144fe-abdc0.html*.

32 Vgl. hierzu »China's Africa Land Grab Myths Part II: The (Non-Existent) $5 Billion Fund« in dem faktenreichen Blog von Deborah Brautigam, Autorin von *The Dragon's Gift. The Real Story of China in Africa*. Oxford / New York 2010. Die Webadresse des Blogs »China in Africa. The Real Story« lautet *www.chinaafricarealstory.com*.

33 Für eine vertiefende historische Analyse der chinesischen Vorhaben in Afrika vgl. den erwähnten Beitrag von Deborah Brautigam.

34 Zitiert nach Stephen Marks: »China and the Great Global Landgrab«. In: *Pambazuka News*, 11. Dezember 2008. *www.pambazuka.org/en/category/features/52635*.

35 Auch über dieses Projekt sind sehr unterschiedliche Zahlen im Umlauf. Nach Berichten der kongolesischen Presse soll ZTE, ein chinesisches Telekommunikationsunternehmen, seit 2007 drei Millionen Hektar Land erhalten haben, um Palmen für die industrielle Biotreibstoff-Produktion anzubauen. Ein Megaprojekt, das allerdings bislang nur teilweise offiziell bestätigt wurde, als der Ministerrat in Kinshasa die Verpachtung von hunderttausend Hektar (und nicht drei Millionen) an die ZTE genehmigte. Das Projekt, das die größte landwirtschaftliche Investition eines chinesischen Unternehmens in Afrika wäre, hat allerdings in den drei Jahren seit der Unterzeichnung der Absichtserklärung keine Fortschritte gemacht. Vgl. den Blog von Deborah Brautigam: »China and the African Land Grab: the DRC Oil Palm Deal«. 15. März 2010. *www.chinaafricarealstory.com/2010/03/china-and-african-land-grab-drc-oil.html*.

36 Jamil Anderlini: »China Eyes Overseas Land in Food Push«. In: *Financial Times*, 8. Mai 2008. *http://us.ft.com/ftgateway/superpage.ft?news_id=fto050820081438383016&page=2*.

37 Lorenzo Cotula / Sonja Vermeulen / Rebecca Leonard / James Keeley: »Land Grab or Development Opportunity? Agriculture Investment and International Land Deals in Africa«. *International Institute for Environment and Development* (IIED), *Food and Agriculture Organization* (FAO) und *International Fund for Agricultural Development* (IFAD). London/Rom 2009.

38 Antichinesische Ressentiments kochen sporadisch in Ländern hoch, in denen China verstärkt Präsenz zeigt. So etwa in Sambia, wo der Oppositionskandidat Michael Sata bei den Wahlen 2006 seine gesamte Wahlkampagne auf den Kampf gegen die chinesischen Aktivitäten im sogenannten Kupfergürtel im Norden des Landes konzentrierte.

39 Pressekonferenz von Präsident Wade, Lissabon, 9. Dezember 2007 und eigene Beobachtungen des Autors.

40 Die Bin-Laden-Gruppe war zwischenzeitlich daran interessiert, eine Groß-plantage mit einer Fläche von fünfhunderttausend Hektar für den Reisanbau in Indonesien zu übernehmen, aber das Projekt wurde nicht realisiert. Vgl. Mita Valina Liem: »Bin Ladin Freezes Plans to Invest in Local Rice«. In: *The Jakarta Globe*, 3. März 2009. *www.thejakartaglobe.com/business/binladin-freezes-plans-toinvest-in-local-rice/309090.*

41 [Traditionelles Männergewand im arabischen Raum, auch *Kandora* genannt, ein bodenlanges weißes hemdartiges Kleid, AdÜ].

42 Die Mitgliedsländer des Golf-Kooperationsrates, einer Freihandelszone auf der arabischen Halbinsel, sind Saudi-Arabien, die Vereinigten Arabischen Emirate, Katar, Bahrein, Kuwait und Oman.

43 Einem auf WikiLeaks veröffentlichten Telegramm zufolge ist der Vertrag unter anderem daran gescheitert, dass die Chinesen Interesse zeigten, den Hafen im Rahmen eines größeren Infrastrukturprojekts zu bauen, das auch Äthiopien und den Südsudan umfasst. Vgl. Samwel Kumba: »How China Pushed Qatar out of 400 Billion Lamu Port Deal«. In: *The Daily Nation*, 10. Dezember 2010. *http://farmlandgrab.org/17897.*

44 Unter Vertragsanbau oder *contract farming* versteht man die durch eine Vereinbarung geregelte Zusammenarbeit zwischen einem Investor und Gruppen örtlicher Bauern. Der Investor verpflichtet sich, zu einem vorher festgelegten Preis eine bestimmte Erntemenge abzunehmen. Die Bauern verpflichten sich, die vorher vereinbarten Kulturen in der vertraglich festgelegten Menge anzubauen.

45 Ein Morgen Land entspricht ungefähr 0,4 Hektar.

46 Das *Committee on World Food Security* (CFS) ist eine Beratungsorganisation der Vereinten Nationen, die 1974 geschaffen wurde, um Strategien zu entwickeln, die die Versorgung mit Nahrungsmitteln weltweit garantieren sollen. Sie tagt einmal im Jahr im Gebäude der FAO in Rom, wo sich auch das ständige Sekretariat befindet. *www.fao.org/cfs/en.*

47 Committee on World Food Security (Hrsg.): »Policy Roundtable – Land Tenure and International Investment in Agriculture«. Rom, Oktober 2010. *www.fao.org/docrep/meeting/019/k8929e.pdf.*

48 *http://farmlandgrab.org.* Die Seite enthält eine sehr detaillierte Presseschau in verschiedenen Sprachen, auf der alle Verträge oder Ankaufprojekte für Acker-flächen analysiert werden, von denen Nachrichten an die Öffentlichkeit gelangt sind.

49 »Daewoo to cultivate Madagascar Land for Free«. In: *Financial Times*, 19. November 2008. *http://us.ft.com/ftgateway/superpage.ft?news_id=fto111920 081227033091.*

50 Der auf Ravalomanana folgende Präsident, Andry Rajoelina, hat den Vertrag annulliert, ging aber nicht so weit, ein generelles *land leasing*-Moratorium zu erlassen. In der im November 2010 verabschiedeten neuen Verfassung ist die Möglichkeit, Anbauflächen an Ausländer zu verpachten oder zu verkaufen (nach Modalitäten, die vom Gesetz festgelegt werden), weiterhin vorgesehen. Viele Landüberlassungsprojekte liegen im Augenblick auf Eis, da die politische Instabilität die internationalen Anleger von Investitionen abhält. Vgl. die Seite des Kollektivs zur Verteidigung der Anbauflächen von Madagaskar *(Collectif pour la Défense de Terres Malgaches)*: *http://terresmalgaches.info.*

51 *www.fao.org/cfs/en/.*

52 »50 People Who Could Save the Planet«. In: *The Guardian*, 5. Januar 2008. *www.guardian.co.uk/environment/2008/jan/05/activists.ethicalliving.*

53 Zu den Auswirkungen des Intensivanbaus von Ölpalmen auf die Umwelt und die Artenvielfalt in Indonesien und Malaisia vgl. Ian MacKinonn: »Palm Oil: the Biofuel of the Future Driving an Ecological Disaster Now«. In: *The Guardian*, 4. April 2007. *www.guardian.co.uk/environment/2007/apr/04/energy. indonesia.*

54 *The Guardian*, 5. Januar 2008.

55 Zur Rolle der *International Finance Corporation* bei der Förderung der Landverpachtung in Entwicklungsländern, vor allem in Afrika, vgl. den Bericht des *Oakland Institute*: »(Mis)Investment in Agriculture. The Role of the International Finance Corporation in Global Land Grabs«. April 2010. *www. oaklandinstitute.org/pdfs/misinvestment_web.pdf.*

56 Für eine vertiefte Analyse der Rolle der Weltbank bei diesen Projekten und der generellen Ausrichtung der Institution vgl. die Berichte der italienischen *Campagna per la Riforma della Banca Mondiale*, der Kampagne zur Reform der Weltbank *(www.crbm.org)* und das von zwei ihrer Mitglieder – Luca Manes und Antonio Tricario – verfasste Buch *La banca dei ricchi. Perché la World Bank non ha sconfitto la povertà* (Die Bank der Reichen – Warum die Weltbank die Armut nicht besiegt hat). Rom 2008.

57 World Bank: »Rising Global Interest in Farmland – Can It Yield Sustainable and Equitable Benefits?« Washington, DC, September 2010. *www.donor-platform.org/load/9220.* Die spanische NGO *Grain* hat diese Methodologie der Weltbank in einer eigenen Stellungnahme einer kritischen Prüfung unterzogen. Vgl. »World Bank Report on Land Grabbing – Beyond the Smoke and Mirrors«. In: *Grain*, September 2010, *www. grain.org/articles/?id=70.*

58 Nach der Veröffentlichung des Berichts berichtete die *Financial Times*, »die Weltbank unterstützt die Investitionen in die Landwirtschaft«, Javier Bias: »World Bank Backs Investments in Global Farmland«. In: *Financial Times*, 7. September 2010. *www.ft.com/cms/s/0/0778c538-baaf-11dfb73d-00144feab49a. html#axzz16l5TcJAR.* Der Informationsdienst Bloomberg wiederum betonte, dass die Verträge die lokale Kontrolle des Zugangs zu den Anbauflächen bedrohen, Sandrine Rastello: »Large Land Deals Threathen Farmers«. Bloomberg, 8. September 2010. *www.bloomberg.com/news/2010-09-08/foreign-farmland-investment-threatens-control-by-locals-world-bank-says.html.*

59 World Bank, Bericht, op.cit., S. 102 f.

60 Eine detaillierte Übersicht über diese Papiere findet sich auf der Homepage *www.responsibleagroinvestment.org/rai.*

61 Für eine deutliche Kritik dieser Prinzipien durch die aktivste Organisation der Landarbeiter und Bauern auf der Südhalbkugel siehe *http://viacampesina. org/en/images/stories/pdf/whyweopposerai.pdf.*

62 *www.srfood.org/images/stories/pdf/otherdocuments/20090611_large-scale-land-acquisitions_en.pdf.*

63 [Es handelt sich um eine Veranstaltungsreihe, die mittlerweile jährlich in Amerika, in Asien, im Nahen Osten und in Europa abgehalten wird. Vgl. *www. globalaginvesting.com,* AdÜ].

64 *www.cvent.com/events/global-aginvesting-europe-2011/event-summary-d6ed 7bc1852047c69d9bbd8d3f0aaafd.aspx.*

65 *www.ngpgap.com.*

66 Brian O'Keefe: »Betting the Farm«. In: *Fortune Magazine*, 8. Juni 2009. *www.flypmedia.com/content/betting-farm.*

67 *Cargill* investiert über ihre Tochterfirma *Black River Asset Management* in Landübernahmen. Der Mischkonzern *Louis Dreyfus* hat zu diesem Zweck den Spezialfonds *Calyx Agro* gegründet, über den er Landübernahmen in Südamerika betreibt. Vgl. die Liste der am Landraub beteiligten Konzerne, die von *Grain* im Jahr 2009 publiziert wurde. *www.grain.org/front_files/New-farm-ow-ners-2009-table.pdf.*

68 Eine Liste mit Analysen und Details der Finanzinstrumente und der mit *land leasing* befassten Fondsgesellschaften findet sich in einem Bericht der Beratungsgesellschaft Merian Research und der italienischen »Kampagne zur Reform der Weltbank«: »The Vultures of Land Grabbing. The Involvement of European Financial Companies in Large-Scale Land Acquisition Abroad«. *www. rinoceros.org/IMG/pdf/VULTURES-completo-2.pdf.*

69 »IFC Provides $75 mn Support for Altima Agri Fund«. In: *Commodity online*, 16. Februar 2009. *www.commodityonline.com/news/IFC-provides-$75-mn-support-for-Altima-Agri-Fund-15218-3-1.html.*

70 Für eine Liste der Agrarprojekte, in die die Weltbank direkt einbezogen ist, sei es über IFC oder MIGA, vgl. den »World Bank Report on Land Grabbing«, op. cit.

71 *www.emergentasset.com.* Die Gesellschaft ist in Südafrika, Sambia, Simbabwe, Swasiland und Mosambik aktiv und plant Investments in Angola, Namibia und Tansania. [Das Unternehmen wurde im Oktober 2011, nach der Scheidung Paynes von ihrem Mann David Murrin, aufgeteilt. Payne schied aus der *Emergent* aus und leitet jetzt die südafrikanische Tochterfirma *Emvest*, die auch den *Africa Land Fund* betreut, der mit rund einer halben Milliarde Dollar Anlagevermögen angeblich der größte Investitionsfonds für Anbauflächen in Afrika ist. Vgl. *www.reuters.com/article/2011/10/12/emergent-idUSL5E7LC2HR20111012;* siehe hierzu auch den kritischen Bericht der unabhängigen amerikanischen Umweltforschungseinrichtung *Oakland Institute*, die von Anurhada Mittal gegründet wurde, die aus der berühmten indischen Stahlmagnatendynastie stammt. Vgl. *http://media.oaklandinstitute.org/sites/oaklandinstitute.org/files/OI_EAM_Brief_1.pdf,* AdÜ].

72 Zur Bedeutung der Eisenbahn für die Entwicklung Chicagos vgl. Marco d'Eramo: *Das Schwein und der Wolkenkratzer – Chicago: Eine Geschichte unserer Zukunft.* Reinbek bei Hamburg, 1996 (OA Mailand 1995).

73 Das Bushel ist eine Maßeinheit der Vereinigten Staaten für Grundnahrungsmittel. Es ist ein Raummaß und entspricht etwa dem Fassungsvermögen eines Zylinders von circa fünfzig Zentimetern Durchmesser und zwanzig Zentimetern Höhe. Die korrespondierende Menge ändert sich je nach Produkt: Ein Bushel entspricht 27,216 kg Weizen, 21,772 kg Gerste, 25,301 kg Roggen oder 14,515 kg Hafer.

74 Seine Lebensgeschichte inspirierte den Roman *The Pit* von Frank Norris (1870–1902), der postum 1903 veröffentlicht wurde. Er illustriert perfekt die Funktionsweise der Warenterminbörse, gibt darüber hinaus aber auch einen außergewöhnlichen Einblick in die Welt, in der sich die großen Spekulanten am Anfang des 20. Jahrhunderts bewegten (dt. Ausgabe: *Die Getreidebörse – Eine Geschichte aus Chicago.* Berlin [DDR] 1979).

75 *www.cmegroup.com.*

76 Ein großer Teil dieser Kontrakte – über achtzig Prozent von insgesamt 10,8 Millionen – wurden im Juli 2010 elektronisch gehandelt. Ibid.

77 [Im Gegensatz zu dem, was der Name vermuten lässt, sind die *pits* keine Gruben, sondern achteckige Erhöhungen, zu denen zwei Stufen hinaufführen. In der Mitte sind diese »Gruben« über einige Stufen eingetieft und ermöglichen so den Händlern, das Geschehen in den jeweiligen *pits* besser verfolgen zu können, AdÜ].

78 Beat Balzli und Frank Hornig: »The Role of Speculators in the Global Food Crisis«. In: *Der Spiegel*, 23. April 2008. *www.spiegel.de/international/world/ 0,1518,549187,00.html.*

79 *www.patrickarbor.com.*

80 *http://energy.senate.gov/public/_files/RL342941.pdf.*

81 Auf die angeblich dunklen Hintergründe dieses Politikwechsels geht der interessante Artikel von F. William Engdahl ein: »The Hidden Agenda Behind Bush's Biofuel Plan«. In: *Counterpunch*, 13. August 2007. *www.counterpunch. org/engdahl08132007.html.*

82 Eine amerikanische Gallone entspricht etwa 3,79 Litern.

83 Die Daten stammen von der *Renewable Fuels Association. www.ethanolrfa. org.*

84 *www.iowacorn.org/index.cfm?nodeID=30790&audienceID=1.*

85 Rick Perry: »Texas Is Fed Up with Corn Ethanol«. In: *The Wall Street Journal*, 12. August 2008. *http://online.wsj.com/article/SB121850115460131741.html.*

86 Das Gesetz über den »Low Carbon Fuel Standard«, den emissionsarmen Kraftstoffstandard, wurde im April 2009 verabschiedet und sieht ab 2011 vor, dass in Kalifornien verwendete Treibstoffe zunehmend weniger CO_2 emittieren. Dabei wird die gesamte Produktionskette der Treibstoffherstellung in die Berechnung einbezogen, also auch die mögliche Emission von Treibhausgasen, die aus Abholzungen oder Umwandlung von Ackerflächen für den Anbau von Biotreibstoffen stammt. Siehe dazu Timothy Gardner: »California Rule Could End Ethanol's Honeymoon«. *Reuters*, 24. April 2009. *www.reuters.com/article/ 2009/04/24/us-ethanol-california-analysis-idUSTRE53N6U920090424.*

87 Alec MacGillis: »Obama's Evolving Ethanol Rhetoric«. In: *The Washington Post*, 23. Juni 2008. *http://voices.washingtonpost.com/44/2008/06/obamas-evolving-ethanol-rhetor.html.*

88 Donald Mitchell: »A Note on Rising Food Prices«. In: World Bank, Policy Research Working Paper no. 4682, Juli 2008. *http://elibrary.worldbank.org/content/workingpaper/10.1596/1813-9450-4682.* Die Weltbank hat später diese Position revidiert mit der Begründung, dass »die Auswirkungen der Biotreibstoffe auf die Lebensmittelpreise nicht so nachhaltig waren, wie in der Vergangenheit angenommen«. Vgl. John Baffes/Tassos Haniotis: »Placing the 2006/08 Commodity Price Boom into Perspective«. In: World Bank, Policy Research Working Paper no. 5371, Juli 2010. *http://elibrary.worldbank.org/content/workingpaper/ 10.1596/1813-9450-5371.*

89 Vgl. insbesondere die Studie des *Massachusetts Institute of Technology* (MIT), die die Umweltkosten der Biotreibstoff-Förderung auflistet, Jerry M. Melillo / Angelo C. Gurgel / David W. Kicklighter (et al.): »Unintended Environmental Consequences of a Global Biofuels Program«. In: Bericht Nr. 168, Januar 2009. *http://globalchange.mit.edu/files/document/MITJPSPGC_Rpt168.pdf.*

90 Für einen Überblick über die verschiedenen Studien zu Vor- und Nachteilen der Agrotreibstoffe vgl. Kurt Kleiner: »The Backlash Against Biofuels«. In: *Nature*, 12. Dezember 2007. *www.nature.com/climate/2008/0801/full/climate.2007.71.html.*

91 *www.earth-policy.org.*

92 Dt. Fassung: *Plan B 4.0 – So retten wir die Welt!* Berlin 2009.

93 *www.fao.org/fileadmin/user_upload/foodclimate/HLCdocs/declaration-E.pdf.*

94 [Der New Beetle stammt zwar von dem europäischen Autokonzern VW, wird aber im mexikanischen Puebla gebaut, ist also streng genommen kein europäisches, sondern ein mexikanisches Auto, AdÜ].

95 Conselho Indigenista Missionário (CIMI): »Violência contra os povos indígenas no Brasil«. 2008. *www.cimi.org.br/pub/publicacoes/1242401186_abertura.pdf.*

96 Allein 2008 gab es unter den Guaraní vierunddreißig Selbstmorde, was einem Verhältnis von 159,9 Fällen auf hunderttausend Einwohner im Alter zwischen zwanzig und neunundzwanzig Jahren entspricht, gegenüber einem nationalen Durchschnittswert von 6,1 Fällen auf hunderttausend Einwohner zwischen zwanzig und neunundzwanzig Jahren. Vgl. den Bericht von *Survival International:* »Violations of the Rights of the Guaraní of Mato Grosso do Sul State, Brazil«. März 2010. *http://assets.survival-international.org/documents/207/Guarani_report_English_MARCH.pdf.*

97 Zu den Konzentrationsprozessen in der Nahrungsmittelindustrie und den Auswirkungen auf die Macht der Agrarkonzerne vgl. Bill Vorley: »Food Inc. – Corporate Concentration from Farm to Consumer«. Bericht des IIED. London 2003. *www.ukfg.org.uk/docs/UKFG-Foodinc-Nov03.pdf.*

98 Zitiert nach Brewster Keen: »Invisible Giant. Cargill and its transnational Strategies«. London 2002. Es handelt sich dabei um einen grundlegenden Beitrag zum Verständnis der Funktionsmechanismen und des Aktivitätenumfangs des weltgrößten Agrarkonzerns.

99 Die Regierung Lula hat diesen Zustand mit einem Präsidialdekret autorisiert. Seit 2002/2003 legalisierte sie die Ernte gentechnisch veränderter Pflanzen, die aber auch bereits großflächig angebaut worden waren. Heute sind zwei Drittel des in Brasilien angebauten Soja genmanipuliert.

100 Das europäische Verbot wird trotzdem umgangen: Dieses gentechnisch veränderte Soja wird an Tiere verfüttert und gelangt daher indirekt auch zu den europäischen Verbrauchern, die dieses Fleisch essen.

101 [Dies geschah offenbar in Anlehnung an die berühmten »Sieben Schwestern« der Ölindustrie: *BP, Chevron, Exxon, Gulf, Mobil, Shell* und *Texaco.* Diese Konzerne beherrschten bis in die 1970er Jahre den internationalen Ölmarkt, AdÜ].

102 Über die Konzentration von Großgrundbesitz in Bezug auf den Sojaanbau vgl. den Bericht der brasilianischen Organisation *Reporter Brasil:* »O Brasil dos agrocombustíveis. Soja, mamona«. 2008; Teil einer langen Feldstudie über die Auswirkungen der Biotreibstoffe auf Umwelt und Gesellschaft, durchgeführt von der brasilianischen Vereinigung unabhängiger Journalisten. *www.reporterbrasil.org.br/agrocombustiveis.pdf.*

103 Zitiert nach Maria Luisa Mendonça: »Impacts of Expansion of Sugarcane Monocropping for Ethanol Production«. Aus dem Bericht: *Auswirkungen des Zuckerrohranbaus im Cerrado und in Amazônia.* 2008, veröffentlicht mit der Unterstützung der *Comissão Pastoral da Terra* und des *Rede Social de Justiça e Direitos Humanos. www.landaction.org/spip/spip.php?article380.*

104 Eine detaillierte Geschichte des *Proálcool-*Programms und der Auswirkungen der Äthanol-Produktion in Brasilien bieten John Wilkinson / Selena Herrera: »Biofuels in Brazil: Debates and Impacts«. In: *Journal of Peasant Studies* 37, 4/2010.

105 Dem im Dezember 2008 verabschiedeten *EU Energy Package* zufolge, das durch die *Renewable Energy Directive* ergänzt wurde, sollen bis 2020 zwanzig Prozent des Energieverbrauchs in der EU aus erneuerbaren Energien kommen (Biomasse, Biotreibstoffe oder Biogas), und zehn Prozent des Treibstoffverbrauchs für den Straßenverkehr müssen ebenfalls aus erneuerbaren Energien gewonnen werden. Für eine Einschätzung der europäischen Energieziele, der ihrer Verabschiedung vorangegangenen Diskussionen und einiger schrittweise eingeführter Bestimmungen vgl. Jennifer Franco / Les Levidow / David Fig (u. a.): »Assumptions in the European Union Biofuels Policy: Frictions with Experiences in Germany, Brazil and Mozambique«. In: *Journal of Peasant Studies,* cit.

106 Das *Central America Free Trade Agreement* (CAFTA) – nach dem Beitritt der Dominikanischen Republik umbenannt in DRCAFTA – ist eine Vereinbarung über den freien Warenverkehr zwischen den Vereinigten Staaten und den zentralamerikanischen Staaten Guatemala, Honduras, Costa Rica, Nicaragua und Salvador.

107 Für eine vertiefte Analyse der Landvergabe in Tansania vor allem in Bezug auf neue Investitionen in den Sektor der Biotreibstoffe vgl. Emmanuel Sulle / Fred Nelson: »Biofuel, Land Access and Rural Livelihoods in Tanzania«. Studie des *International Institute for Environment and Development* (IIED). London 2009. *http://pubs.iied.org/pdfs/12560IIED.pdf.*

108 [Sie hatten wohl nur einen kleinen Teil der rund 34 000 gepachteten Hektar vor ihrem plötzlichen Abgang gerodet und das Holz verkauft, alles in allem etwa 300 Hektar. Vgl. *www.commercialpressuresonland.org/press/tanzanias-bio-fuel-projects-promise-proves-barren,* AdÜ].

109 Finnigan Wa Simbeye: »This Dutch Firm is Cheating on Biofuel«. In: *The Daily News,* 18. November 2010. *http://dailynews.co.tz/feature/?n=14623&cat=feature%20.* [Im Internet (s. o.) ist zu lesen, dass die Tropenholzbäume auf den gesamten 34 000 Hektar bis zu 150 Mio. Dollar wert seien, also das Sechsfache des angeblichen Investitionsvolumens von *BioShape,* AdÜ].

110 Finnigan Wa Simbeye, »Kisarawe Villagers Regret after Leasing Land to Sun Biofuels«. In: *Tanzania Daily News,* 15. März 2010. *http://allafrica.com/stories/201003151702.html.*

111 *http://land-grabbing.de/veranstaltungen/fachtagung-landnahme/#c750.*

112 Unterzeichnet im Jahr 1997 in der japanischen Stadt Kyoto, sieht der Vertrag die Reduktion der Treibhausgase vor. Er trat 2005 in Kraft und soll im Zeitraum von 2008 bis 2012 für eine Reduzierung von Kohlendioxid, Methan, Ozon, Fluorkohlenstoffe usw. um fünf Prozent im Vergleich zum Jahr 1990 sorgen. Die Vereinigten Staaten haben den Vertrag zwar unterschrieben, weigerten sich dann aber, ihn zu ratifizieren. China, Indien und andere Entwicklungsländer sind vom Vertrag ausgenommen, da sie nicht für den Ausstoß von Treibhausgasen in der ersten Industrialisierungsphase verantwortlich gemacht werden, die zum jetzigen Anstieg der Erdtemperaturen führte.

113 Zur Verbindung zwischen den Anbauprojekten für Biotreibstoff-Grundstoffe und der Möglichkeit, Emissionsrechte zu erwerben, sowie den Auswirkungen des CDM auf den Landraub in Afrika vgl. »The CDM and Africa: Marketing a New Land Grab«. Studie von *African Biodiversity Network, Biofuelwatch, Carbon Trade Watch, Gaia Foundation* und der *Timberwatch Coalition.* Februar 2011. *www.gaiafoundation.org/sites/default/files/CDM_Briefing_Feb2011_lowres.pdf.*

114 Zu diesem speziellen Fall vgl. Blessing Karumbidza / Wally Menne: »CDM – Carbon Sink Tree Plantations. A Case Study in Tanzania.« Bericht von *Timber Watch,* einem Zusammenschluss südafrikanischer NGOs, 2010. *www.timberwatch.org.za.*

Ergänzende Informationen im Internet

Da der Landraub kontinuierlich weitergeht, folgen einige Webadressen, auf denen aktuelle Informationen zum Thema abgerufen werden können. Die hier vermerkten Seiten sind teilweise schon im Text oder in den Fußnoten erwähnt worden.

www.grain.org Homepage von *Grain* (*Genetic Resources Action International /* Internationale Gen-Ressourcen-Aktion), der Hilfsorganisation, die seit drei Jahren die Aufmerksamkeit der Weltöffentlichkeit auf das Thema Landraub lenkt.

www.farmlandgrab.org Sorgfältig zusammengestellte Presseübersicht mit allem, was zum Thema Landraub erscheint, betreut von *Grain*.

www.landcoalition.org Homepage der *International Land Coalition* (Internationale Landkoalition), eines Zusammenschlusses internationaler Organisationen mit Sitz in Rom, die sich für einen gerechten Zugang zu Anbauflächen einsetzt.

www.fao.org Homepage der *Food and Agriculture Organization* (FAO), der UN-Organisation für Ernährung und Landwirtschaft.

www.oaklandinstitute.org Forschungszentrum mit Sitz in Kalifornien, das einige Studien über die Ernährungsautarkie und die Investitionen in die Landwirtschaft erstellt hat.

www.viacampesina.org Homepage der Organisation, in der verschiedene Vereinigungen von Kleinbauern und Landarbeitern rund um den Planeten zusammengeschlossen sind.

www.ifpri.org Homepage des *International Food Policy Research Institute* (Internationales Forschungsinstitut zur Nahrungsmittelpolitik); Forschungszentrum mit Sitz in Washington, D. C., dessen Aufgabe es ist, »nachhaltige Lösungen zu finden, um Hunger und Armut zu beenden«.

www.earth-policy.org Homepage des *Earth Policy Institute* (Umweltpolitik-Institut), Umweltforschungszentrum in Washington, gegründet und geleitet von Lester Brown.

www.soyatech.com Homepage der Firma, die zusammen mit der Agentur *HighQuest Partners networking conferences* von Landwirtschafts-Investoren in den Vereinigten Staaten, in Europa, im Nahen Osten und in Asien organisiert und darüber hinaus themennahe Informationen sammelt und Abonnenten zur Verfügung stellt.

www.regenwald.org Der Hamburger Verein organisiert E-Mail-Protestaktionen gegen Landraub und Regenwaldvernichtung und unterstützt Umweltorganisationen in den Tropen.

www.africanbiodiversity.org Das *African Biodiversity Network* (ABN) kämpft gegen die Industrieplantagen, die die Artenvielfalt und die Lebensgrundlagen der Menschen bedrohen.

www.biofuelwatch.net Homepage von Aktivisten, die über die fatalen Folgen des weltweiten Booms von Biotreibstoff informieren. Für dessen Anbau und Produktion werden riesige Landflächen belegt, natürliche Ökosysteme wie Wälder vernichtet und die Menschen vertrieben.

www.foei.org Homepage der Freunde der Erde, einem weltweiten Netzwerk von Umweltschutzgruppen, das Kampagnen für die Natur und Menschen betreibt. Dazu gehören die Themen Wald, Agrarenergien und Gentechnik.

www.wrm.org.uy Mehrsprachige Homepage des *World Rainforest Movement* (WRM), das gegen die sich weltweit ausbreitenden Industrieplantagen kämpft. Neben zahlreichen Artikeln, Büchern und Studien veröffentlicht WRM auch einen monatlichen Rundbrief.

Danksagung

Jedes Buch ist eine Reise, sowohl physisch wie psychisch. Besonders das vorliegende weist eine lange Vorgeschichte auf und erforderte Recherchen, die angesichts vieler Wechselfälle drei Jahre dauerten und sich über vier Kontinente erstreckten. Auf meinen Reisen zu den Tatorten des Landraubs konnte ich von der Hilfe, der Freundschaft und dem Rat vieler Menschen profitieren, die ich hier in zufälliger Reihenfolge nennen möchte: Emilio Manfredi, Verena Glass, Serena Romagnoli, Gianluca Baccanico, Emiliano Bos, Abdullah Abalkhail, Sami Bukhamseen, Alfredo Bini, Cristiano Navarro vom *Conselho Indigenista Missionário* (CIMI) in Dourados (Brasilien), Christian Brüser, Alain Gresh, Antonio Onorati, Caterina Amicucci und Luca Manes von der *Campagna per la Riforma della Banca Mondiale*, Joe Jordan von *Soyatech*, Ruxandra Lazarescu, Devlin Kuyek von *Grain*, Marco Bassi, Dulcineia Pavan von *Sem Terra*, die Kollegen von der Redaktion der Tageszeitung *il manifesto*, bei denen ich das Handwerk gelernt habe, Silvestro Montanaro, Nino Fezza und die gesamte Gruppe des Programms *C'era una volta* (Es war einmal).

Ein besonderer Dank gilt schließlich noch dem Team vom Verlag *minimum fax* in Mailand, das an dieses Projekt geglaubt und seine Entstehung unterstützt hat, und hier vor allem Christian Raimo, der mich wie schon so oft davon zu überzeugen wusste, eine Aufgabe anzugehen, die mir anfangs übermenschlich erschien, und der dann die Entstehung des Buches Schritt für Schritt begleitet hat.

Last but not least danke ich Giulia und Tiago für die schlichte Tatsache, dass es sie gibt.

Stoppt Landraub!

„Nur gemeinsam können wir die Landräuber aufhalten. Rettet den Regenwald hilft uns, die Naturschätze und unsere Lebensquellen vor den Motorsägen und Bulldozern zu bewahren." Olindo Nastacuaz, Führer der Awa-Indianer in Esmeraldas, Ecuador.

Nehmen Sie an unseren Aktionen gegen Landraub und Waldrodung teil: www.regenwald.org

Fordern Sie unseren kostenlosen Regenwald Report an:
Rettet den Regenwald e.V.
info@regenwald.org
040 – 41 03 804

Spendenkonto:
GLS Bank, BLZ: 430 609 67
Konto: 202 505 4100

Rettet den Regenwald e.V.

Stoppt Landraub!

„Nur gemeinsam können wir die Landräuber aufhalten. Rettet den Regenwald hilft uns, die Naturschätze und unsere Lebensquellen vor den Motorsägen und Bulldozern zu bewahren." Olindo Nastacuaz, Führer der Awa-Indianer in Esmeraldas, Ecuador.

Nehmen Sie an unseren Aktionen gegen Landraub und Waldrodung teil: www.regenwald.org

Fordern Sie unseren kostenlosen Regenwald Report an:
Rettet den Regenwald e.V.
info@regenwald.org
040 – 41 03 804

Spendenkonto:
GLS Bank, BLZ: 430 609 67
Konto: 202 505 4100

Rettet den Regenwald e.V.